KB263173

미니모의고사로 만나는 수능연계 우수 문항집

수능 특강 Q

미니모의고사

14회분 수록

국어영역

국어 Start

1 흔들리지 않는 수능 실전력 완성

2 역대 수능 연계교재 고퀄리티 문항 수록

이 책의 **구성과 특징**

- 한국교육과정평가원이 감수한 과년도 EBS 수능 연계교재의 우수 문항을 선제하여 미니모의고사 형태로 구성하였습니다.
- 목표 시간 내에 문제를 푸는 연습을 통해 실전에 대비할 수 있습니다.

학습자 스스로 문제의 핵심을 파악할 수 있도록 명확한 해설을 제공합니다. 잘 풀리지 않는 문제는 해설을 통해 확실히 이해할 수 있습니다.

모든 교재 정보와 다양한 이벤트가 가득!
EBS 교재사이트 book.ebs.co.kr

본 교재는 EBS 교재사이트에서
eBook으로도 구입하실 수 있습니다.

기획 및 개발

EBS 교재 개발팀

본 교재의 강의는 TV와 모바일 APP, EBS*i* 사이트(www.ebsi.co.kr)에서 무료로 제공됩니다.

발행일 2024. 10. 1. 1쇄 인쇄일 2024. 9. 24. 신고번호 제2017-000193호 펴낸곳 한국교육방송공사 경기도 고양시 일산동구 한류월드로 281
표지디자인 디자인싹 편집 글사람 인쇄 동아출판㈜
인쇄 과정 중 잘못된 교재는 구입하신 곳에서 교환하여 드립니다. 신규 사업 및 교재 광고 문의 pub@ebs.co.kr

정답과 해설은 EBS*i* 사이트(www.ebsi.co.kr)에서 내려받으실 수 있습니다.

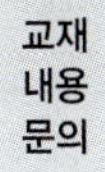

**교재
내용
문의**
교재 및 강의 내용 문의는 EBS*i* 사이트
(www.ebsi.co.kr)의 학습 Q&A 서비스를
활용하시기 바랍니다.

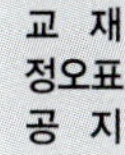

**교재
정오표
공지**
발행 이후 발견된 정오 사항을 EBS*i* 사이트
정오표 코너에서 알려 드립니다.
교재 ▶ 교재 자료실 ▶ 교재 정오표

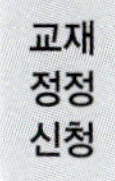

**교재
정정
신청**
공지된 정오 내용 외에 발견된 정오 사항이
있다면 EBS*i* 사이트를 통해 알려 주세요.
교재 ▶ 교재 정정 신청

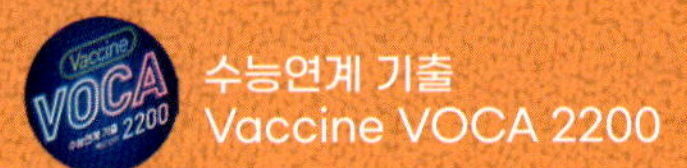

* 본 교재 광고의 교재는 수능을 준비하는 모든 학생에게
추천하며 지금 바로 학습할수록 효과가 좋습니다.

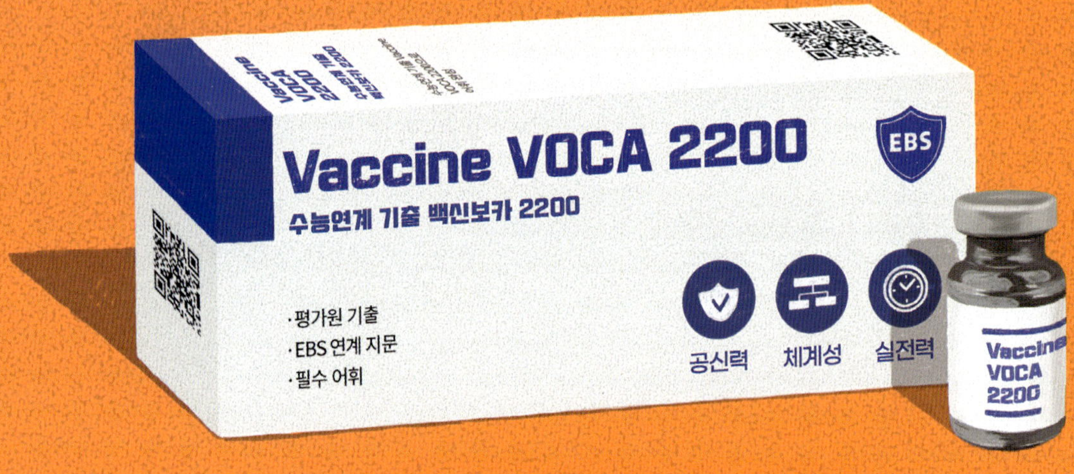

◐ 수능 영단어장의 끝판왕!
10개년 수능 빈출 어휘 + 7개년 연계교재 핵심 어휘

◐ 수능 적중 어휘 자동암기 3종 세트 제공
휴대용 포켓 단어장 / 표제어 & 예문 MP3 파일 / 수능형 어휘 문항 실전 테스트

휴대용 **포켓 단어장** 제공

이 책의 **차례**

※ 미니모의고사 학습 계획을 세우고 매일 실천해 보세요!
※ 풀이 시간과 틀린 문항을 정리해 복습에 활용하세요!

01 회 미니모의고사

EBS 수능특강 Q 미니모의고사 **국어**

○ 알고 맞힘   /8   △ 헷갈림   /8   ✕ 모르고 틀림   /8

[1~4] 다음 글을 읽고 물음에 답하시오.

㉮ 님은 갔습니다. 아아 사랑하는 나의 님은 갔습니다.

　푸른 **산빛**을 **깨치고** 단풍나무 숲을 향하야 난 적은 길을 걸어서 참어 떨치고 갔습니다.

　황금의 꽃같이 **굳고 빛나든 옛 맹세**는 **차디찬** 티끌이 되야서, ㉠한숨의 미풍에 날어갔습니다.

　날카로운 첫 「키쓰」의 추억은 나의, 운명의 지침을 돌려놓고, 뒷걸음쳐서, 사러졌습니다.

　나는 **향기로운** 님의 말소리에 귀먹고, **꽃다운** 님의 얼골에 눈멀었습니다.

　사랑도 사람의 일이라, 만날 때에 미리 떠날 것을 **염려**하고 경계하지 아니한 것은 아니지만, ㉡이별은 뜻밖의 일이 되고 놀란 가슴은 새로운 슬픔에 터집니다.

　㉢그러나 이별을 쓸데없는 눈물의 원천을 만들고 마는 것은 스스로 사랑을 깨치는 것인 줄 아는 까닭에, 걷잡을 수 없는 슬픔의 힘을 옮겨서 새 **희망**의 정수박이에 **들어부었습니다.**

　우리는 **만날 때에 떠날 것을 염려하는** 것과 같이, **떠날 때에 다시 만날 것을 믿습니다.**

　아아 **님은 갔지마는 나는 님을 보내지 아니하얐습니다.**

　제 곡조를 못 이기는 **사랑의 노래**는 **님의 침묵**을 휩싸고 돕니다.

– 한용운, 「님의 침묵」

㉯ 모란이 피기까지는

　나는 아직 나의 **봄**을 기둘리고 있을 테요

　㉣모란이 뚝뚝 떨어져 버린 날

　나는 비로소 봄을 여읜 **설움**에 잠길 테요

　오월 어느 날 그 하루 무덥던 날

　떨어져 누운 꽃잎마저 시들어 버리고는

　천지에 모란은 자취도 없어지고

　뻗쳐오르던 **내 보람** 서운케 무너졌느니

　모란이 지고 말면 그뿐 내 한 해는 다 가고 말아

　삼백예순 날 하냥 섭섭해 **우옵네다**

　모란이 피기까지는

　㉤나는 **아직 기둘리고 있을 테요** 찬란한 슬픔의 봄을

– 김영랑, 「모란이 피기까지는」

[24900-0001]   ○ △ ✕

1 (가)와 (나)의 공통점으로 가장 적절한 것은?

① 떠나간 대상에 대한 화자의 슬픔을 드러내고 있다.

② 공간의 이동에 따른 화자의 심리 변화를 나타내고 있다.

③ 과거에 대한 성찰을 바탕으로 화자의 의지를 드러내고 있다.

④ 이상과 현실의 괴리로 인한 화자의 체념적 정서를 나타내고 있다.

⑤ 가상의 상황을 설정하여 화자의 현실 극복 의지를 부각하고 있다.

[24900-0002]   ○ △ ✕

2 이미지의 활용을 중심으로 (가)를 이해한 내용으로 적절하지 **않은** 것은?

① '푸른 산빛'에서 연상되는 이미지를 '깨치고'라는 시어를 통해 부정함으로써 화자가 처한 상황이 달라졌음을 나타내고 있다.

② '옛 맹세'의 '굳고 빛나든' 이미지가 '차디찬'이라는 이미지로 전환됨으로써 화자와 '님'의 관계가 부정적으로 변화하였음을 나타내고 있다.

③ '향기로운'과 '꽃다운'에서 연상되는 이미지를 활용함으로써 '님'에 대한 화자의 예찬적 태도를 드러내고 있다.

④ '새 희망'이라는 관념을 '들어부었습니다'에서 연상되는 역동적 이미지로 연결함으로써 현실에 대응하는 화자의 태도를 형상화하고 있다.

⑤ '사랑의 노래'에서 연상되는 이미지를 '님의 침묵'이라는 상반된 이미지와 병치함으로써 화자가 느끼고 있는 회한의 정서를 형상화하고 있다.

[24900-0003] 

3 ㉠~㉤에 대한 이해로 적절하지 <u>않은</u> 것은?

① ㉠: 비유적 표현을 통해 화자가 느낀 허망함을 드러내고 있다.

② ㉡: 반어적 표현을 통해 화자가 처한 절망적 상황을 부각하고 있다.

③ ㉢: 접속어를 활용하여 화자의 인식이 전환되고 있음을 나타내고 있다.

④ ㉣: 음성 상징어를 활용하여 화자가 느끼는 슬픔의 정서를 환기하고 있다.

⑤ ㉤: 의도적으로 어순을 도치시켜 주제 의식을 부각하고 있다.

[24900-0004] 

4 〈보기〉를 참고하여, (가)와 (나)를 감상한 내용으로 적절하지 <u>않은</u> 것은?

〈 보기 〉

한용운의 「님의 침묵」과 김영랑의 「모란이 피기까지는」은 모두 대립적인 시어와 표현을 통해 주제를 형상화하고 있는 작품이다. (가)와 (나)의 화자는 모두 시적 대상으로 인해 촉발된 부정적 상황에 처해 있다는 공통점을 가지고 있으며, 이러한 상황 속에서 상반된 의미의 시어와 표현을 통해 화자가 경험하고 있는 아픔을 형상화하기도 하고, 이를 극복하기 위한 새로운 인식을 드러내기도 하면서 주제 의식을 효과적으로 전달하고 있다.

① (가)의 화자가 '만날 때에 떠날 것을 염려하'면서도 '떠날 때에 다시 만날 것을 믿'는 것은 대립적 의미의 표현을 병치하여 상황에 대한 화자의 새로운 인식을 드러낸 것이군.

② (나)의 화자는 '모란'이 피는 아름다운 계절이었던 '봄'을 '모란'이 지는 슬픔의 계절로 인식함으로써 화자가 경험하고 있는 부정적 상황을 형상화하고 있군.

③ (가)의 화자가 '염려'하는 행위와 (나)의 화자가 '삼백예순 날' '우'는 행위는 모두 부정적 상황을 극복하려는 화자의 적극적 노력을 형상화한 것이군.

④ (가)의 화자는 '슬픔'이 '새 희망'으로, (나)의 화자는 '내 보람'이 '설움'으로 변화하는 경험을 통해 상황에 대한 화자의 인식 전환이 나타나고 있군.

⑤ (가)의 '님은 갔지마는 나는 님을 보내지 아니하얏습니다'와 (나)의 '아직 기둘리고 있을 테요'는 모두 부정적 상황에 대한 화자의 극복 의지가 드러난 것이군.

[5~8] 다음 글을 읽고 물음에 답하시오.

피터 싱어는 '㉠나는 왜 윤리적으로 행위해야 하는가?'라는 물음은 '왜 나는 다른 인종의 사람들을 평등하게 대우해야만 하는가?' 혹은 '동물들은 서로 잡아먹는데, 왜 우리는 동물들을 먹지 말아야 하는가?' 등 일정한 방식으로 행위해야 할 윤리적 이유를 찾는 물음들과는 다른 유형의 것이라고 말한다. 후자의 물음들은 윤리 내부에서의 물음이지만, '나는 왜 윤리적으로 행위해야 하는가?'라는 물음은 윤리 자체에 대한 물음이라는 것이다. 그런데 이 물음에 대해 어떤 철학자들은 거부감을 표명하기도 한다.

철학자들이 '나는 왜 윤리적으로 행위해야 하는가?'라는 물음에 거부감을 가지는 이유는 윤리적 원칙에 대한 정의와 관련된다. 윤리적 원칙에 대한 정의 중에서 어떤 개인에게 압도적으로 중요한 원칙이 윤리적 원칙이라는 정의에 따르면, 행위의 이유에 대해 물을 필요가 없어진다. 왜냐하면 그 행위는 개인에게 압도적으로 중요한 원칙에 따른 윤리적 행위이기 때문이다. 예를 들어 빈자를 돕기 위한 기부 행위가 자신에게 압도적으로 중요한 사람이 있다고 할 때, 그 사람은 윤리에 대한 정의에 따라, 실제로 자신의 부를 기부할 결심을 하게 될 수밖에 없다. 윤리에 대한 이러한 정의에 따르는 경우, 일단 윤리적 결심을 하게 되면 더 이상 실천적인 문제는 발생될 수 없다. 그래서 '나는 왜 윤리적으로 행위해야 하는가?'라는 물음은 의미가 없다. 그러나 이 경우 윤리적 원칙은 칸트의 용어에 따를 때 '보편적 입법의 원리'가 아니라 '개인적 격률'에 머물고 만다. 따라서 피터 싱어는 이러한 거부의 입장에 대해 윤리를 윤리 아닌 것과 구별하게 해 주는 특징인 '보편적 관점에 따른 행위'를 요청할 수도 없게 된다고 말한다.

한편 '나는 왜 윤리적으로 행위해야 하는가?'라는 물음을 '나는 왜 합리적이어야 하는가?'라는 물음을 거부해야 하는 이유와 마찬가지 이유에서 거부해야만 한다고 생각하는 입장도 있다. '나는 왜 합리적이어야 하는가?'라는 물음은 일반적으로는 이미 전제되어 있는 것을 묻는 것으로, 논리적으로 타당하지 않다. 왜냐하면 합리성이 이미 전제되어 있지 않으면 합리성은 이해 가능한 방식으로 물어질 수 없기 때문이다. '나는 왜 윤리적으로 행위해야 하는가?'라는 물음이 '나는 왜 합리적이어야 하는가?'라는 물음과 같은 유형의 물음이라고 판단하는 입장에서 본다면, 이 물음은 윤리적이어야 할 윤리적 이유를 묻고 있는 것이 된다. 이는 윤리적으로 내가 해야 하는 일을 왜 윤리적으로 해야 하는가라고 묻는 잉여적 물음이다. 그러나 피터 싱어는 이 물음을 윤리의 윤리적 정당화를 요청하고 있는 물음이라고 해석할 필요는 없다고 말한다. '해야 한다'가 '윤리적으로 해야 한다'를 의미할 필요는 없다는 것이다. 이러한 물음은 단지 행위의 이유를 묻는 한 방식일 수도 있으며, 일반적이고 실천적인 상황에서 특정한 관점을 전제하지 않고 모든 관점에 대해 중립적인 입장으로 물을 수 있다고 말한다. 그러면서 '나는 왜 윤리적으로 행위해야 하는가?'는 이런 종류의 물음이라는 것이다.

피터 싱어는 윤리가 우리 자신의 개인적 관점을 넘어서서 불편부당한 관망자와 같은 보편적인 관점을 취하도록 요구한다고 본다. 따라서 피터 싱어는 '나는 왜 윤리적으로 행위해야 하는가?'라는 물음에 대해, 보편적인 관점에서 수용 가능한 것을 근거로만 행할 것인지 여부를 고민하는 누구라도 아마 적절하게 물을 수 있는 물음이라고 말한다. 즉 그 물음은 행위의 개인적 근거를 넘어서 보편적인 판단들에만 근거하여 행해야 할 이유들에 대한 물음이라는 것이다.

[24900-0005] ○ △ ×

5 윗글에 대한 설명으로 적절하지 <u>않은</u> 것은?

① 상황을 가정하여 특정 물음이 무의미하다는 입장을 설명하고 있다.
② 특정 물음에 대한 통념을 소개하면서 해당 견해의 장단점을 분석하고 있다.
③ 특정 물음과 다른 물음들의 차이를 제시하면서 특정 물음이 지닌 특성을 부각하고 있다.
④ 윤리와 관련된 특정한 철학자의 용어를 인용하면서 특정 물음에 대한 거부 의견을 반박하고 있다.
⑤ 유사한 논리적 구조를 지닌 다른 물음과 비교하면서 특정 물음에 대해 거부하는 입장을 제시하고 있다.

[24900-0006] ○ △ ×

6 〈보기〉를 참고할 때, ㉠과 같은 유형에 해당하는 물음으로 가장 적절한 것은?

┌─ 〈 보기 〉
│ 구체적인 실천과 행동 원리를 평가하는 규범 윤리학과 달리 메타 윤리학은 '나는 왜 윤리적으로 행위해야 하는가?' 등과 같은 물음을 던져 봄으로써 윤리적 속성이나 진술, 개념, 의미, 판단의 본질 등을 명확히 밝히고자 하는 윤리학의 한 분야이다.
└─

① 공장식 농장에서 사육된 동물의 고기를 구매해야 하는가?
② 인간이 죽기를 선호할 때 그것을 합법적으로 허용해야 하는가?
③ 다른 사람이 굶주리고 있을 때 사치품을 사는 것이 윤리적인가?
④ 윤리학에서 '해야 한다'는 것과 '해서는 안 된다'는 것의 의미는 무엇인가?
⑤ 나의 탄소 발자국이 지구 평균값보다 높다면 나는 무엇을 잘못하고 있는 것인가?

[24900-0007] ○ △ ×

7 〈보기〉는 윗글을 읽는 과정에서 학생이 글의 흐름을 정리해 본 것이다. ㉮~㉱에 들어갈 내용으로 적절하지 <u>않은</u> 것은?

┌─ 〈 보기 〉
│ 주제: '나는 왜 윤리적으로 행위해야 하는가?'라는 물음에 대한 고찰
│ 논지 전개: '나는 왜 윤리적으로 행위해야 하는가?'라는 물음
│ ⇒ 적절한 물음이 아니다.
│ 견해 1: 〈 ㉮ 〉 ⇔ 이에 대한 반박: 〈 ㉯ 〉
│ 견해 2: 〈 ㉰ 〉 ⇔ 이에 대한 반박: 〈 ㉱ 〉
│ ⇒ 결론: 개인적인 근거를 넘어 보편적인 판단들에만 근거하여 행해야 할 이유들에 대한 물음이다.
└─

① ㉮: 개인이 압도적으로 중요하게 생각하는 원칙을 윤리적 원칙이라고 정의할 때, 이러한 물음은 무의미함.
② ㉮: 윤리적 법칙은 누구에게나 보편적으로 적용되어야 하는 것이기에 물을 필요조차 없음.
③ ㉯: 윤리의 특징인 보편적 관점에 따른 행위를 요청할 수 없음.
④ ㉰: 물음에 이미 전제된 내용을 묻는 것으로 잉여적인 물음임.
⑤ ㉱: 특정한 관점을 전제하지 않은 물음으로, 행위의 이유를 묻는 물음임.

[24900-0008] ○ △ ×

8 윗글을 참고하여 〈보기〉를 이해한 내용으로 적절하지 <u>않은</u> 것은?

┌─ 〈 보기 〉
│ A는 '수많은 동식물의 죽음과 멸종을 가져오는 댐을 건설해야 하는가?'라는 논제에 대해 판단을 내려야 하는 상황이다. A는 생명에 대한 외경을 근거로 댐 건설에 반대한다. A에게 생명에 대한 외경은 절대적으로 지켜야 할 윤리적 원칙이다. 한편 B는 이 논제에 대한 판단에 앞서 자신과 A에게 '왜 윤리적으로 행위해야 하는가?'라는 물음을 던진다.
└─

① A는 윤리 자체에 대한 물음에 답을 함으로써 댐 건설과 관련한 논제에 대해 자신의 견해를 밝히고 있다.
② 피터 싱어는 B의 물음을 '왜 보편적인 판단들에만 근거하여 행해야 하는가?'와 같은 물음으로 여길 것이다.
③ 만약 A가 개인적 격률로서의 생명에 대한 외경을 주장한다면, A는 다른 사람들에게 이를 지켜야 할 것에 대해 요청하기 어려워진다.
④ A가 다른 사람들이 어떻게 생각하든지 간에 생명에 대한 외경은 자신에게 절대적인 원칙이라고 주장한다면, A에게 B의 물음은 유의미하지 않다.
⑤ 만약 B의 물음에 대해 윤리의 윤리적 정당화를 요청하는 물음이라고 판단한다면, 피터 싱어는 이에 대해 해당 물음은 단지 행위의 이유를 묻는 것일 수도 있다고 할 것이다.

02 _회 미니모의고사

EBS 수능특강 Q 미니모의고사 국어

O 알고 맞힘 　　　 /8　△ 헷갈림 　　　 /8　X 모르고 틀림 　　　 /8

[1~3] 다음 글을 읽고 물음에 답하시오.

가　㉠잃어버렸습니다.
무얼 어디다 잃었는지 몰라
두 손이 주머니를 더듬어
길에 나아갑니다.

㉡돌과 돌과 돌이 끝없이 연달아
길은 돌담을 끼고 갑니다.

㉢담은 쇠문을 굳게 닫아
길 위에 긴 그림자를 드리우고

㉣길은 아침에서 저녁으로
저녁에서 아침으로 통했습니다.

돌담을 더듬어 눈물짓다
쳐다보면 **하늘**은 **부끄럽게** 푸릅니다.

㉤풀 한 포기 없는 이 길을 걷는 것은
담 저쪽에 내가 남아 있는 까닭이고,

내가 사는 것은 다만,
잃은 것을 찾는 까닭입니다.

　　　　　　　　　　　　　　– 윤동주, 「길」

나　오늘도 하루 **잘 살았다**
굽은 **길**은 굽게 가고
곧은 **길**은 곧게 가고

막판에는 나를 싣고
가기로 되어 있는 **차가**
제시간보다 일찍 떠나는 바람에
ⓐ걷지 않아도 좋은 길을 두어 시간
땀 흘리며 걷기도 했다

그러나 그것도 나쁘지 아니했다
걷지 않아도 좋은 길을 걸었으므로

만나지 못했을 뻔했던 싱그러운
바람도 만나고 수풀 사이
빨갛게 익은 멍석딸기도 만나고
해 저문 개울가 고기비늘 찍으러 온 물총새
물총새, 쪽빛 날갯짓도 보았으므로

이제 날 저물려 한다
길바닥을 떠돌던 바람은 잠잠해지고
새들도 머리를 숲으로 돌렸다
오늘도 하루 나는 이렇게
잘 살았다

　　　　　　　　　　　　　　– 나태주, 「사는 일」

[24900-0009]　O △ X

1　㉠~㉤에 대한 설명으로 적절하지 <u>않은</u> 것은?

① ㉠: 서술어만으로 행을 구성하여 시적 상황에 대한 관심을 환기하고 있다.
② ㉡: 같은 시어를 반복하며 계속 이어지는 담의 모습을 형상화하고 있다.
③ ㉢: 대상을 의인화하여 대상이 지닌 긍정적 이미지를 드러내고 있다.
④ ㉣: 시간의 흐름을 연속적으로 제시하여 길이 지속적으로 이어져 있음을 드러내고 있다.
⑤ ㉤: 걷는 길의 모습을 제시하며 화자가 처한 상황을 드러내고 있다.

[24900-0010] ○ △ ✕

2 ⓐ에 대한 설명으로 적절하지 <u>않은</u> 것은?

① '막판' 즈음에 벌어진 일로 인해 '나'가 걷게 된 길이다.
② '땀'과 시간의 소비라는 예상치 못한 것들을 '나'가 겪게 되는 길이다.
③ '바람'과 '멍석딸기', '물총새' 등 만나리라 생각지 않았던 대상들을 '나'가 만나게 되는 길이다.
④ '바람'이 잠잠해지고 '새들'이 '숲'으로 돌아가게 된 사연을 '나'에게 들려준 길이다.
⑤ '나'가 자신의 '하루'에 대해 평가를 내릴 수 있는 경험들을 제공한 길이다.

[24900-0011] ○ △ ✕

3 〈보기〉를 바탕으로 (가), (나)를 감상한 내용으로 적절하지 <u>않은</u> 것은?

〈 보기 〉

　문학에서 성찰을 통한 자기 고백은 타자화된 시선, 즉 타인이 자신을 바라보듯 스스로의 내면을 바라보는 것이다. 이는 현실적인 자아와 이상적인 자아를 교차시킴과 동시에 잊고 싶었거나 부끄러운 순간들을 시 속으로 다시 불러내 마주하게 하여 자기 정화를 이루도록 한다. 그리고 더 나아가 부조리한 현실에 대응할 수 있는 의지와 태도를 드러내거나 일상에서 얻은 깨달음을 드러낸다. 「길」이나 「사는 일」에서는 길을 걷는 행위를 인생사와 동일시하면서 그 속에서 얻은 깨달음을 화자의 목소리를 통해 드러내거나, 예상하지 못했던 순간들에서 얻은 깨달음들을 드러내는 방식으로 성찰적 태도를 나타낸다. 그리고 이러한 성찰들이 작품을 통해 공동체 사회에 전달됨으로써 우리가 이어 가야 할 가치를 전승한다는 의의를 지닌다.

① (가)의 화자가 '잃은 것을 찾는' 행위가 삶의 이유라고 하는 것은 시인이 부조리한 현실에 대응하고자 하는 의지와 태도를 드러낸 것으로 볼 수 있겠군.
② (가)의 화자가 '하늘'이 푸르른 것을 '부끄럽게' 여기는 것은 현실에 안주하여 이상적인 자아를 찾지 않던 부끄러운 순간들을 떠올리며 자기 정화를 시도하기 때문이겠군.
③ (나)의 화자가 '굽은 길'과 '곧은 길'을 걸은 하루의 삶을 '잘 살았다'고 평가하는 것은 시인이 '길'을 걷는 것과 인생사를 동일시하고 있다는 것을 드러낸 것이겠군.
④ (나)의 화자가 '제시간'을 지키지 못한 '차'로 인해 겪은 일들을 노래한 것은 시인이 삶에서 잊고 싶었던 순간들을 불러내어 스스로를 성찰하는 모습을 드러낸 것이겠군.
⑤ (나)의 화자가 '그러나 그것도 나쁘지 아니했다'라고 한 것은 예상치 못한 사건으로 인해 발생한 일들도 삶의 한 부분으로 받아들이고, 여기에서도 깨달음을 얻을 수 있다는 가치 있는 삶의 모습을 전달하고자 한 것이겠군.

[4~8] 다음 글을 읽고 물음에 답하시오.

　사회 불평등은 한 사회 내에서 권력이나 부와 같은, 구성원들이 중요하다고 생각하는 가치들이 불평등하게 분배되어 서열화가 일어나는 현상을 말한다. 누구나가 추구하는 가치들은 어느 사회에서나 희소성을 가지기 때문에 사회 불평등이 나타나는 것은 불가피하다. 그러나 근대에 접어들면서 개인들이 각성하고 구조화된 불평등에 불만을 느끼게 되면서 불평등의 문제는 사회의 안정을 위협하는 불안 요소가 되었다. 이에 따라 사회 불평등의 문제가 사회 문제 연구의 주요 주제로 대두되었다. 이러한 시기에 루소는 『인간 불평등 기원론』을 통해 불평등이 어디에서 발생했는지를 살펴봄으로써 불평등의 해결 방법을 모색했다.

　루소는 사회 불평등의 기원을 탐구하기 위해 인간의 최초 상태, 즉 ㉠자연 상태를 가정했다. 루소가 가정한 자연 상태는 실재했던 역사가 아니라 현재 인간에게서 교육으로 축적된 지식이나 관습, 인류의 역사를 통해 얻은 인위적인 능력을 제거한 순수 상태를 가설과 추리를 통해 상상한 것이다. 루소는 자연 상태의 인간을 움직이게 하는 것은 안락함과 자기 보존을 원하는 자기애, 다른 감성적 존재들이 고통받는 것을 혐오하는 연민과 같은 본능적 감정이라고 보았다. 루소의 추론에 따르면 자연 상태의 인간에게 행복은 먹는 것과 휴식이었고 불행은 굶주림과 고통이었을 것이므로 그들은 자연에 적응하기 위해 신체를 단련했을 것이다. 그들은 넓고 ⓐ비옥한 숲에서 양식을 구할 수 있었기 때문에 타인의 도움을 받을 필요도 없으며 타인을 해칠 욕구도 없었을 것이다. 홀로 살아가기 때문에 규칙이나 구속이 없으며 주어진 대로 살아가기 때문에 우월함에 대한 욕망도, 선과 악에 대한 개념도 없었을 것이다. 신체적 불평등이 존재했을 수도 있지만 신체 능력의 우월함은 단지 조금 더 빨리 먹이를 구하는 방법에 지나지 않았으므로 큰 영향력이 없었을 것이다.

　그렇다면 어떻게 해서 불평등이 생겨났는가? 루소는 인간을 둘러싼 환경의 변화와 인간에게 일어난 정념을 가정했다. 인구가 증가하고 자연이 더 이상 풍족한 양식을 주지 못할 때, 홀로 떠돌던 인간은 생존을 위해 공동생활을 해야 하는 상황에 직면한다. 공동생활을 통해 인간의 정신 속에 '크다/작다, 강하다/약하다'와 같은 관계에 대한 ⓑ지각이 생겨나게 된다. 점차 인간은 비교하는 데 익숙해지며, 타인에게 강하고 우월한 사람으로 비치기를 바라는 정념들이 일어나게 되는데 이것이 불평등의 ⓒ단서가 된다고 보았다. 여기에서 루소는 불평등이 역사적으로 3단계로 진행되었다고 설명한다. 먼저 1단계는 소유권이 발생하고 부자와 빈자가 나누어지는 시기이다. 야금술*과 농업의 발명은 땅의 생산성을 높여 자연의 한계를 극복하게 했지만 '소유'라는 새로운 권리를 낳았다. 그 결과 토지나 농기구와 같은 생산 수단을 소유한 사람, 힘이 세거나 지혜가 있는 사람은 더 많이 생산하여 소유를 늘릴 수 있었기 때문에 소유의 정도에는 차이가 발생하게 된다. 소유의 정도가 타인으로부터 우월함을 인정받는 중요한 척도가 되면서 인간은 필요 이상을 욕망하게 되고 그 결과 빈부 격차는 심화된다. 2단계는 행정 권력이 제도화되면서 강자와 약자가 구분되는 시기이다. 부를 향한 욕망은 폭력과 약탈을 야기하게 되는데, 부자나 빈자 모두 혼란한 상태를 ⓓ종식시키기 위해서는 그들 사이를 중재해 줄 법률과 국가 권력을 필요로 하게 된다. 그렇게 만들어진 치안 질서 속에 부자들은 그들의 특권을 확고히 하고, 빈자들은 목숨을 보호하기 위해 자신들의 권리를 포기함으로써 불평등이 제도로 인정되는 것이다. 마지막 3단계는 전제 권력이 법률을 대체하여 주인과 노예가 구분되는 시기이다. 합의에 의해 성립된 정부는 의사 결정을 선거에 맡길 수 있으나 선거가 빈번해질수록 폐단도 커지고 혼란해진다. 이를 이용해 야심 찬 통치자들은 인간들 간의 분열과 불신을 조장하며 자신들의 의지를 ⓔ관철해 나간다. 결국 합의는 파기되고 '최강자의 법'이라고 불리는 전제 권력의 의지만 남게 된다. 루소는 전제 권력에 의해 불평등이 극에 달한 결과, 보통의 인간들은 평등한 노예로 살아가는 ㉡새로운 자연 상태에 이르게 되었다고 보았다.

사회 불평등에 대한 루소의 이러한 생각은 17세기의 대표적 철학자인 홉스의 견해에 대한 비판적 시각을 보여 준다. 홉스도 루소와 마찬가지로 자연 상태를 가정하고 이를 통해 인간 사회의 형성과 국가 권력에 대해 설명한 바 있다. 하지만 ㉢홉스가 가정한 자연 상태는 국가의 권위와 법률이 작동하지 않는 무정부 상태이며 인간의 악한 본성이 그대로 드러나는 상태이다. 홉스는 자연 상태를 허영심, 시기심과 같은 정념으로 인해 모든 사람이 서로를 불신하고 다른 사람을 적대적으로 대하는 상태, 즉 '만인의 만인에 대한 투쟁' 상태로 규정한다. 자연 상태에서의 투쟁은 사람들이 자신들의 자연적 권리를 국가에 넘겨줄 때 끝난다. 사람들 간의 합의를 통해 국가라는 제3자의 지배를 똑같이 받음으로써 서로 간의 무질서한 투쟁 상태를 벗어나는 것이다. 이에 대해 루소는 홉스가 자연 상태를 바탕으로 인간 사회를 탐구한 것은 적절했지만 자연 상태에 문명을 통해 만들어진 정념을 전제한 반면, 인간이 연민의 감정 때문에 악을 행하지 않는다는 점을 간과함으로써 잘못된 결론에 이르게 되었다고 비판했다.

루소의 이러한 입장은 당대 사회에 대한 그의 비판적 관점을 잘 반영하고 있다. 홉스에게는 무질서한 사회적 혼돈이 무엇보다 큰 문제였고, 이를 해결하기 위해서는 자유보다는 강력하고 합리적인 국가적 통제를 통한 질서가 중요했다. 반면 루소는 그가 목격했던 전제 권력의 횡포와 그 아래서 고통받고 있던 사람들의 모습에 보다 민감하게 반응했으며, 사람들이 기진 자연석 권리와 국가 권력에 대한 통제를 중시했다. 루소는 자연으로 돌아가라고 선언하면서도 인간이 사회와 문명적 성취를 버리고 완전히 자연 상태로 되돌아갈 수 없다는 것을 알고 있었다. 하지만 그의 선언은 당시 사회의 모순과 폐해를 드러냄으로써 사회의 실상을 파악하게 해 주었다. 또한 현실 사회의 개혁과 새로운 인간관을 정립하는 데 길잡이가 되는 원리를 제공해 주었다는 점에

서 정치적, ㉮교육적 실천으로 이어지게 된다.

※**야금술**: 광석에서 금속을 골라내는 방법이나 기술.

[24900-0012]   〇 △ ✕

4 윗글의 내용 전개 방법에 대한 이해로 가장 적절한 것은?

① 사회 불평등과 관련된 역사적 사건을 제시하고 그를 중심으로 해결 방안을 설명하고 있다.
② 사회 불평등에 대한 쟁점을 도출한 후 대립되는 관점을 쟁점별로 나누어서 설명하고 있다.
③ 사회 불평등과 관련된 가설에 대해 대립되는 두 학자의 견해를 설명하고 두 견해를 절충하고 있다.
④ 사회 불평등의 원인에 대해 특정 학자의 견해가 변화해 온 과정을 시대와 관련지어 서술하고 있다.
⑤ 사회 불평등의 문제가 대두된 배경을 제시하고 사회 불평등의 발생에 대한 특정 학자의 견해를 설명하고 있다.

[24900-0013]   〇 △ ✕

5 ㉠~㉢에 대한 이해로 적절하지 <u>않은</u> 것은?

① ㉠은 실재했던 역사가 아니라 가정을 통해 상상한 상태라는 점에서 ㉡과 다르다.
② ㉠은 인간이 연민의 감정을 가지고 있는 상태를 가정했다는 점에서 ㉡과 다르다.
③ ㉡은 보통의 인간들은 평등하게 살아가는 상태라는 점에서 ㉠과 유사하다.
④ ㉡은 개인들 사이에 투쟁이 일어나는 혼란한 상태라는 점에서 ㉢과 유사하다.
⑤ ㉢은 인간의 악한 본성이 그대로 드러나는 상태라는 점에서 ㉠과 다르다.

[24900-0014] ○ △ ✕

6 〈보기〉는 ㉮와 관련된 루소의 견해이다. 윗글과 〈보기〉를 바탕으로 ㉮에 대해 이야기한 것 중 적절하지 <u>않은</u> 것은?

〈 보기 〉

　욕망을 따라가면 이미 지나온 나라는 눈에 들어오지 않고, 갈 나라는 계속 커지고 넓어진다. 결국 사람은 지쳐 버리고 목적지에 도달할 수 없게 된다. 쾌락을 맛볼수록 행복은 멀어져 간다. 반면 자연 상태에 가까울수록 인간의 능력과 욕망의 차이가 작아져 행복에서 멀어지는 일이 적어진다. 불행은 결핍 그 자체에 있는 것이 아니라 결핍을 느끼게 하는 욕망 속에 있는 것이다. (중략)

　사람들이 아이의 교육에 손을 댄 이래 아이들을 지도하는 수단으로는 경쟁심, 질투심, 선망, 허영심, 탐욕, 공포심과 같은 것만 사용해 왔다. 그러한 정념은 어느 것이나 모두 상당히 위험하여 육체가 완성되기도 전에 정신을 부패시킨다. 아이의 머릿속에 선과 악에 대한 교훈을 집어넣으려 함으로써 악의 씨앗을 뿌리게 되는 것이다.

① 루소는 아이들에게 정념을 불러일으키는 교육이 불평등과 같은 사회에 존재하는 악덕을 만들어 내는 근원이 될 수 있다고 보겠군.

② 루소는 아이들에게 사회에서 우월하다고 인정받는 사람을 보여 주고 그를 부러워하도록 유도하는 방식의 교육에 대해 올바른 교육이 아니라고 보겠군.

③ 루소는 아이들에게 끊임없이 새로운 목표를 제시하고 목표를 이루기 위해 노력하도록 경쟁을 유도하는 것은 아이들을 불행하게 만드는 것이라고 보겠군.

④ 루소는 아이들의 욕망을 자극하는 방법보다 자연 상태의 인간이 가진 성향들이 발휘될 수 있도록 하는 것이 새로운 인간관 정립을 위한 방향이라고 보겠군.

⑤ 루소는 아이들이 다른 사람들로부터 인정받기 위해 최선을 다할 때 교사들이 적극적으로 칭찬을 해 주는 것이 아이들을 행복하게 만드는 방법이라고 보겠군.

[24900-0015] ○ △ ✕

7 〈보기〉는 윗글을 바탕으로 재구성해 본 '홉스'와 '루소'의 가상 대담이다. 발언 내용 중 두 사람의 입장과 부합하지 <u>않는</u> 것은?

〈 보기 〉

루소: 지금 전제 군주는 권력을 제멋대로 사용하면서 우리 사회의 불평등을 고착화하고 있습니다. ·············· ①

홉스: 그래도 예전에 무질서할 때보다는 낫지 않습니까? 사회 질서를 바로잡기 위해서는 강력한 국가 권력이 필요합니다. ·············· ②

루소: 국가 권력이 폭력과 약탈을 막아 낸 것은 맞지만 불평등을 제도화하고 국민들을 고통에 빠뜨리고 있는 문제점이 있습니다. ·············· ③

홉스: 국가 권력은 국민들이 자신의 권리를 양도하여 만들어 낸 것입니다. 그러므로 안정된 국가에서 국민들은 자유와 권리를 누릴 수 있을 것입니다. ·············· ④

루소: 지금 국가 권력은 국민들을 지배할 뿐 국민들의 의사에 따라 움직이지 않습니다. 국민들의 고통을 해결하기 위해서는 국가 권력에 대한 통제도 필요합니다. ·············· ⑤

[24900-0016] ○ △ ✕

8 ⓐ~ⓔ의 사전적 의미로 적절하지 <u>않은</u> 것은?

① ⓐ: 땅이 걸고 기름짐.

② ⓑ: 알아서 깨달음. 또는 그런 능력.

③ ⓒ: 어떤 일의 시초.

④ ⓓ: 한때 매우 성하던 현상이나 일이 끝나거나 없어짐.

⑤ ⓔ: 처음부터 끝까지 일관함.

03_회 미니모의고사

EBS 수능특강 **Q** 미니모의고사 **국어**

○ 알고 맞힘 　/8 　△ 헷갈림 　/8 　✕ 모르고 틀림 　/8

[1~4] 다음 글을 읽고 물음에 답하시오.

가 흔들리는 나뭇가지에 꽃 한 번 피우려고
눈은 얼마나 많은 도전을 멈추지 않았으랴

싸그락 싸그락 두드려 보았겠지
난분분 난분분 춤추었겠지
미끄러지고 미끄러지길 수백 번.

㉠바람 한 자락 불면 휙 날아갈 사랑을 위하여
햇솜 같은 마음을 다 퍼부어 준 다음에야
마침내 피워 낸 저 황홀 보아라

봄이면 가지는 그 한 번 덴 자리에
세상에서 가장 아름다운 상처를 터뜨린다

           − 고재종, 「첫사랑」

나 여름 한낮
비름잎에
꽂힌 땡볕이
이웃 마을
돌담 위
연시(軟枾)로 익다
한쪽 볼
㉡서리에 묻고
깊은 잠 자다
눈 오는 어느 날
깨어나
제상(祭床) 아래
심지 머금은
종발＊로 빛나나.

           − 박용래, 「연시」

＊**종발**: 중발보다는 작고, 종지보다는 조금 넓고 평평한 그릇.

[24900-0017] 

1 (가)와 (나)의 공통점으로 적절한 것은?

① 유사한 시어나 시구를 반복하여 운율을 형성하고 있다.
② 설의적 표현을 활용하여 화자의 의도를 부각하고 있다.
③ 명령형 어조를 활용하여 화자의 강한 의지를 드러내고 있다.
④ 자연물에 인격을 부여하는 방식으로 시적 의미를 형상화하고 있다.
⑤ 하강의 이미지가 상승의 이미지로 전환되면서 역동성이 부여되고 있다.

[24900-0018] 

2 (가)에 대한 설명으로 적절하지 <u>않은</u> 것은?

① 1연에서 '나뭇가지'의 '흔들'림은 2연의 '눈'이 '미끄러지고 미끄러지'는 이유가 된다.
② 1연의 '도전'의 모습은 2연에서 '두드려 보았겠지'와 '춤추었겠지'로 구체화되고 있다.
③ 1연의 '꽃'과 관련지을 때 4연의 '아름다운 상처'는 나뭇가지 위에 핀 봄꽃을 의미한다.
④ 3연에서 화자가 자연물에 대해 가진 거리감은 4연에서 성찰의 과정을 거치면서 극복된다.
⑤ 1연에서 4연으로 시상이 전개되면서 겨울에서 봄으로의 계절의 흐름이 드러나고 있다.

[24900-0019] ○ △ X

3 〈보기〉의 '선생님'의 질문에 대한 대답을 적절하게 한 학생끼리 골라 묶은 것은?

〈 보기 〉

선생님: (나)는 유기적 세계관을 바탕으로 쓴 작품으로 평가받습니다. 유기적 세계관이란 우주를 유기체로 인식하는 것으로 우주 그 자체를 살아 움직이는 생명체로 보는 관점입니다. 이에 따르면 우주 내 만물들은 서로 대등한 입장에서 각자 부분적 독자성을 지니면서도 서로 간의 연관 관계도 가지고 있는데, 이를 통해 만물들은 생명체로서 서로 교감하게 됩니다. 이러한 교감은 한순간에 이루어질 수도 있지만 시간의 흐름 속에서 천천히 이루어지기도 합니다. 그리고 그러한 교감을 통해 완숙한 경지의 존재로 거듭난 자연물은 인간의 외경을 이끌어 내기도 합니다. 이러한 관점을 바탕으로 (나)를 감상해 볼까요?

학생 1: 여름 한낮 내리쬐는 '땡볕'과 돌담 위에서 익고 있는 '연시'는 각자 부분적 독자성을 지닌 존재들로 볼 수 있습니다.
학생 2: '비름잎'과 '이웃 마을'은 연시가 익어 가는 과정에서 서로 교감한다는 점에서 유기적으로 연관 관계를 가지는 존재들로 볼 수 있습니다.
학생 3: '여름' → '서리' → '눈'의 순서로 계절의 흐름을 제시하여 연시가 완숙한 경지의 존재가 되는 것이 시간의 흐름 속에서 이루어지는 것임을 보여 주고 있습니다.
학생 4: '돌담 위'는 '제상 아래'와 달리 생명을 가진 존재로서의 '연시'에 대한 화자의 외경이 형성되는 곳으로 생명체 간의 교감이 한순간에 이루어지는 곳으로 볼 수 있습니다.

① 학생 1, 학생 2
② 학생 1, 학생 3
③ 학생 2, 학생 3
④ 학생 2, 학생 4
⑤ 학생 3, 학생 4

[24900-0020] ○ △ X

4 ㉠과 ㉡을 비교하여 이해한 내용으로 가장 적절한 것은?

① ㉠과 ㉡은 모두 화자에 의해 부정적으로 인식되는 존재이다.
② ㉠과 ㉡은 모두 시적 대상에 대한 화자의 태도가 바뀌는 계기로 작용한다.
③ ㉠은 화자의 삶과 대비되는 존재인 반면, ㉡은 화자의 삶이 투영된 존재이다.
④ ㉠은 시적 대상에게 시련을 주는 존재이고, ㉡은 시적 대상의 성숙을 이끄는 존재이다.
⑤ ㉠은 시적 대상의 아픔을 심화하는 존재인 반면, ㉡은 시적 대상의 아픔을 해소하는 존재이다.

[5~8] 다음 글을 읽고 물음에 답하시오.

심리학에서 일반적으로 다루는 인간의 내면 의식과 정신에 대한 연구보다, 자극에 대한 반응으로 일어나는 관찰 가능한 행동을 통해 인간을 객관적으로 이해하려는 것을 행동주의 심리학이라고 한다. 행동주의 심리학의 대표적인 사례는 스키너의 조작적 조건화이다. 조작적 조건화란 어떤 주체가 긍정적 결과를 가져오는 행동을 계속 수행하게 만들고, 부정적 결과를 가져오는 행동은 하지 않도록 학습하게 하는 것이다. 이런 행동주의 심리학을 구성하고 있는 핵심 개념에는 강화와 소거, 벌 등이 있다.

특정 행동을 했을 때 긍정적인 결과를 제공해 주는 것을 보상이라 하는데, 보상을 통해 특정 행동의 발생 빈도를 증가시키는 것을 강화라고 한다. 강화는 다시 정적 강화와 ㉠부적 강화로 나눌 수 있는데, 정적 강화란 특정 행동을 한 주체에게 그가 가치 있게 여기는 어떤 것을 제공함으로써 그 행동의 강도와 빈도를 증가시키는 것이며, 부적 강화란 특정 행동을 한 주체에게 그가 바라지 않는 어떤 것을 제거해 줌으로써 그 행동의 강도와 빈도를 증가시키는 것이다.

강화에 의해 특정 행동이 학습되었더라도, 그 행동에 대해 더 이상 보상을 제공하지 않으면 학습된 행동이 점차 사라지는데 이를 소거라고 한다. 따라서 학습된 행동이 소거되지 않도록 하기 위해서는 강화를 계획적으로 할 필요가 있는데, 이를 강화 계획이라고 한다. 즉 강화 계획은 대상이 학습시키려는 행동을 할 때 주어지는 보상의 적절한 시기와 방법에 대한 규칙을 의미한다.

강화 계획은 우선 지속적 강화 계획과 간헐적 강화 계획으로 나눌 수 있다. 지속적 강화 계획은 행동이 일어날 때마다 보상을 주는 것이고, 간헐적 강화 계획은 보상을 가끔 주는 것을 의미한다. 이 중 간헐적 강화 계획은 보상이 제시되는 간격과 비율에 따라 두 가지 형태로 나뉘는데, 간격 계획은 행동이 일어날 때 시간에 따라 강화를 주는 것이고, 비율 계획은 행동이 일어날 때 행동의 횟수에 따라 강화를 주는 것이다. 각각의 계획은 간격과 비율이 고정적이냐 변동적이냐에 따라 다시 두 가지의 하위 계획으로 분류된다. 즉 간헐적 강화 계획은 행동이 일어나면 정해진 시간마다 보상이 주어지는 고정 간격 계획, 행동이 일어나면 일정하지 않은 시간마다 보상이 주어지는 변동 간격 계획, 정해진 횟수의 행동이 일어날 때 보상이 주어지는 고정 비율 계획, 일정하지 않은 행동 횟수마다 보상이 주어지는 변동 비율 계획으로 분류할 수 있다.

각각의 강화 계획은 장단점을 가지고 있어 적절하게 사용해야 하는데, 지속적 강화 계획은 행동을 할 때마다 보상이 주어지므로 행동을 빠르게 강화할 수 있다는 장점이 있다. 하지만 행동으로 인한 보상이 제거되면 급격히 행동의 빈도나 강도가 줄어들므로, 행동이 계속 일어나게 하는 데에는 간헐적 강화 계획이 더 효과적이다.

강화와 반대로 특정 행동을 약화하거나 감소시키기 위해 사용하는 것을 벌이라고 하는데, 벌에는 수여성 벌과 ㉡제거성 벌이 있다. 수여성 벌은 행동의 주체에게 부정적인 것을 제공하는 것을 의미하며, 제거성 벌은 행동의 주체에게 긍정적인 것을 제거하는 것이다. 벌은 행동을 약화하거나 감소시킬 수 있지만 새로운 행동을 하게 만들지 못한다는 한계가 있다. 또한 과한 벌을 주거나 너무 자주 벌을 주는 것은 오히려 행동의 빈도나 강도의 개선에 역효과를 유발하며 이는 강화도 마찬가지이다.

[24900-0021] 

5 윗글에 대한 설명으로 가장 적절한 것은?

① 행동주의 심리학의 특정 이론을 설명하고 해당 이론의 원리를 반박할 수 있는 다른 이론을 제시하고 있다.
② 행동주의 심리학을 적용한 사례와 다른 심리학을 적용한 사례를 비교하여 행동주의 심리학의 장점을 제시하고 있다.
③ 행동주의 심리학에서 다루는 여러 개념을 정의하고, 정의한 개념 중 일부를 특정한 기준에 따라 분류하여 설명하고 있다.
④ 심리학에서 일반적으로 다루는 영역의 문제점을 지적하고, 그 문제점을 극복할 수 있는 행동주의 심리학의 원리를 설명하고 있다.
⑤ 행동주의 심리학이 등장한 배경을 언급하고, 행동주의 심리학의 여러 개념을 통해 행동주의 심리학의 발달 과정을 설명하고 있다.

[24900-0022] 

6 ㉠과 ㉡에 대한 설명으로 가장 적절한 것은?

① ㉠과 ㉡은 모두 대상에게 특정한 행동의 발생 빈도를 증가시키기 위한 것이다.
② ㉠과 ㉡은 모두 대상에게 특정한 것을 제거함으로써 원하는 결과를 도출하고자 하는 방법이다.
③ ㉠은 대상에게 긍정적인 것을 제공하는 것이고, ㉡은 대상에게 부정적인 것을 제공하는 것이다.
④ ㉠은 대상이 이미 행하는 행동을 하지 않게 학습시키는 것이고, ㉡은 대상에게 새로운 행동을 학습시키는 것이다.
⑤ ㉠은 보상을 통해 특정한 행동을 학습시키는 것이고, ㉡은 보상을 통해 특정한 행동을 점차 사라지게 만드는 것이다.

[24900-0023] ○ △ ✕

7 윗글을 바탕으로 〈보기〉에 제시된 그래프를 이해한 내용으로 가장 적절한 것은?

〈 보기 〉

　대상의 특정한 행동을 강화하기 위해 고정 간격 계획, 변동 간격 계획, 고정 비율 계획, 변동 비율 계획을 각각 사용하였더니, 시간에 따른 대상의 누적 행동 빈도의 변화가 아래의 그래프와 같았다. 행동의 강화에 사용한 보상은 모두 일치하였으며, 선 위의 점은 보상을 제시한 시점이다.

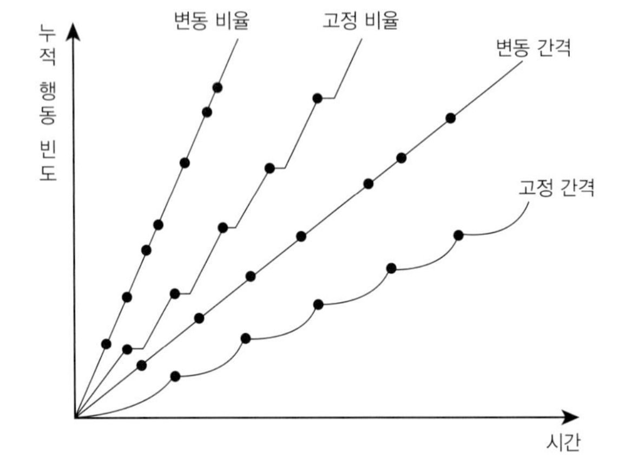

① 강화를 받는 시간 간격이 일정하면 강화를 받은 직후에 행동의 빈도가 급격히 증가한다.
② 정해진 횟수의 행동 후에 보상을 제시한다면 보상을 제시하기 바로 직전에는 행동의 빈도가 줄어든다.
③ 대상이 예측하지 못하는 시간마다 행동에 대한 보상을 제시한다면 시간이 흐를수록 행동의 빈도가 점차 감소한다.
④ 강화를 받기 위해 필요한 행동의 수가 일정하지 않으면 보상을 제시한 직후 일정 시간 동안 행동이 나타나지 않는다.
⑤ 대상이 강화를 언제 받는지 예측할 때보다 예측하지 못할 때 시간에 따른 누적 행동의 빈도가 더 일관되게 증가한다.

[24900-0024] ○ △ ✕

8 윗글을 바탕으로 〈보기〉에 대해 이해한 내용으로 적절하지 <u>않은</u> 것은?

〈 보기 〉

ⓐ 부모가 아이와 함께 자주 도서관에 방문하였는데, 어느 순간부터 아이가 도서관에서 소란을 일으켰다. 부모는 아이의 행동을 고치기 위해 아이가 소란을 일으킬 때 도서관 밖에 나가 있으라고 하였다.
ⓑ 어떤 인터넷 쇼핑몰에서 고객이 구매한 제품에 대해 후기를 작성하면 구매에 사용할 수 있는 포인트를 지급하기로 하였다.
ⓒ 학생이 수업 시간에 소란스러운 행동을 할 때마다 교사가 독서 과제를 제시하였더니, 수업 시간 중 학생의 소란스러운 행동이 줄어들었다.
ⓓ 어떤 제과 회사에서 특정 번호가 적힌 추첨권을 과자 한 봉지에 하나씩 넣어 판매하였고, 매주 회사 웹사이트에 추첨 번호를 올려 같은 번호가 적힌 추첨권을 가진 사람에게 선물을 주었다.
ⓔ 아이가 소리를 지르자 부모는 아이를 달래기 위해 아이에게 관심을 주었다. 이후 아이가 이유 없이 소리를 지르는 일이 늘어났고, 그때마다 부모는 더욱 아이에게 관심을 주며 달래 주었다.

① ⓐ: 아이가 도서관을 싫어한다면 부모가 아이에게 도서관 밖으로 나가 있으라고 한 것이 아이의 문제 행동을 강화할 수 있다.
② ⓑ: 고객이 후기 열 개를 작성할 때마다 인터넷 쇼핑몰이 포인트를 지급했다면, 인터넷 쇼핑몰은 고정 비율 계획을 사용한 것이다.
③ ⓒ: 학생이 독서를 싫어한다면 수업 시간 중 학생의 소란스러운 행동을 줄이기 위해 교사가 학생에게 수여성 벌을 제공한 것이다.
④ ⓓ: 제과 회사에서 매주 정해진 시간에 추첨 번호를 웹사이트에 올렸다면, 제과 회사는 과자 판매를 위해 고정 간격 계획을 사용한 것이다.
⑤ ⓔ: 아이의 소리를 지르는 행동이 부모의 관심으로 인해 강화되었다면, 아이가 소리를 지를 때 부모가 관심을 보이지 않으면 아이의 소리를 지르는 행동이 점차 소거될 것이다.

04 회 미니모의고사

EBS 수능특강 Q 미니모의고사 **국어**

○ 알고 맞힘   /8   △ 헷갈림   /8   ✕ 모르고 틀림   /8

[1~3] 다음 글을 읽고 물음에 답하시오.

사랑하느냐 하는 말에 영채는 가슴이 뜨끔하였다. 과연 자기가 형식을 사랑하였는가— 알 수가 없다. 자기는 다만 형식이란 사람은 ㉠자기가 찾아야 할 사람, **섬겨야 할 사람**으로 알았을 뿐이요 칠팔 연래로 일찍 형식을 사랑하는지 생각해 본 적도 없었다. 다만 어서 형식을 찾고 싶다. 어서 만나면 자기의 소원을 이루겠다. 만나면 기쁘겠다 하였을 뿐이다. 그러므로 영채는 멀거니 여학생을 보다가

"그런 생각은 해 본 적도 없어요. 어려서 서로 떠났으니까 얼굴도 잘 기억하지 못하였는데……."

"그러면 부친께서 너는 아무의 아내가 되어라 하신 말씀이 있으니깐 지금껏 찾으셨습니다그려— 별로 사모하는 생각도 없었는데……."

"예. 그리고 어렸을 때에 정들었던 것이 아직도 기억이 되어요. 그때 일을 생각하면 어째 그리운 생각이 나요."

"그것이야 그렇겠지요. 누구든지 아이 적 생각은 안 잊히는 것이니깐. 그이뿐 아니라 다른 아이들 생각도 나시지요?"

영채는 가만히 생각해 보더니

"예. 여러 동무들의 생각도 나요. 그러나 그의 생각이 제일 정답게 나요. 그랬더니 일전에 정작 얼굴을 대하니깐 생각던 바와 다릅데다. 어쩐지 이전에 정답던 것까지도 다 깨어지는 것 같아요. 왜 그런지 모르겠어요. 그래서 그날 저녁에 집에 돌아와서는 어떻게 마음이 섭섭한지 울었습니다."

잘 알아들은 듯이 고개를 끄덕끄덕하더니 말하기 어려운 듯이

"그러면 지금은 그에게 대해서는 별로 사랑이 없습니다그려."

영채는 저도 제 생각을 모르는 모양으로 한참이나 생각하더니

"글쎄요, 만나니깐 반갑기는 반가운데 어쩐지 ㉡기다리고 바라던 그 사람이 아닌 것 같아요. 내 마음속에 그려 오던 사람과는 딴사람 같아요. 저도 웬일인가 했어요. 또 ㉢그이도 그다지 저를 반가워하는 것 같지도 아니하고……."

"알았습니다."

하고 여학생은 눈을 감는다. 무엇을 알았단 말인고 하고 영채도 눈을 감는다. 여학생이

"그런데 왜 **죽을 결심**을 하셨어요?"

"아니 죽고 어떡헙니까. 그 사람 하나를 바라고 지금껏 살아오던 것인데, 일조에 정절을 더럽히고."

괴로운 빛이 얼굴에 나타나며

"다시 그 사람을 섬기지도 못하겠고…… 이제야 무엇을 바라고 사나요."

하고 절망하는 듯이 고개를 푹 숙인다.

"나는 그것이 죽을 이유라고는 생각하지 아니합니다."

"그러면 어찌하고요?"

"살지요! 왜 죽어요!"

영채는 깜짝 놀라 여학생을 본다. 여학생은 힘 있는 목소리로

"첫째 영채 씨는 속아 살아왔어요. 이형식이란 사람을 사랑하지도 아니하면서 공연히 정절을 지켜 왔어요. 부친께서 일시 농담 삼아 하신 말씀 한마디 때문에 영채 씨는 칠팔 년 헛된 절을 지킨 것이외다. 사랑하지 않는 사람을 위해서, 피차에 허락도 아니 한 사람을 위해서 절을 지키는 것이 헛된 일이 아니야요? 마치 죽은 사람, 세상에 없는 사람을 위해서 절을 지키는 것이나 다름이 있어요? 영채 씨의 마음은 아름답지요, 절은 굳지요. 그러나 그뿐이외다. 그 아름다운 마음과 그 굳은 절을 바칠 사람이 따로 있지 아니할까요. 허니깐 지금 영채 씨가 그이를 사랑하시거든 지금부터 그에게 몸과 마음을 바치실 것이요, 만일 그렇지 않거든 다른 남자 중에 구하실 것이지요, 그런데……."

"그러나 지금토록 마음을 허하여 오던 것을 어떻게 합니까. **고성(古聖)***의 교훈도 있는데."

한다.

"아니요, 영채 씨는 지금까지 꿈을 꾸고 지내셨지요. 허깨비를 보고 지내셨지요. 얼굴도 잘 모르고 마음도 모르는 사람에게 어떻게 마음을 허합니까. 그것은 다만 그릇된 낡은 사상이 속박이시요. 사람은 제 목숨으로 삽니다. 제가 사랑하지 않는 지아비가 어디 있겠어요. 허니깐 영채 씨의 과거사는 꿈입니다. 이제부터 참생활이 열리지요."

영채는 이 말을 듣고 놀랐다. 열녀라는 생각과 틀리는 것 같다. 그러나 그 말이 옳은 것 같다. 과연 지금토록 일찍 형식을 사랑한 적은 없었고 다만 허깨비로 제 마음에 드는 사람을 만들어 놓고 ㉣그 사람의 이름을 형식이라고 짓고 그러고는 그 사람과 진정 형식과 같은 사람으로 생각하고 그 사람을 찾는 대신 이형식을 찾다가 ㉤이형식을 보매 그 사람이 아닌 줄을 깨닫고 실망하고 나서는 아아, 이제는 영구히 형식을 보지 못하겠구나 하고 실망한 것이라. 이렇게 생각하매 영채는 **잘못 생각하였던 것을 깨닫는** 생각과 또 아주 절망하였던 중에 새로운 광명이 발하는 듯하였다. 그래서 영채는

"참생활이 열릴까요? 다시 살 수가 있을까요?"

하고 여학생을 보았다.

– 이광수, 「무정」

---

*고성: 옛날의 성인.

1. 윗글의 서술상 특징으로 가장 적절한 것은?

[24900-0025] ○ △ X

① 서술자를 교체하여 한 사건의 의미를 다양한 관점에서 평가하고 있다.
② 서술자가 자신의 과거 사건을 회상하면서 현재 상황의 의미를 강조하고 있다.
③ 전지적 서술자가 상황에 대한 인물의 판단과 심리를 구체적으로 서술하고 있다.
④ 신빙성이 부족한 인물을 서술자로 내세워 독자의 비판적 이해를 유도하고 있다.
⑤ 이야기 밖의 서술자가 인물과 사건에 거리를 두면서 인물 간의 대화만을 전하고 있다.

2. 〈보기〉를 참고하여 윗글을 감상한 내용으로 적절하지 <u>않은</u> 것은?

[24900-0026] ○ △ X

〈 보기 〉

　「무정」은 봉건적 가치와 근대적 가치가 혼재된 당대의 현실을 재현하면서 개인이 어떠한 가치를 지향해야 할 것인가라는 질문을 던진다. 이러한 가치 선택의 문제는 영채의 삶에서 잘 드러난다. 영채는 정절을 잃고 형식과 맺어질 수 없다는 생각에 절망한다. 하지만 병욱이라는 여학생을 만나면서 자신의 삶을 되돌아보게 된다. 이러한 전개는 영채가 봉건적 가치에서 벗어나 남녀의 수평적 관계, 사랑의 진정한 의미, 개인의 자율성 등의 근대적 가치를 깨닫는 과정을 보여 준다.

① 영채가 부친의 말씀을 받들어 형식을 '섬겨야 할 사람'으로 생각했던 것은 봉건적 가치에서 벗어나지 못했기 때문이겠군.
② 영채가 '죽을 결심'을 했던 것은 근대적 가치를 추구할 수 없는 현실에 절망했기 때문이겠군.
③ 영채가 말한 '고성의 교훈'은 전근대적 여성이 추구했던 봉건적 가치에 해당한다고 볼 수 있겠군.
④ 영채가 형식에 대해 '잘못 생각하였던 것을 깨닫는' 것은 사랑의 진정한 의미를 고민하는 것이기도 하겠군.
⑤ 영채가 추구할 '참생활'은 개인의 자율성과 선택을 중시하는 근대적 삶이라고 볼 수 있겠군.

3. 〈보기〉는 윗글을 자료로 한 수업의 일부이다. [학습 활동]의 내용 중, 적절하지 <u>않은</u> 것은?

[24900-0027] ○ △ X

〈 보기 〉

선생님: 윗글에서 '영채'에게 '형식'은 두 차원으로 존재합니다. 하나는 '영채'가 재회하기 전 마음속에서 기대하고 소망했던 '형식'이고, 다른 하나는 재회를 통해 실제로 경험한 '형식'입니다. 전자를 '관념 속의 형식', 후자를 '현실 속의 형식'이라고 부를 수 있을 텐데요, 이 두 '형식' 사이의 거리에서 '영채'는 혼란을 겪고 있습니다. 그러면 작품을 읽으면서 '형식'과 관련된 부분을 찾아 '관념 속의 형식'과 '현실 속의 형식'으로 나눠 보는 활동을 해 볼까요?

[학습 활동]

부분	'관념 속의 형식'	'현실 속의 형식'	
㉠	V		①
㉡	V		②
㉢		V	③
㉣		V	④
㉤		V	⑤

[4~8] 다음 글을 읽고 물음에 답하시오.

소리가 없는 영화는 상상하기 힘들 만큼 음향은 영화에서 지대한 영향력을 갖는다. 영화의 음향은 충실도, 공간, 시간 등 여러 요소들과 관계하며 다양한 차원을 구축한다. 영화감독은 관객이 지각하는 음향이 영상에 제시된 음원*에 충실한지의 여부를 나타내는 충실도를 통해 다양한 의미를 전달한다. 만약 개가 짖는 영상에서 개 짖는 소리가 제시된다면 그 음향은 충실도가 충족된 것이지만, 대신 고양이 울음소리가 제시된다면 음향과 영상 사이에는 불일치의 관계가 생기므로 충실도가 결여된 것이다. 음향은 충실도의 충족 여부에 따라 충실한 음향과 불충실한 음향으로 나뉘는데, 충실도의 판단에서 음향이 실제로 영상에 보이는 대상으로부터 나온 것인지는 중요하지 않다. 사람이 개 짖는 소리를 완벽하게 흉내 내어 제시하더라도 관객들이 알아차리지 못한다면 충실도가 결여된 것이 아니다. 즉 충실도는 녹음의 질적인 측면이 아니라 음향의 음원에 대한 경험을 바탕으로 한 관객의 관습적 기대와 관련이 있는 것이다. 관객이 영상을 보며 기대하는 소리가 영화에서 음향으로 나올 때, 충실도가 충족된다. 때로는 영화감독이 특정한 목적을 위해 의도적으로 충실도를 결여시키기도 한다. 접시가 떨어질 때 심벌즈 소리를 사용하거나, 사람들이 부딪칠 때 북소리를 사용하는 것처럼 영상에 제시된 음원과 다른 음향을 사용하여 충실도를 결여시킬 수 있다. 또는 평소에는 잘 들리지 않는 매우 작은 소리를 의도적으로 크게 표현하는 것과 같이 음량의 변화를 통해 충실도를 결여시킴으로써 특정 대상이나 상황을 강조할 수 있다.

음향의 음원은 작품 줄거리의 안과 밖, 화면의 안과 밖 등 여러 공간에 위치하며, 음원이 위치하는 공간에 따라 음향은 다양하게 분류된다. 작품의 줄거리 안의 인물이나 대상이 음원인 음향을 내재 음향이라고 하고, 음원이 작품의 줄거리 밖에 있는 음향을 외재 음향이라고 한다. 등장인물의 목소리가 내재 음향, 영화의 분위기 조성을 위해 사용되는 배경 음악이나 외부 해설자의 목소리가 외재 음향의 예이다. 내재 음향은 관객이 물리적인 음원을 확인할 수 있는지 여부에 따라 내적 내재 음향과 외적 내재 음향으로 구분된다. 극 중 인물의 내면이 음향으로 제시되는 경우에는 물리적인 음원을 찾을 수가 없는데, 이러한 음향을 내적 내재 음향이라 한다. 이와 달리 관객이 장면 내에서 물리적인 음원을 확인할 수 있는 음향을 외적 내재 음향이라 한다. 한편 음향은 음원이 화면 내에 있는 내화면 음향과 화면 밖에 있는 외화면 음향으로 나뉘기도 한다. 예를 들어 화면에 나오는 사람과 화면에 나오지 않는 옆 사람이 대화하는 장면에서 화면에 나오는 사람의 말소리는 내화면 음향이고 옆 사람의 말소리는 외화면 음향이라고 할 수 있다.

때로는 내재 음향과 외재 음향의 구분이 모호한 경우가 있다. 이때 영화를 감상하는 관객들은 자신이 가진 관습적인 기대에 따라 음향의 종류를 판단한다. 이 때문에 감독은 의도적으로 관객이 음향의 종류를 잘못 판단하게 만들기도 한다. 예를 들어 서부 개척 시대를 배경으로 한 영화 「불타는 안장」에서 주인공이 초원을 달리는 영상에 오케스트라 음악이 나올 때, 관객은 이를 배경 음악이라고 생각한다. 하지만 잠시 뒤 ㉠초원에서 실제로 오케스트라 연주를 하는 인물들이 등장한다. 관객이 오해하도록 만들기 위해 감독이 의도적으로 장면을 배치하였기 때문이다. 한편 외재 음향과 내재 음향이 비현실적으로 상호 작용하기도 한다. 예를 들어 작품의 줄거리 밖에 있는 외부 해설자가 작품 속 등장인물에게 말을 걸고, 인물이 대답하는 방식으로 음향들이 상호 작용하게 만들면, 이러한 상호 작용은 관객에게 익숙하지 않기 때문에 관객은 생소한 느낌을 받는다.

음향은 여러 방식을 통해 영상과 시간적으로도 관계를 맺는다. 음향과 영상의 시간을 일치시키는 것을 동조화라고 하고, 음향의 발생 시간이 영상의 시간과 동일한 음향을 동시 음향이라고 한다. 대부분의 영화에서 내재 음향의 발생 시간과 영상의 시간은 동일하므로 편집 과정에서 동조화 작업을 거친다. 하지만 때로는 영상에 나오는 사건의 시간과 내재 음향의 발생 시간이 동일하지 않은 경우가 있는데, 이때 사용된 음향을 치환 내재 음향 또는 비동시 음향이라고 한다. 대표적인 비동시 음향으로 회상 음향, 상상 음향, 사이 음향이 있다. 회상 음향은 과거에 일어난 사건으로 인해 발생한 음향이 현재의 영상에 들리는 것이고, 상상 음향은 미래에 일어날 사건으로 인해 발생한 음향이 현재의 영상에 들리는 것이다. 사이 음향은 한 장면의 음향이 다른 장면 위로 잠시 이어지는 것으로 앞 장면의 음향이 다음 장면 위로 이어지거나, 반대로 다음 장면의 음향이 앞 장면이 끝나기 전에 미리 나오는 것이다. 이러한 비동시 음향들을 활용하여 사건을 입체적으로 나타낼 수 있다.

감독은 충실도, 공간, 시간 등 음향과 관련을 맺는 여러 요소를 활용하여 관객들에게 특징한 의미를 전달하거나 정서를 유발하고, 관객들은 의식적 또는 무의식적으로 이러한 음향들을 구별하고 이를 바탕으로 영화의 의미를 해석한다. 관객들은 음향과 여러 요소의 이러한 관계를 이해함으로써 영화를 더 효과적으로 감상할 수 있다.

＊**음원**: 소리가 나오는 근원.

[24900-0028] ○ △ ✕

4 윗글에 대한 설명으로 가장 적절한 것은?

① 음향이 영화에 미치는 영향에 대한 여러 견해를 비교하고 있다.
② 음향과 관계를 맺는 다양한 요소들과 관련지어 음향을 분류하고 있다.
③ 관객이 음향을 감상하는 다양한 방식을 제시하고 각각의 장단점을 분석하고 있다.
④ 영화의 음향이 가진 의의와 가치를 드러내면서 개선해야 할 점도 함께 지적하고 있다.
⑤ 전문가의 주장을 바탕으로 영화감독이 여러 음향을 사용하는 이유에 대해 설명하고 있다.

[24900-0029] ○ △ ✕

5 윗글을 읽고 알 수 있는 내용으로 적절하지 <u>않은</u> 것은?

① 음향의 충실도를 판단하는 데에는 관객의 경험이 반영된다.
② 영상과 음향이 함께 제시되는 모든 장면에서 동조화가 이루어진다.
③ 녹음의 질은 음향의 충실도 충족 여부에 결정적인 영향을 미치지는 않는다.
④ 외적 내재 음향은 내적 내재 음향과 달리 장면 내에서 물리적 음원을 확인할 수 있다.
⑤ 영상에 보이는 대상으로부터 나온 음향이 아니더라도 충실한 음향으로 인식될 수 있다.

[24900-0030] ○ △ ✕

6 ㉠을 통해 얻을 수 있는 효과를 추측한 것으로 가장 적절한 것은?

① 영화의 배경 음악이 어떤 기능을 하는지 나타낼 수 있겠군.
② 음향이 시간과 관계를 맺는 방식을 관객들에게 알릴 수 있겠군.
③ 관객들이 음향과 관련하여 가지고 있던 관습적인 생각을 깨트릴 수 있겠군.
④ 관객들로 하여금 음향이 음원에 충실한지를 파악하면서 영화를 감상하도록 유도할 수 있겠군.
⑤ 관객들이 인물의 마음속과 외부 세계 중 음원이 어디에 있는지 판단하는 것을 도울 수 있겠군.

[24900-0031] ○ △ ✕

7 윗글을 읽고 〈보기〉를 이해한 내용으로 적절하지 <u>않은</u> 것은?

〈 보기 〉

로베르 브레송 감독의 영화 「탈옥수」에서는 다양한 음향의 기능을 확인할 수 있다. 영화에서는 탈출 계획을 세우는 사형수의 영상과 함께 탈출에 성공한 미래의 시점에서 영상에 나오는 과거 자신의 모습에 대해 논평하는 사형수의 목소리가 음향으로 제시된다. 이 치환 내재 음향은 인물이 마음속으로 생각하는 것인지 다른 인물에게 이야기하는 것인지 명확하지 않다. 탈출 장면에서도 그의 논평은 계속된다. 그런데 이 장면은 영상이 너무 어두워 관객들이 사건을 파악하기 힘들다. 따라서 관객들은 그의 논평을 통해 사건의 전개를 이해하게 된다. 또한 인물이 탈출을 준비하면서 내는 천을 찢는 소리, 지푸라기가 흩날리는 소리 등을 의도적으로 실제 소리보다 크게 나타내어 관객들의 주의를 집중시키고 상황의 긴박감을 조성한다. 그 후, 그가 탈출하여 기차에서 뛰어내릴 때 감독은 기차의 소음을 제거하여 관객들이 인물의 발소리와 총소리에만 집중하게 한다.

① 관객들은 탈출 장면의 외화면 음향을 통해 현재 벌어지는 사건을 알게 되겠군.

② 관객들은 내재 음향과 외재 음향이 상호 작용하는 탈출 계획 장면에서 생소함을 느끼겠군.

③ 사형수의 논평이 내적 내재 음향인지 외적 내재 음향인지에 대해 관객에 따라 달리 판단할 수 있겠군.

④ 감독은 탈출 준비 장면에서 음량의 변화를 활용하여 음향의 충실도를 결여시킴으로써 긴박감을 조성하려 한 것이겠군.

⑤ 감독은 인물이 기차에서 뛰어내리는 장면에서 특정한 외적 내재 음향을 제거하여 다른 외적 내재 음향을 강조하려 한 것이겠군.

[24900-0032] ○ △ ✕

8 〈보기〉는 윗글을 읽은 영화 동아리 학생들이 영화를 만들기 위해 나눈 대화의 일부이다. ⓐ〜ⓒ를 분류한 내용으로 적절한 것은?

〈 보기 〉

부장: 지난 회의에서 이번에 만들 영화에 다양한 비동시 음향을 사용하기로 했지. 오늘은 비동시 음향을 어떻게 사용할지 논의해 보자.

부원 1: 자동차 운행 장면에서 ⓐ사고로 인한 충돌 소리가 미리 들리도록 하고, 한동안 운행 영상을 제시한 뒤 사고가 나는 영상을 제시하면 사고 장면에 더 몰입할 수 있을 것 같아.

부원 2: 좋은 생각이야. 나는 젊은 주인공이 편지를 읽는 영상을 제시하고, 장면이 여러 번 바뀌며 오랜 세월이 흐른 뒤 늙은 주인공의 모습과 함께 ⓑ주인공이 예전에 편지를 읽었던 음향을 제시하면 편지 내용을 더 효과적으로 전달할 수 있을 것 같아.

부원 3: 그래. 주인공의 독백 장면에서 친구들이 대화하는 장면으로 넘어갈 때는 ⓒ독백 장면에서 사용되었던 음향이 대화 영상 위로 잠시 이어지게 하면 장면이 자연스럽게 연결될 것 같아.

부장: 좋은 생각이다. 비동시 음향을 적절히 사용해서 좋은 영화를 만들어 보자.

	회상 음향	상상 음향	사이 음향
①	ⓐ	ⓑ	ⓒ
②	ⓐ	ⓒ	ⓑ
③	ⓑ	ⓐ	ⓒ
④	ⓑ	ⓒ	ⓐ
⑤	ⓒ	ⓐ	ⓑ

05 회 미니모의고사

[1~4] 다음 글을 읽고 물음에 답하시오.

당당한 문화인인 아들은 흙투성이인 김 영감을 '내 아버지로라'고 내세우기조차 꺼려 했다. 이러한 아버지를 가졌다는 것은 자기의 큰 치욕이라고까지 생각해 온 터다. 결혼을 하면서도 자기 아버지를 청하지 않은 것도 그 자신은 친구나 동료들한테 달리 변명을 했겠지마는 기실 자기 아버지의 그 흙투성이 꼴을 뵈고 싶지 않다는 허영에서였다. 김 영감만 해도 이런 눈치를 못챌 리는 없었다. 집안에서고 동리에서 왜 며느리 보는 데 안 가느냐고 해도,

"아, 그 잘난 놈 잔치에 못난 애비가 가? 댕꼴 곽주식이 아들 놈처럼 저 애빌 보구 누구냐니까 '우리 집 머슴' 하고 대답하더라는데 그런 놈들이 애빌 보구 행랑아범이라구 하지 말란 법이 있다든가?"

이렇게 격분을 했었다. 또 사실 그때의 수택으로서는 늑중 그렇게 대답했을 것이었다. 그러기가 싫으니까 차라리 못 오게 한 것이었다. 이런 아들이 지금 도시에는 얼마나 많을 건고? ……

"사람이란 흙내를 맡아야 하느니라. 대처(도회) 사람들이 암만 고량진미로 음식을 만든대도 시골 음식처럼 구수한 맛이 없느니라. 마찬가지야. 사람이란 흙내도 맡고 된장 맛도 나고 해야 구수우한 맛이 나는 게지. 음식이나 사람이나 대처 사람들이 맑구 정오(경우)야 밝지! 허지만 ㉠사람이란 정오만 가지고 산다드냐! 일테면 말이다. 내가 네 발등을 잘못해 밟았다고 치자꾸나. 그러면 넌 발끈할 게다. 허지만 우리 시골 사람들은 잘못해 밟았나 보다 하군 그만이거든. 정오로 친다면야 남의 발을 밟은 사람이 글치. 그래, 이 많은 인총*에 정오만 가지고 살려구 들어?"

수택이가 중학교를 다닐 때 고향에 돌아온 것을 붙잡고 김 영감은 이렇게 자기의 지론을 폈던 것이다. 그때만 해도 도회 물을 먹은 아들은 물론 코웃음을 쳤었다.

몇 핸가 후다. 음력 과세*를 한다고 고향에 내려온 일이 있었다. 이십 년래의 혹한이니, 삼십 년래의 추위니 날마다 신문이 떠들어 댈 때였다. 그는 겉으로는 하도 오래간만이니 집에 와서 과세를 한다고 꾸몄지만 기실은 근방 읍에까지 출장이 있어서 온 김에 들른 것이었다.

그날 밤 수택의 집에는 도적이 들었다. 벽에서 나는 황토 냄새와 그야말로 된장 내처럼 퀴퀴한 냄새로 잠을 못 이루고 있을 때 울안에서 발소리가 난다. 조금 있더니 누군지 밖에서,

"아무것두 없으니 나오! 나오."

하는 애원 소리가 들린다. 아버지의 음성이었다.

수택은 문구멍으로 가만히 내다봤다. 도적이 분명하다. 밖에서는 나오라고 하나 나갈 길을 막아선지라 어쩔 줄을 모르는 모양이었다. 황당해한 도적은 급기야 애원을 하기 시작했다.

"나갈 길을 좀 틔워 주서유!"

이때 그는 벌써 부엌을 돌아서 울안에 와 있었다. 손에 흉기 하나 들지 않은 좀도적임을 발견한 그는 '억' 소리와 함께 덮치어 잡아났었다. 그는 학생 시절에 배운 유도로 도적을 메다치고는 제 허리끈으로 두 팔을 꽁꽁 묶었다.

온 집안이 깨고 뒤미처 김 영감도 달려왔다. 영감의 손에는 지겟작대기가 쥐어 있었다. 도적놈도 그랬고 수택이도 그랬고 온 집안사람들도 다 그렇게 생각했다. 몽둥이에 맞을 사람은 그 도적이리라고ㅡ.

그러나 아니었다. 지겟작대기에 아랫종아리를 얻어맞은 것은 아들이었다. 수택 자신도 그랬고, 도적도 그랬을 게고 집안사람들도 그렇게 생각했었다. ㅡ 이것은 영감이 흥분한 나머지 잘못 때린 것이라고 ㅡ 그렇게 생각했기 때문에 수택은 얼른 피했었다. 피하고는 안심을 했던 것이다.

그러나 아니었다. 김 노인의 작대기는 재차 아들에게로 향하고 겨누어졌다.

"이 몰인정한 녀석. 내 물건 도적 안 맞았으면 그만이지 사람은 왜 친단 말이냐, 응? 이 치운 겨울에 도적질하는 사람은 여북해 하는 줄 아냐? 우리네 시골 사람은 그런 법이 없다!"

도적은 울고 있었다. 도적의 등에는 쌀 한 말이 짊어지워졌다.

이튿날 수택은 지루할 만큼 긴 설교를 듣지 않으면 안 되었다.

"사람이란 법만 가지구 사는 게 아니니라. 법만 가지고 산다면야 오늘날처럼 법이 밝은 세상이 또 어디 있겠니. 법으루만 산다면야 법에 안 걸릴 놈이 또 어딨단 말이냐. 넌 법에 안 걸리는 일만 하고 사는 상싶지? 그런 게 아니니라. 올 갈에두 면소 뒤 과수원에서 사괄 하나 따 먹다가 징역을 갔느니라. 남의 것을 따는 건 나쁘지. 나쁘기야 하지만 그게 징역 갈 죄 아니지. 어젯밤 일을 본다면 넌두

네 과밭의 실괄 따면 징역 보낼 사람이 아니냐. 너 어제 그게 누군 줄 아냐? 모르는 체하긴 했다만 내 저 아버진 잘 안다. 알구 보면 다 알 만한 사람야. 시골서야 서로 모르는 사람이 어딨겠나. 모두 한집안 식구거든…… 사람 사는 이치가 다 그런 게란 말야!"

[중략 부분 줄거리] 신문 기자의 반복된 일상에 염증을 느껴 오던 수택은 흙냄새에 대한 막연한 동경을 가지고 아내와 함께 귀향을 한다.

'이렇게 보잘것없는 자연이었던가?'

속기나 한 것처럼 허무해서 우두머니 섰으려니까 김 영감이 꼴지게를 지고 나온다.

"옜다. 이건 네 거다. 이런 데 와 살자면 모두 배워야지!"

숫돌물이 뿌옇게 그대로 말라붙은 낫이다. 수택은 아무 말 없이 받아 들고 따라가다가 풍경 말을 했다.

"뭐? 경치? 얘, 넌 ⓛ경치만 먹구 살 작정이야? 여기 경치가 어때? 산이 없냐 물이 없냐. 숲이 있겠다. 십 리만 나가면 수리 조합 보가 있겠다……."

"볼 게 뭐 있어요?"

그것이 자기 아버지의 탓이거나 한 것처럼 퉁명스럽게 사방을 훑어보려니까,

"그래, 여기 경치가 서울만 못하단 말이냐."

하기가 무섭게 지게를 벗겨 내던지고는 상스러울 만큼 수택의 목덜미를 잡아 가랑이 속에다 집어넣는다.

"자, 봐라! 먼 산이 보이고 저 숲이며 저 물이며, 이만하면 되잖았느냐."

수택은 아버지가 너무 흥분이 돼서 서두는 통에 어리둥절하고만 있었다. 엄한 독선생을 만난 때처럼 부자유했다.

"그래, 보렴. 세상이란 모두 거꾸루 봐야 하는 게다. 경지 경치 하지만 제대루 볼 땐 보잘것없던 것이 가랑이 밑으로 보니까 희한하잖으냐. 사람 산다는 것두 그러니라. 너들 눈엔 여기 사람들 사는 게 우습지? 허지만 여기 사람들은 상팔자야. 더 촌에 들어가 보면 조밥이구 꽁보리밥이구 간에 하루 한 낄 제대루 못 얻어먹는다. 그런 걸 내려다보면 되나. 거꾸루 봐야지! 너들 눈엔 우리가 이러구 사는 게 개돼지같이 뵈겠지만서두 알구 보면 신선야, 신선. 너들 월급쟁이에다 대? 그 연기만 자옥한 돌판에서 사는 서울 사람들에다 대? 보렴, 네. 여기 사람들이 어떻든? 너들처럼 얼굴이 새하얗진 않지? 그게 신선이 아니구 뭐냐?"

이 급조(急造)된 '젊은 신선'은 그날 해가 지도록 끌려다니며 억새에 서뻑서뻑 손을 베며 풀을 베었다. 하면 되리라고 생각한 낫질이 그 좁은 원고지 칸에 글자를 써넣기보다 이렇게 어려우리라고 생각지 못했던 것이었다.

아침에는 새벽같이 끌리어 일어났다. 먼동이 트기가 무섭게 '어험' 소리가 문턱에 난다. 나가 보면 김 영감의 삼태기에는 벌써 쇠똥이 그득하게 담겨져 있었다.

"네 봐라. 이놈이 줄 땐 허리가 아파도 논에다 너두면 벼가 그저 시커메지는구나. 그까짓 암모니아에다 대? 그걸 한 가마에 오 원씩 주고 사다 넣느니 이놈을 며칠 주웠으면 돈 벌구 거름 생기구…… 자, 어서 차빌 차려라. 네 맥두 깨우구. 해가 똥구멍까지 치밀었는데 몸이 근지러워 어떻게 질편히 눴단 말이냐."

수택이 부처는 처음에는 허영이었다. 대학을 마치고 세숫물까지 떠다 바치라던 수택이와 처가 매일처럼 그 드센 일을 한다 해서 동리에서 한 화젯거리가 될 것을 상상만 해도 유쾌한 일이었다. 그리고 사실 수택이가 헌 양복 조각을 입고 밭을 맨다거나 삽을 짚고 물꼬를 보러 간다거나 비틀비틀 꼴지게를 지고 개천을 건너올 때마다 동리 사람들은 경이의 눈으로 그를 맞았던 것이었다. 그의 아내가 물동이를 이고 비탈을 내려가다가 발목을 삐끗해서 동이를 깨 먹었을 때도 그들은 웃는 대신 동정의 눈으로 보아 주었고, 호미를 들고 남편 뒤를 따라나서는 것을 보고는 이웃집 달순이며 앞집 봉년이를 큰일이나 난 듯이 불러다 구경을 시키고 했던 것이다. 그들은 동리 사람들의 이런 경이의 시선을 등 뒤에 느끼며 일을 했다. 이런 것이 그들에게 있어서 심지어의 위안이기도 했다. 지금의 그들에게는 잘하는 것이 자랑도 되었지마는 못하는 것도 부끄럼이 되지 않는 유리한 조건이 있었던 것이다.

"얘, 애어마. 너 그렇게 호밀 깊이 묻으면 배추 뿌리에 바람이 들잖겠냐. 요걸 요렇게 다루어 가지고 살짝 흙을 일으키고 이쪽 손으로 풀을 집어내야지. 허, 그래두 그러는구나. 옳지, 옳지."

이렇게 새 며느리(실상은 헌 며느리지만)한테 잔소리를 하는가 하면, 어느새 수택의 등 뒤에 와서 서 있는 것이었다.

"에이끼, 미련한 것! 배추밭 매는 걸 밥 먹듯 하는구나. 밥 한술 떠 넣구 반찬 한 가지 집어 먹구— 그 식이 아니냐. 아, 이쪽으룬 흙을 이렇게 일으키면서 왼손으룬 풀을 집어내야지. 그걸 어떻게 따루따루……."

"아직 손에 안 익어 그렇습니다, 아버지."

수택은 이렇게 변명을 하는 도리밖에 없었다.

밤에는 거적 한 닢이 등에 지워진다. 물꼬를 지키라는 것이었다.

"네게 준 건 난 모른다. 농사 다 지어 논 게니까 걸음새까지 네 손으로 해서 꼭꼭 챙겨 놔야 삼동을 나지."

동구를 벗어 나오니 약간 일그러진 달이 아카시아 숲에 걸렸다. 말복도 지난 지 오래건만 아직도 바람은 무더웠다. 천변에는 여기저기 동리 부인네들이 보리밥 먹기에 흘린 땀을 들이고 아이들은 조약돌들을 또닥또닥 두드린다. 실개천 물소리도 제법 여물다. 풀 속에서 반딧불이 반짝이고 개구리 소리가 으수이 어울리는 것이 역시 아직도 여름밤이다.

수택은 빨래 자리로 놓은 돌 위에 쪼그리고 앉아서 양치를 쳤다. 아침저녁으로 반죽한 치분으로만 닦아 온 이가 물로만 웅얼웅얼해 뱉어도 입안이 환한 것이 이상할 정도다. 그는 삽을

질질 끌고 징검다리를 건너 논길로 들어섰다. 광대 줄 타듯 하던 논두렁도 어느새 평지처럼 평탄해진 것 같고, 아랫종아리에 차이는 이슬이 생기 있는 감촉을 준다. 아스팔트를 거닐다가 상점에서 뿌린 물이 한 방울만 튀어도 시비를 걸던 일이 마치 옛날 꿈 같았다.

"이만하면 나도 농촌 제일과는 마친 셈인가?"

– 이무영, 「제1과 제1장」

※ **인총**: 한곳에 많이 모인 사람의 무리.
※ **과세**: 설을 쇰.

[24900-0033] ○ △ ✕

1 윗글에 대한 설명으로 적절하지 <u>않은</u> 것은?

① 수택은 고향을 떠난 후 오랜만에 음력 과세를 하려는 목적을 가지고 혹한의 날씨를 무릅쓰고 고향 집에 들른다.
② 김 영감은 세상을 거꾸로 보면 농촌 사람들이 도시 월급쟁이보다 나은 생활을 한다는 것을 알 수 있다고 주장한다.
③ 수택은 손을 다쳐 가면서 낫질을 하다가 자신이 그간 해 온 글쓰기보다 농사일이 힘들다는 사실을 깨닫는다.
④ 수택은 농사일에 어설프다고 핀잔을 주는 김 노인에게 일이 익숙하지 않기 때문이라고 변명을 한다.
⑤ 수택은 치분으로 양치를 해 오다가 물로만 양치를 해도 입 안의 느낌이 좋아진다는 것을 알게 된다.

[24900-0034] ○ △ ✕

2 ㉠, ㉡에 대한 이해로 적절한 것은?

① ㉠을 통해 도시인들이 중시하는 삶의 원칙에 대해 옹호하고 있다.
② ㉡을 통해 도시인의 면모에서 벗어난 수택을 이해하려는 태도를 보인다.
③ ㉠은 수택의 태도에 대한 김 영감의 호감에서, ㉡은 수택의 태도에 대한 김 영감의 반감에서 비롯된다.
④ ㉠에 대해 김 노인은 사례를 들어 정당성을 입증하려 하고, ㉡에 대해 김 노인은 예를 들어 수택을 비판한다.
⑤ ㉠과 ㉡으로 인해 수택은 자신의 행위에 대한 반성적 태도를 가지게 된다.

[24900-0035] ○ △ ✕

3 [A]에 대한 이해로 적절하지 <u>않은</u> 것은?

① 공간에 대한 인물의 심리를 감각적 표현을 통해 나타내고 있다.
② 의도를 숨기려는 인물들이 대화를 통해 서로의 의도를 확인하고 있다.
③ 대결하는 상대가 달라짐에 따라 인물 간의 대립 관계가 변화하는 양상을 드러내고 있다.
④ 경험을 통해 얻은 지식을 바탕으로 상대방을 비판하는 특정 인물의 태도를 부각하고 있다.
⑤ 인물들이 예상하고 있는 사태를 미리 제시하여, 이와 상반된 결과의 의외성을 드러내고 있다.

[24900-0036] ○ △ ✕

4 〈보기〉를 바탕으로 윗글을 감상한 내용으로 적절하지 <u>않은</u> 것은?

〈 보기 〉

「제1과 제1장」은 도시인의 귀농 과정을 통해 서사를 전개하고 있다. 귀농은 이질적인 상황에 대처하는 적응의 문제를 수반한다. 이 작품에서 귀농은 도시인과 농민 사이의 가치관 차이로 인해 발생한 거부감을 없앰으로써, 도시인이 농촌 문화에 흡수되는 양상으로 귀결된다. 흡수는 기존의 생활 방식에서 쉽게 벗어나지 못하는 도시인이 기존의 생활 방식을 온전히 버리고 새로운 생활 방식에 동화되었을 때 가능하다. 이 과정에서 새로운 환경에 적응하기 위해 정체성의 변화를 모색하는 도시인에게 반감을 드러내지 않는 농민들의 태도는, 도시인이 농촌 생활에 안착하는 데에 긍정적 영향을 끼친다는 것을 알 수 있다.

① 수택이 귀농하기 전 결혼식을 올리면서도 아버지를 청하지 않고 김 영감 역시 아들을 보러 가지 않은 것은, 두 인물 사이의 가치관 차이에서 발생한 거부감 때문이겠군.
② 김 영감이 농촌에서의 삶이 신선의 삶이라고 주장하는 것은, 수택에게 도시인의 태도에서 벗어나 농촌에서의 삶에 동화될 것을 요구하는 것이겠군.
③ 수택이 헌 양복 조각을 입고 밭을 매는 것에 대해 동리 사람들이 경이로운 눈으로 바라본 것은, 수택이 새로운 생활 방식으로 농촌 문화에 흡수되었음을 드러내겠군.
④ 농사일에 서툰 것이 수택에게 유리한 조건이 되었던 것은, 반감을 드러내지 않는 농민들의 태도가 수택이 농촌 생활에 안착하는 데에 긍정적인 영향을 미치고 있음을 보여 주겠군.
⑤ 수택이 아스팔트에서의 물방울과 논두렁에서의 이슬에 대한 감촉을 다르게 인식하는 것은, 수택이 도시의 생활 방식에서 벗어나 농촌의 생활 방식에 적응해 가고 있음을 나타내겠군.

[5~8] 다음 글을 읽고 물음에 답하시오.

작품을 전시회에 출품하는 게 아니라 잡지에 기고하는 화가들이 있다. '개념 미술가'라 불리는 이들이 그들이다. '개념 미술'이라는 말을 처음 사용한 사람은 헨리 플린트인데, 그는 개념 미술이 언어와 아주 밀접한 관계가 있다는 점을 들어 개념 미술을 언어를 재료로 하는 미술 형식이라고 말하였다. 이와 같이 개념 미술에서는 작품이 지닌 물질성이 중요하지 않다.

예술의 물질성에 대해 견해를 밝힌 사람들 가운데 헤겔의 견해에 따르면, 예술은 필연적으로 물질성에서 정신성으로 이행한다. 고대 오리엔트의 예술을 대표한 것은 피라미드나 스핑크스와 같은 거대한 건축물이나 기념비였다. 이때 정신은 아직 육중한 물질에 눌려 있었다. 이어서 등장한 그리스 예술에서 주도적 역할을 맡은 장르는 조각이었다. 헤겔은 예술의 본질이 정신적 이념을 감각적 물질로 구현하는 데 있다고 주장했다. 이 때문에 그는 정신과 물질이 어느 쪽에도 치우치지 않고 적절히 조화를 이룬 그리스 조각에서 예술이 정점에 도달했다고 보았다.

이후 정신은 더 성장하여 서서히 물질을 압도하기 시작한다. 르네상스 예술을 주도한 장르는 회화였다. 회화는 개별 사물이나 표상에서 공통된 속성이나 관계를 뽑아내는 정신적 과정을 통해 현실의 한 차원을 접어 3차원의 공간을 2차원의 평면으로 환원시킨다는 점에서 조각보다 더 정신적이다. 또한 회화의 재료인 물감 역시 조각에 사용되는 육중한 돌에 비해 물질성이 한결 약하다. 17세기에는 음악이 예술을 주도하는 역할을 이어받게 된다. 음악의 재료인 소리에는 거의 물질성이 없다. 19세기 이후의 주도적 장르는 시였다. 이제 예술은 마침내 물질성을 완전히 벗고 학문과 똑같은 재료, 즉 개념을 사용하게 된다. 다 자란 정신에게 예술의 물질성은 그저 거추장스러운 옷일 뿐이다. 이 지점에서 헤겔은 예술의 종언을 선언한다. 절대정신이 물질적 매체를 통해 표현되는 시대는 지났다는 것이다. 예술이 종언을 고했다는 그의 예언은 빗나갔을지 몰라도, 20세기 예술의 경향을 보건대, 적어도 예술이 물질을 벗고 정신으로 상승하리라는 ⓐ그의 지적은 적중했다고 할 수 있다.

본격적인 의미에서 최초의 개념 미술가는 멜 보크너였다. 1966년 그는 동료 작가들의 드로잉과 작업 구상을 담은 종이를 여러 번 복사하여 네 권의 파일 노트에 끼워 조각의 받침대 위에 올려놓았다. 거기에는 솔 르윗과 댄 플래빈의 작업 스케치, 그들의 작품에 대한 자세한 설명을 담은 송장*, 존 케이지가 작곡한 악보가 포함되어 있었다. 파일의 첫 장은 화랑의 노변, 마시막 장은 복사기의 조립 도면이었다. 이 전시회를 찾은 관객들은 작품을 보는 게 아니라 파일을 넘겨 가며 읽어야 했다. 이렇게 작업 구상을 담은 종이, 작업 스케치, 작품에 대한 설명을 담은 송장 등이 예술이 될 때, 미술은 문학에 가까워진다.

솔 르윗에 따르면 개념 미술에서는 생각이나 관념이 작품의 가장 중요한 측면이 된다. 예술가가 예술에 개념적 형식을 사용

한다는 것은 곧 모든 계획과 결정이 미리 만들어지고 실행은 요식 행위가 된다는 것을 의미한다. 실제로 솔 르윗은 그의 작품 '벽 드로잉'의 실행을 고용된 인부들에게 위탁했다. 그는 벽 드로잉을 제작하기 위한 지침을 고용된 인부들에게 주었을 뿐이다. 이렇듯 개념 미술에서는 시각화되지 않은 생각이나 관념도 완성된 산물 못지않은 작품이다.

개념 미술은 일반적으로 네 가지 형식을 선호한다. 첫째는 '레디메이드'로, 이를테면, 마르셀 뒤샹의 변기처럼 일상의 사물을 예술로 선언하는 것이다. 둘째는 '개입'으로, 오브제*나 이미지를 엉뚱하거나 다른 맥락에 옮겨 놓는 것이다. 예를 들어, 다니엘 뷔랑은 모든 곳을 미술관으로 만들기 위해 줄무늬가 그려진 간판을 등에 짊어지고 파리의 거리를 활보했다. 셋째는 '자료화'이다. 자료화는 작품을 구성할 때에 실제 작품이 모두 기록, 지도, 차트, 그리고 사진 등을 바탕으로 이루어지는 것을 말한다. 위에서 언급한 보크너의 작업 스케치 전시가 여기에 속한다. 넷째는 개념 미술의 가장 보편적 형식으로, '언어'를 사용하는 것이다. 독일의 작가 한네 다르보벤은 숫자와 글자, 낙서를 계열적으로 늘어놓음으로써 회화가 글쓰기라는 관념을 표현했다.

한편 알렉산더 알베로는 개념 미술을 낳은 다양한 미술사적 계보학에 대해 언급했다. 그에 따르면 1960년대의 개념 미술은 네 가지 궤도가 하나로 수렴한 결과이다. 첫째, 전통적 예술 작품의 구조를 해체한 모더니즘 회화의 자기반성적 경향. 둘째, 작품을 시각적 오브제에서 개념적 텍스트로 되돌리려는 환원주의적 경향. 셋째 뒤샹에게서 유래하는 반(反)미학 혹은 비(非)미학의 경향, 넷째는 예술 작품이 전시되고 소통되는 장소를 문제 삼는 경향이다. 위에서 언급한 개념 미술의 네 형식은 이 네 가지 궤도가 복잡하게 결합하여 나타난 경향이라고 할 수 있다.

이와 같은 특성과 형식을 지닌 개념 미술은, 예술이 구체적으로 실재하는 작품이라는 전통적인 인식에서 벗어나 언어를 비롯한 비물질성을 지닌 생각이나 관념도 예술이 될 수 있다는 예술에 대한 새로운 인식을 가능하게 하였다.

---

*※**송장**: 상품을 멀리 떨어진 곳으로 발송할 때 짐을 받을 사람에게 보내는 상품의 명세서.*

*※**오브제**: 예술에서 작품에 쓴 일상생활 용품이나 자연물.*

[24900-0037] ○ △ ✕

5 윗글에 대한 설명으로 가장 적절한 것은?

① 개념 미술의 특성과 형식을 설명하고 이것이 지닌 의의에 대해 서술하고 있다.

② 개념 미술의 대표작을 중심으로 개념 미술을 감상할 때의 주안점을 제시하고 있다.

③ 개념 미술의 역사를 소개하고 개념 미술의 다양한 미학적 특성과 한계를 규명하고 있다.

④ 개념 미술의 재료가 지니고 있는 특성을 바탕으로 개념 미술에 대한 상반된 견해를 제시하고 있다.

⑤ 개념 미술에 대한 평가가 시대에 따라 달라진 이유를 당대의 예술적 흐름과 관련하여 설명하고 있다.

[24900-0038] ○ △ ✕

6 윗글을 참고할 때, ⓐ의 이유로 가장 적절한 것은?

① 예술을 바라보는 미학적 관점이 퇴보했기 때문이다.

② 예술 작품을 선호하는 사람들의 취향이 변했기 때문이다.

③ 예술의 가치가 중요하지 않은 시대로 접어들었기 때문이다.

④ 예술 작품을 표현하기 위한 물질적인 재료들이 다양해졌기 때문이다.

⑤ 생각이나 관념이 작품의 가장 중요한 측면이 되는 예술이 등장했기 때문이다.

[24900-0039] ○ △ ✕

7 윗글을 통해 알 수 있는 내용으로 적절하지 <u>않은</u> 것은?

① 솔 르윗은 자신이 구상한 작품의 실행을 인부들에게 위탁했다.

② 멜 보크너는 관객들로 하여금 작품을 읽게 함으로써 문학을 미술화하였다.

③ 헤겔은 정신성과 물질성이 적절하게 조화될 때 예술이 정점에 도달한다고 보았다.

④ 개념 미술의 경우에는 전시회에 가지 않고도 예술 작품을 감상하는 것이 가능하다.

⑤ 개념 미술의 네 가지 형식은 알렉산더 알베로가 언급한 미술사적 계보학이 결합하여 나타난 경향이라 할 수 있다.

[24900-0040] ○ △ ✕

8 윗글을 참고할 때, 〈보기〉의 A∼C에 들어갈 말을 가장 적절하게 짝 지은 것은?

〈 보기 〉

  개념 미술의 개념적 형식을 통해 개념 미술가들은 (A)의 의무에서 벗어날 수 있었고, 비물질성을 지닌 생각이나 관념도 예술이라는 점을 통해 작품은 (B)의 감옥에서 해방되었으며, 감상자들의 입장에서는 예술 작품을 감상하는 데 있어서 '보는' 방식만 있는 것이 아니라 '읽는' 방식도 있다는 점에서, 기존의 관습적인 (C)의 관례에서 벗어나게 되었다고 볼 수 있다.

	A	B	C
①	지각	제작	형식
②	제작	재료	감상
③	제작	이해	지각
④	전시	이해	감상
⑤	감상	재료	형식

06회 미니모의고사

EBS 수능특강 Q 미니모의고사 **국어**

○ 알고 맞힘 /8   △ 헷갈림 /8   ✕ 모르고 틀림 /8

[1~4] 다음 글을 읽고 물음에 답하시오.

아욱국과 된장 종지와 고추 세 개가 동그마니 놓인 저녁 밥상이다. 수저를 들려다가 문득 토마토밭 쪽에 뭔가 새뜩한 게 어른거린다. 나는 다시 질퍽한 마당으로 급하게 내려섰다. 방울토마토가 딱 두 개 빨갛게 익어 있다. 빨간 방울토마토 두 개가 올라오니 적막한 저녁 밥상에 꽃등 두 개가 켜진 것 같다. 빨간 방울토마토 두 개를 가운데 놓고 모녀는 드디어 한없이 느리기만 한 숟가락질을 시작했다.

연세 가정 의원은 토요일이면 오후 세 시에 문을 닫는다. 의사는 이미 퇴근하고 나와 수아가 마악 병원 문을 잠그려던 순간이었다. 병원 문을 잠그고 나서 나는 수아와 함께 면 소재지를 휘감아 도는 강변 둑방 길을 좀 걷다가 가게에서 음료수를 사 먹고 집으로 갈 참이었다. 그 둑방 길에서 최근에 수아가 산 엠피쓰리 플레이어로 다운 받아 놓은 최신 발라드 곡을 들을 수 있을지도 모른다.

봄이면 둑방 길에 벚꽃이 아름답게 피어났다. 그 둑방 길을 수아와 내가 걸어가면 젊은 여자가 귀한 이 고장의 젊은 남자들이 눈부시게 우리를 바라볼 것이다. 바람이 불면 수아와 내가 짝 맞춰 입고 나온 하늘색 원피스와 녹색 플레어 치마가 우리들 다리에 부드럽게 휘감길 것이다. 그리고 그뿐이다. 우리는 각자 고요한 귀갓길을 서두를 것이다. 그렇지 않으면 수아와 나의 동창이자 선배이자 후배인 이 고장의 젊은 남자들이 우리를 가만두지 않을지도 모른다. ㉠더군다나 이즈음에 부쩍 눈에 많이 띄기 시작한 외국인 노동자들이라니.

퇴근길에 농공 단지 안 플라스틱 공장 사장 만배가 커피 좀 마시고 가라 해서 들어가 본 만배의 일터에서 나는 처음으로 실제로 노동하고 있는 외국인들을 보았다. 언제부턴가 야산과 밭과 논 위에 가구 공장, 의료 기기 공장, 플라스틱 공장들이 지어지더니 그곳이 공식적인 농공 단지로 지정되었다. 농공 단지 옆에서 만배는 돼지를 한 이백 두쯤 기르다가 불법 하수 처리 건으로 경찰서에 불려 가네 어쩌네 곤욕을 치른 뒤에 돼지막을 플라스틱 사출 공장으로 변신시켰다. 그리고 또 언제부턴가 농공 단지 주변에 외국인 노동자들이 들어오기 시작했다. 공장 안은 사출기 돌아가는 소리, 플라스틱 찍어 내는 소리에 라디오 소리가 진동했다. 기계 소리와 라디오 소리는 제각각 악을 쓰며 공장 천장 위로 치솟았다가 공장 바닥으로 곤두박질쳐 대고 있었다. ㉡라

디오에서 나오는 트로트를 따라 부르며 일을 하던 외국인 노동자 남자가 나를 흘끗거리자 만배가 침을 뱉듯이 거칠게 쏘아붙였다.

[A]
"얌마, 함부로 입맛 다시지 말고 빨리빨리 일해, 일."
그랬더니 얼굴이 검고 목이 검고 손이 검고 몸피가 가늘고 눈이 가는 외국인 노동자 남자가 씨익 웃으며 대꾸하는 것이었다.
"얌마, 하부로 이마싸지 말고 빨리빨리."
나는 커피고 뭐고 만정이 떨어졌다.
농공 단지에서 일하는 남자들은 사장이고 사원이고 간에 너무 무식하고 너무 거칠고 너무 교양이 없고 하여간 저질이라고 수아는 질색을 했다. 수아도 나와 똑같은 경험을 한 모양이었다. 나도 수아의 말에 동의했다.

[중략 부분 줄거리] 사랑한다고 믿었던 연인에게 실연을 당한 '나'는 집으로 돌아오는 길에 두 외국인 노동자들의 이야기를 엿듣게 된다.

"깐쭈, 넌 너희 나라 가면 뭐 할 거야?"
"모르겠어. 가면, 엄마 아버지 누나 여동생 사촌들 만나고 산에 올라 달을 볼 거야. 우리나라 네팔 달 볼 거야. 내가 뭘 할 건지, 달한테 물어볼 거야. 싸부딘은?"
"여동생이 한국 사람과 결혼했어. 시골이야. 동생이 남편한테 맞았어. 동생 많이 슬퍼. 형이 한국 여자랑 결혼했어. 형 여자 도망갔어. 조카 있어. 형이랑 조카 많이 슬퍼. 부모님 돌아가셨어. 우리나라, 방글라데시 가도 나는 아무도 없어. 한국에 다 있어. 난 갈 수 없어. 형 다쳤어. 손가락 잘렸어. 조카 살려야 해."
"싸부딘, 난 한국에서 슬플 때 노래했어. 한국 발라드야. 사장이 막 욕해. ㉢나 여기, 심장 막 뛰어. 손가락 막 떨려. 눈물 막 흘러. 그럼 노래했어. 사랑 못 했어. 억울했어. 그러면 또 노래했어. 그러면 잠이 왔어. 그러면 꿈속에서 달을 봤어. 크고 아름다운 네팔 달이야."
ⓐ깐쭈가 다시 노래한다.
가을 우체국 앞에서 그대를 기다리다 노오란 은행잎들이 바람에 날려 가고 지나는 사람들같이 저 멀리 가는 걸 보네…….
㉣나는 어둠 속에 몸을 숨긴 채 또다시 따라 했다.
세상에 아름다운 것이 얼마나 오래 남을까 한여름 소나기 쏟아져도 굳세게 버틴 꽃들과 지난겨울 눈보라에도 우뚝 서 있는

나무들같이 하늘 아래 모든 것이 저 홀로 설 수 있을까…….

ⓑ싸부딘도 노래했다.

어머나 어머나 이러지 마세요. 더 이상 내게 이러시면 안 돼요
…….

노랫소리는 빗소리에 섞여 쌀겨 냄새 가득한 방앗간 안으로
스며들었다.

"싸부딘, ⑩여기 상추도 있고 고추도 있어. 집에 고추장 있어.
소주는 사야 해. 삼겹살은 없어. 삼겹살도 사야 해. 우리 소주
마시자."

"좋아."

두 사람이 빗속으로, 어둠 속으로 사라졌다. 명랑하게 사라졌
다. 싸부딘과 깐쭈가 사라진 길 너머로 내가 지나온 길이 보였
다. 그 길 너머 그 남자네 집이 보였다. 겨우 가라앉았던 심장이
다시 격렬하게 요동쳐 오기 시작했다. ⓒ나는 노래를 불렀다.

사랑했나 봐 잊을 수 없나 봐 자꾸 생각나 견딜 수가 없어 후
회하나 봐 널 기다리나 봐…….

나는 방앗간을 나섰다. 나는 빗속에서 악을 썼다. 눈에서는 눈
물이 쏟아졌다. 그러나 나는 노래 불렀다. 저기, 네팔의 설산에
떠오른 달이 보인다. 나는 달을 향해 나아갔다. 비를 맞으며 천
천히, 뚜벅뚜벅, 명랑하게.

– 공선옥, 「명랑한 밤길」

---

1 윗글에 대한 이해로 적절하지 <u>않은</u> 것은?

① 젊은 여자가 드문 마을에서 '나'는 사람들의 시선을 의식하
고 있다.

② 그 남자로 인해 감정이 격해진 '나'는 내리는 비를 맞으며
방앗간을 나섰다.

③ 방앗간에 있던 '나'를 의식한 싸부딘과 깐쭈는 대화를 멈추
고 걸음을 재촉하였다.

④ 싸부딘의 형과 여동생은 한국인과 결혼하였으나 한국에서
편치 않은 생활을 하고 있다.

⑤ 돼지 농장을 운영하던 만배는 플라스틱 사출 공장을 차려
외국인 노동자들을 고용하였다.

---

2 [A]에 대한 설명으로 가장 적절한 것은?

① '나'와 주변 인물의 갈등이 고조됨을 보여 주고 있다.

② 상황 전개에 따른 사건 변화의 추이가 그려지고 있다.

③ 서술자의 논평을 통해 인물의 긍정적 성격이 부각되고 있다.

④ '나'의 시선을 통해 다른 인물에 대한 '나'의 반응이 드러나
고 있다.

⑤ '나'의 자기 고백적인 이야기를 통해 내면적 성찰이 엿보이
고 있다.

---

3 ⓐ~ⓒ에 대한 설명으로 가장 적절한 것은?

① ⓐ와 ⓑ는 과거의 기억을 떠올리기 위한 노력이다.

② ⓐ와 ⓒ는 서로에 대한 오해를 해소하기 위한 방법이다.

③ ⓑ와 ⓒ는 인물들의 서로 다른 가치관을 상징하는 행동이다.

④ ⓐ, ⓑ, ⓒ 모두 자신의 각오를 특정한 대상에게 전달하기
위한 행위이다.

⑤ ⓐ, ⓑ, ⓒ 모두 특정한 상황에 처한 인물들이 자신의 마음
을 달래려는 시도이다.

---

4 〈보기〉의 수업 내용을 바탕으로 ㉠~㉤을 감상한 내용으로
적절하지 <u>않은</u> 것은?

〈 보기 〉

선생님: 1990년대 이후 우리 공동체의 필요에 의해 외국인 이
주 노동자가 급격히 유입되고 있으며, 이들은 점차 우리 공
동체 문화에 적응하고 있습니다. 따라서 편견에 근거한 행동
은 지양하고, 인간에 대한 존중과 타자에 대한 이해를 바탕
으로 소수자들을 존중하는 것이 우리 공동체를 발전시키는
방법이라고 할 수 있습니다. 이러한 관점에서 「명랑한 밤
길」에서 등장인물들이 보이는 태도에 대해 이야기해 봅시다.

① ㉠에서는 외국인 이주 노동자들에 대한 '나'의 편견 어린 시
선이 드러난다고 할 수 있어요.

② ㉡에서는 편견을 보이는 인물들의 행동을 제지하려는 만배
의 의도가 드러난다고 할 수 있어요.

③ ㉢에서는 우리 공동체에 유입된 소수자들이 느끼는 모멸감
과 슬픔이 깐쭈를 통해 드러난다고 할 수 있어요.

④ ㉣에서는 외국인 이주 노동자들의 사연을 듣고 그들의 아픔
에 공감하는 '나'의 태도가 드러난다고 할 수 있어요.

⑤ ㉤에서는 우리 공동체 문화에 적응하는 외국인 이주 노동자
들의 모습이 깐쭈를 통해 드러난다고 할 수 있어요.

[5~8] 다음 글을 읽고 물음에 답하시오.

형법 제33장에 있는 '명예에 관한 죄'는 '공연(公然)히 사람의 명예를 훼손함'으로써 성립하는 범죄이다. 이 법을 통해 보호하려는 것은 '명예'인데, 이는 명예 주체가 가지고 있는 인격적 가치와 관련되는 것이다. 명예에 대해서는 타인의 평가와 무관하게 인격에 내재하는 가치라는 관점도 있지만, 명예가 사회생활을 통해 생기는 것이기 때문에 일반적으로는 명예 주체에 대한 사회적 평가라고 본다. 명예에 관한 죄는 모욕죄와 명예 훼손죄가 있으며, 명예 훼손죄는 단순 명예 훼손죄를 바탕으로 감경 유형과 가중 유형에 따라 처벌 수위가 달라진다.

모욕죄는 '공연히 사람을 모욕'하는 행위를 함으로써 성립하는 범죄이다. 범죄 성립의 요건이 되는 '모욕'이라는 것은 '사실의 적시가 없이 사람에 대하여 경멸의 의사 내지 감정을 표현'하는 일체의 행위를 말한다. 상대방을 향해 욕설을 한다거나 재수가 없다고 소금을 뿌리는 행위, 비꼬고 조롱하는 말과 행동을 하는 것이 모욕이 될 수 있다. 다만 그 행위에는 '경멸의 의사'가 포함되어 있어야 하며 사회 일반의 기준에서 경멸의 의미로 받아들일 수 있는 것이어야 한다. 따라서 단순한 불친절, 불손, 무례에서 오는 불쾌감으로는 모욕죄가 성립하기 어렵다. 한편 '공연히'는 사회적으로 인식될 수 있도록 하는 것으로, 불특정 또는 다수의 사람이 인식할 수 있도록 하는 것을 의미한다. 그리고 명예 주체를 가리키는 '사람'은 자연인과 법인 모두 해당된다.

단순 명예 훼손죄는 '공연히 사실을 적시하여 사람의 명예를 훼손'하는 행위를 함으로써 성립하는 범죄이다. 범죄 성립의 요건인 '사실을 적시'한다는 것은 구체적인 내용이 있으며, 진실하지만 명예 주체의 사회적 평가를 저하시킬 수 있는 행위를 말한다. 그렇지만 명예 주체가 누구인지 특정할 수 있는 내용이 포함되지 않았을 때는 해당되지 않는다. 공연성에 대한 판단은 대체로 모욕죄와 같은 기준이 적용되지만, 소수의 특정인에게 사실을 전파한 경우라도 특정인이 전파 가능성이 높은 사람이었다면 공연성이 인정될 수 있다. 단순 명예 훼손죄의 명예 주체는 모욕죄와 마찬가지로 자연인과 법인 모두 해당되며, 명예 주체가 고소를 해야만 공소(公訴)*를 제기할 수 있는 모욕죄와 달리 단순 명예 훼손죄는 명예 주체의 고소가 없어도 공소 제기가 가능하다. 그렇지만 명예 주체가 행위자에 대한 처벌을 원하지 않는 경우에는 처벌받지 않는다. 이는 다른 유형의 명예 훼손죄에도 적용된다. 단순 명예 훼손죄는 2년 이하의 징역이나 금고 또는 500만 원 이하의 벌금에 처한다고 하여 1년 이하의 징역이나 금고 또는 200만 원 이하의 벌금을 규정한 모욕죄보다 형량이 무겁다.

명예 훼손죄에서 내용상 처벌이 가중되는 유형으로는 '허위 사실에 의한 명예 훼손죄'가 있고, 감경되는 유형으로는 '사자(死者)의 명예 훼손죄'가 있다. 허위 사실에 의한 명예 훼손죄는 행위자가 사실이 허위임을 인식하면서도 적시한 경우로 5년 이하의 징역, 10년 이하의 자격 정지 또는 1천만 원 이하의 벌금에 처한다고 규정한다. 그런데 행위자의 착오로 인해 진실로 알고 적시했지만 허위로 밝혀진 경우나 허위인 줄 알면서 적시했지만 진실로 밝혀진 경우도 있다. 두 경우 모두 단순 명예 훼손죄에 해당하지만 이미 일어난 피해와 고의에 대한 책임을 겨야 한다. 사자의 명예 훼손죄는 적시한 사실이 허위일 때만 적용되며, 진실이라고 볼 수 있는 충분한 근거가 있는 경우 이는 사자에 대한 역사적 평가에 해당하므로 죄가 성립되지 않는다. 사자의 명예 훼손은 2년 이하의 징역이나 금고 또는 500만 원 이하의 벌금에 처한다고 규정한다.

적시 방법에 따른 가중 유형으로는 '출판물 등에 의한 명예 훼손죄'가 있다. ㉠형법 제309조에는 사람을 비방할 목적으로 신문, 잡지 또는 라디오, 기타 출판물을 통해 단순 명예 훼손죄를 범한 자는 3년 이하의 징역이나 금고 또는 700만 원 이하의 벌금에, 허위 사실에 의한 명예 훼손죄를 범한 자는 7년 이하의 징역, 10년 이하의 자격 정지 또는 1천500만 원 이하의 벌금에 처한다고 규정하고 있다. 이는 출판물의 전파력이 크며, 그에 따라 명예 훼손의 피해도 크다는 점을 반영한 것이다. 그런데 인터넷이나 누리 소통망[SNS]과 같은 매체들은 전파력이 크지만 형법 제309조에는 이러한 매체들에 대한 규정이 없다. 인터넷이나 누리 소통망도 '출판물'에서 유추하여 적용할 수도 있지만, 형법은 유추 해석 금지의 원칙이 적용되기 때문에 이 조항은 적용하기가 어렵다. 그래서 인터넷이나 누리 소통망을 통해 명예를 훼손한 경우에는 형법 대신 이들 매체들을 이용한 명예 훼손에 대한 벌칙 규정이 있는 ㉡'정보 통신망 이용 촉진 및 정보 보호 등에 관한 법률(이하 정보 통신망법)' 제70조를 적용한다. 정보 통신망법 제70조의 벌칙은 형법 제309조와 비슷하지만 벌금이 단순 명예 훼손죄에 해당할 때 3천만 원 이하, 허위 사실에 의한 명예 훼손죄에 해당할 때 5천만 원 이하로 형법 제309조보다 무겁다. 정보 통신망을 이용한 모욕에 대해서는 따로 법률이 마련되어 있지 않기 때문에 형법을 적용한다.

명예 훼손죄는 개인의 명예는 보호할 수 있으나 진실이 은폐될 수 있으며, 무엇보다 언론의 자유, 표현의 자유, 국민의 알 권리와 같은 헌법적 가치와도 상충된다는 문제가 제기될 수 있다. 이러한 문제를 해결하기 위해 ㉢형법 제310조에는 단순 명예 훼손 행위의 경우 '진실한 사실로서 오로지 공공의 이익에 관한 때'에는 처벌하지 않는다는 규정을 두고 있다. 여기에서 말하는 '진실한 사실'이라는 것은 세부적인 오류나 과장이 있더라도 중심적인 내용은 진실이라는 것을 말하며, 부분적 진실을 침소봉대하여 전체 내용을 왜곡하는 것은 해당되지 않는다. '오로지 공공의 이익에 관한 때'라는 것은 목적과 영향력이 공공의 이익에 부합될 때만 인정된다는 것을 의미한다. 특히 살못된 언론 보도의 경우 개인의 명예에 대한 침해가 크기 때문에 사실 검증을 위한 절차를 철저하게 준수해야 한다. 또한 일반 독자들이 사실을 오해하거나 선입견을 가지는 일이 생기지 않도록 내용이나 표현 방법에 주의를 기울여야 한다.

* **공소**: 검사가 법원에 특정 형사 사건의 재판을 청구함.

[24900-0045] ○ △ ✕

5 윗글에 대한 이해로 적절하지 <u>않은</u> 것은?

① 거짓 소문을 퍼뜨리고 다니는 사람에 대해 피해자가 아니더라도 명예 훼손으로 고발할 수 있다.

② 명예를 훼손하는 허위 사실을 유포했다 하더라도 피해자가 처벌을 원하지 않는다면 처벌받지 않는다.

③ 학교 누리집 게시판에 사실의 적시 없이 특정 학생을 비하하는 글을 올린 경우 모욕죄가 적용될 수 있다.

④ 자신이 다니고 있는 회사를 비방한 경우에 회사는 명예 주체가 될 수 없기 때문에 명예 훼손죄가 성립할 수 없다.

⑤ 식당에서 종업원의 불친절로 인해 손님들이 불쾌감을 느꼈다 하더라도 경멸의 의사를 확인하지 못했다면 모욕죄로 처벌하기는 어렵다.

[24900-0046] ○ △ ✕

6 〈보기〉는 공소가 제기되어 벌금형이 선고된 사건들이다. 모두 법률에서 규정한 최고액이 선고되었다고 할 때, 벌금액이 두 번째로 많은 것은? (단, 모두 하나의 조항만 적용되었으며, 사실 여부 인지와 비방의 목적이 인정되었다.)

〈 보기 〉

ㄱ. 유명 야구 선수에 대한 인터넷 기사마다 욕설과 조롱의 댓글을 씀.

ㄴ. 강연에서 죽은 재벌 회장에게 거액의 비자금이 있다는 허위 사실을 말함.

ㄷ. 시청 앞 광장에서 열린 집회에서 시장이 뇌물을 받았다는 허위 사실을 이야기함.

ㄹ. 회고록을 출판하면서 유명 작가인 친구에게 숨겨 둔 자식이 있다는 사실을 밝힘.

ㅁ. 유명한 치킨집에서 폐식용유를 사용하고 있다는 허위 사실을 누리 소통망[SNS]에 올림.

① ㄱ   ② ㄴ   ③ ㄷ   ④ ㄹ   ⑤ ㅁ

[24900-0047] ○ △ ✕

7 ㉠~㉢에 대한 이해로 적절하지 <u>않은</u> 것은?

① ㉠은 유추 해석 금지의 원칙을 적용받는다.

② ㉠에 해당하는 죄라도 ㉢에 해당된다고 인정되면 처벌받지 않는다.

③ ㉡의 적용 범위에는 ㉠을 위반하는 행위들이 모두 포함된다.

④ ㉡은 적시된 사실이 진실이라고 인정되었을 때도 적용을 할 수 있다.

⑤ ㉢은 공익성 여부와 상관없이 허위 사실을 적시한 경우에는 적용되지 않는다.

[24900-0048] ○ △ ✕

8 윗글을 바탕으로 〈보기〉의 사례를 이해한 것으로 적절하지 <u>않은</u> 것은?

〈 보기 〉

반듯한 이미지로 대중의 인기를 얻고 있는 방송인 A는 매니저 '갑'의 일 처리가 미숙하여 이에 대한 지적을 했다. '갑'은 사람이 잘 다니지 않는 숲을 찾아가서 자신의 잘못을 자책하는 말을 외치고 왔다. 우연히 근처를 지나가다 그 모습을 본 '을'은 친구인 '병'에게 연예인 매니저로 보이는 사람이 연예인에 대해 울분을 토하는 것을 보았다고 했다. '병'은 그 연예인이 A라고 단정하고 자신이 운영하는 뉴스 블로그에 'A의 폭언에 시달린 매니저의 눈물'이라는 제목으로 '을'이 한 이야기를 올렸다. 이 글로 인해 팬들의 비난이 쏟아지자 A는 '을'과 '병'을 명예 훼손으로 고소했다.

① A에게 팬들의 비난이 쏟아졌다는 것은 A에 대한 사회적 평가가 저하된 것이므로 명예 훼손의 근거가 될 수 있겠군.

② '갑'이 사람이 잘 다니지 않는 숲을 찾아가서 혼자 외친 행위는 적시된 내용과 공연성을 판단할 때 명예 훼손으로 보기는 어렵겠군.

③ '을'이 '병'에게 전달한 이야기에 연예인이라는 것 외에 명예 주체를 특정할 수 있는 내용이 없었다면 '을'의 명예 훼손죄는 성립하기 어렵겠군.

④ '을'이 '병'에게 전달한 이야기에 A임을 특정할 수 있는 내용이 포함되어 있고, 자신이 본 것을 진실로 믿었다면 '을'과 '병'은 모두 형법상 단순 명예 훼손죄의 적용을 받겠군.

⑤ '을'이 '병'에게 이야기를 한 것은 소수의 특정인에게 전파한 행위이지만 '병'이 전파 가능성이 높은 인물이라는 것이 입증된다면 '을'의 행위도 공연성이 있다고 볼 수 있겠군.

07회 미니모의고사

EBS 수능특강 Q 미니모의고사 **국어**

○ 알고 맞힘   /8   △ 헷갈림   /8   ✕ 모르고 틀림   /8

[1~3] 다음 글을 읽고 물음에 답하시오.

가 임아 그 물을 건너지 마오　　　公無渡河
　　임은 끝내 그 물을 건너셨네　　　公竟渡河
　　물에 빠져 돌아가시니　　　　　　墮河而死
　　가신 임을 어찌할꼬　　　　　　　當奈公何
　　　　　　　　　　– 백수 광부의 아내, 「공무도하가」

나 자줏빛 바위 가에　　　　　　　紫布岩乎过希
　　잡고 있는 암소 놓게 하시고　　　執音乎手母牛放敎遣
　　나를 아니 부끄러워하시면　　　吾肹不喻慚肹伊賜等
　　꽃을 꺾어 바치오리다　　　　　花肹折叱可獻乎理音如
　　　　　　　　　　– 견우 노인, 「헌화가」

다 신기한 계책은 천문을 꿰뚫고　神策究天文
　　묘한 계산은 지리에 통달했네　妙算窮地理
　　싸움에 이겨 공 이미 높으니　戰勝功旣高
　　족함을 알고 그만두길 바라겠소　知足願云止
　　　　　　　　– 을지문덕, 「수나라 장수 우중문에게 보내는 시」

[24900-0049]　○　△　✕

1 (가)~(다)에 대한 설명으로 가장 적절한 것은?

① (가)~(다)에는 자신의 뜻을 전달하여 바라는 바를 이루고 싶은 화자의 모습이 나타난다.
② (가)~(다)에는 자신의 말을 따르려 하지 않는 청자에 대한 화자의 안타까움이 표현되어 있다.
③ (가)와 (나)에는 자신이 약속한 것에 대해서 책임을 지지 않으려고 하는 심리가 투영되어 있다.
④ (나)와 (다)에는 주변 사람들의 반응에 대해 신경을 쓰지 않는 자기중심적 태도가 나타나 있다.
⑤ (가)와 (다)에는 대상이 지닌 장점이나 대상이 이룬 성취에 대한 화자의 부러움이 드러나 있다.

[24900-0050]　○　△　✕

2 (가)~(다)의 시어나 시구에 대한 설명으로 적절하지 <u>않은</u> 것은?

① (가)의 '그 물'과 (나)의 '자줏빛 바위 가'는 공간적 배경으로서 화자와 관련된 구체적 상황을 떠올리게 한다.
② (가)의 '끝내 그 물을 건너셨네'와 (다)의 '신기한 계책', '묘한 계산'은 청자의 행위에 대한 화자의 심리나 태도를 드러낸다.
③ (가)의 '돌아가시니'를 통해 대상과 이별하는 상황을, (나)의 '바치오리다'를 통해 대상에게 마음을 전하려는 상황을 떠올릴 수 있다.
④ (나)의 '꽃'이 청자에게 알려 주고 싶은 화자의 진심을 상징한다면, (다)의 '공'은 '싸움'을 통해 청자가 얻은 것으로 앞으로 계속 얻고자 하는 가치를 상징한다.
⑤ (나)의 '암소'가 화자가 한순간도 버려둘 수 없는 소중한 마음을 의미한다면, (다)의 '족함'은 청자가 이미 충분히 느끼고 있어 포기할 수 있는 감정을 의미한다.

[24900-0051] ○ △ ✕

3 〈보기〉의 선생님의 요청에 대한 학생의 답변으로 적절하지 <u>않은</u> 것은?

〈 보기 〉

선생님: 우리가 배우는 고전 문학 작품 중에는 배경 설화나 창작 배경을 알면 쉽게 이해되는 작품이 많이 있습니다. (가)는 우리나라의 가장 오래된 서정시로 알려져 있습니다. 고조선에 살던 백수 광부의 아내가 술에 취해 물을 건너던 남편이 물에 빠져 죽는 사건을 겪고 지은 것이라고 합니다. (나)는 신라 성덕왕 때 창작된 향가입니다. 높은 절벽에 핀 철쭉을 꺾어다 바칠 사람이 없냐는 수로 부인의 질문에 모든 시종들이 고개를 젓는 상황에서, 암소를 몰고 가던 노인이 부인의 말을 듣고 꽃을 꺾어 바칠 때 이 노래를 불렀다고 합니다. (다)는 고구려 장수 을지문덕이 지은 한시입니다. 을지문덕은 거짓으로 패배하는 척하며 수나라 군대를 평양성 인근까지 유인한 후에 적장 우중문에게 일부러 이 시를 보냈다고 합니다. 우중문은 자신이 함정에 빠진 것을 깨닫고 군사를 물리지만 결국 살수에서 대패하고 맙니다.

　이렇게 배경 설화나 창작 배경을 알면 작품을 더 깊이 이해할 수 있습니다. 그럼, 제가 말한 내용을 바탕으로 (가)~(다)를 설명해 볼까요?

① (가)와 (나)의 경우 배경 설화 속의 상황을 고려하여 지은이를 '백수 광부의 아내'나 '견우 노인'과 같이 제시하는 것이겠군요.

② (가)가 개인적으로 일어난 사건에 대한 화자의 정서를 드러내고 있다면, (다)는 국가적 차원에서 발생한 사건에 대한 화자의 판단을 드러내고 있군요.

③ (나), (다)의 청자와 달리 (가)의 청자는 결국 죽음을 맞이했다는 점에서 (가)의 화자가 청자에게 하는 말은 되돌릴 수 없는 상황에 대한 하소연에 가까운 것이겠군요.

④ (가), (나)의 화자와 달리 (다)의 화자는 자신의 생각이 청자에게 전해졌을 때, 청자가 어떠한 기분이나 감정을 느끼게 될 것인지에 대해서는 충분히 고려하지 않고 있군요.

⑤ (가)~(다)는 배경 설화나 역사적 사건 속의 인물들이 화자와 청자가 되고 있으므로, 인물 간의 관계를 고려하면서 화자가 청자에게 전하고 싶은 진심을 파악하는 것이 중요하겠군요.

[4~8] 다음 글을 읽고 물음에 답하시오.

리디노미네이션(redenomination)은 명사 디노미네이션 앞에 '다시'를 뜻하는 접두사 're-'를 붙여 만든 단어이다. 이미 쓰이고 있는 화폐의 액면가를 다시 설정하는 일을 일컬으며 통상적으로 화폐의 액면 절하를 뜻하는 말로 쓰인다. 리디노미네이션은 통용되는 모든 지폐나 동전에 대한 실질 가치는 그대로 둔 채 액면을 특정 비율을 적용하여 낮은 숫자로 변경하거나 그와 더불어 새로운 화폐 단위를 지정하는 방법을 통해 실행된다. 우리나라의 경우 마지막 화폐 개혁이 있었던 1962년 이후, 지속적 경제 성장으로 말미암아 화폐 발행이 증가하는 만큼 물가도 꾸준히 상승했다. 국가 차원의 리디노미네이션을 실행하면, 통용되는 화폐의 자릿수를 줄여 기업 등에서의 장부 기재상 불편을 줄일 수 있다.

2016년 우리나라의 중앙은행인 한국은행에서는 국내 경제 규모를 고려하여 우리나라 화폐 단위에 대한 리디노미네이션을 고민해 보아야 할 시점이라는 내용의 보고서를 내놓은 바 있으나, 현재 우리나라에서 국가 차원의 리디노미네이션은 본격적 논의에 이르렀다고 볼 수 없다. 일각에서는 국가 경제 규모가 비약적으로 커지며 통용되는 화폐의 자릿수가 늘어난 우리나라의 상황을 고려한다면, 화폐의 자릿수를 줄여 국제 무역에서 편의를 도모해야 하며 그것이 자국 통화의 대외적 위상을 제고하는 일이라는 의견도 있다. 국가 차원의 리디노미네이션이 실행되면 모든 상점에서 화폐의 자릿수를 줄여 표기하게 되므로 계산과 지급상의 편의가 확보된다는 장점이 있지만, 새로운 화폐에 대한 제작 비용과 더불어 화폐 관련 기계나 프로그램 등을 교체하고 수정하는 데 들어갈 사회적 비용도 고려해야 한다.

국가 차원의 리디노미네이션이 실행될 경우, 화폐의 자릿수의 감소에 따라 생활 물가가 오르며 인플레이션을 낳을 수 있다는 우려의 목소리도 있다. 원화 단위를 그대로 유지하는 1,000분의 1 리디노미네이션이 우리나라에서 실행된다면 상인은 기존의 19,000원짜리 물건을 19원이 아니라 20원으로 올려서 판매할 가능성이 크다. 리디노미네이션 실행 전 1,000원과 실행 후 1원의 가치가 같더라도, 소비자는 실행 후 1원의 인상에 대해 관대한 입장을 보일 것이라 예상되기 때문이다. 그리고 이와 같은 방식으로 야기되는 물가 상승으로 인한 불안이 지속된다면, 화폐 가치에 대한 불확실성이 확대되어 부동산과 같은 실물 자산에 대한 수요를 높이는 데까지 이어질 수 있다.

국가 차원의 리디노미네이션 도입과는 별개로 일부 국내 소매점에서 리디노미네이션 표기가 자발적으로 쓰이고 있는 경우가 있다. 10,000원을 1,000:1의 비율로 조정하여 '10.0'과 같이 표기하는 것이다. 이는 상품의 실제 경제적 가치에 영향을 미치는 것은 아니지만 숫자 표시 방식의 변화를 통해 구매 결정 과정의 소비자에게 미칠 수 있는 심리적인 효과를 극대화하려는 목적에서 비롯된 것으로 보인다. 이와 관련하여 이중 정보 처리 이론에서는 구매 과정에서 가격이 제시되는 형태는 소비자가 정보를 처리하는 방식에 영향을 미칠 수 있다고 설명한다.

이중 정보 처리 이론에서는 인간의 사고 체계를 이른바 '빠른 직관'과 '느린 이성'으로 구분한다. 빠른 직관은 무의식, 직관에 의해 작동하는 기제로서 본능적이거나 숙달된 업무를 처리하는 데에 적합하며, 빠른 직관의 사고 체계를 통해 인간은 자동적이고 즉각적인 반응에 따라 인지적 부담을 줄이며 정보를 처리할 수 있다. 이때 처리 과정을 의식적으로 통제하는 것은 어렵다. 반면 느린 이성은 의식, 이성에 의해 작동하는 사고 체계로 심사숙고하여 비중 있는 일을 처리하는 과정에 작동한다.

이중 정보 처리 이론에 따르면 인간의 정보 처리 능력에는 한계가 있으므로 상황에 따라 인간은 빠른 직관과 느린 이성의 협응을 통해 의사 결정을 효율적으로 내리고자 한다. 일상적 사건의 원활한 처리와 단기적 예측에 효과적인 빠른 직관은, 느린 이성을 필요로 하는 일을 최소화하도록 만든다. 전체적인 인지 과정의 수고를 줄이고 정보의 효율적 처리를 도모하는 것이다. 빠른 직관의 사고 체계 내에서 인간은 종종 부정확한 판단을 하고, 예측이 어긋나는 상황에 직면한다. 느린 이성은 인지적 노력이 요구되는 작업에서 의미 있는 역할을 하고, 비교적 긴 시간을 들여 정보를 처리하고 판단에 이르므로 오류를 최소화할 수 있다는 장점이 있다. 이중 정보 처리 이론에서는 반응 속도의 차이로 인해 일상 속 인간은 빠른 직관을 주로 활성화하고, 느린 이성의 개입을 가능한 한 줄이고자 한다고 설명한다. 그리고 시간의 제약이나 복잡한 계산과 같은 어려움에 직면한 상황에서 그러한 경향은 강화된다고 본다. 심리학자 에플리와 길로비치는 유사한 사례로 여행지에서 외화로 제품을 구매하는 경우 사람들은 정확한 환율 계산을 통해 구매를 결정하기보다는 표기된 액면가를 확인하고는 그것을 기준으로 삼아 불완전한 어림짐작으로 구매를 결정하는 경향이 있다는 연구 결과를 발표했다.

현재 우리나라의 카페나 음식점에서 종종 찾아볼 수 있는 리디노미네이션 표기 방식은 소비자가 가격 정보를 처리할 때 빠른 직관의 영향을 강화하는 방식으로 작용할 수 있다. 자릿수의 감소는 소비자에게 인지적 부담을 덜어 주고, 소비자는 구매 여부를 결정하는 순간적 과정에서 실제 지불 금액의 가치를 떠나, 적은 숫자이기에 저렴하다고 여기게 되는 판단을 할 확률이 높아지는 것이다. 실질 가치의 변화 없이 액면의 자릿수가 달라지는 것은 소비 활동 과정에서 금액을 지불하는 주체의 의사 결정 과정에 영향을 미칠 수 있다.

[24900-0052] 

4 윗글에 대한 설명으로 적절한 것은?

① 공인되지 않은 리디노미네이션 표기의 부적절성을 모의실험을 통해 설명하고 있다.

② 국가 차원의 리디노미네이션이 실행된 실제 사례를 통해 리디노미네이션의 장단점을 설명하고 있다.

③ 경제 활동 과정에서 리디노미네이션 표기가 의사 결정에 미치는 영향을 특정 이론을 통해 설명하고 있다.

④ 리디노미네이션의 의미를 통해 정책을 실행하기 전에 공적 영역과 사적 영역을 구분해야 할 필요성을 설명하고 있다.

⑤ 국가 차원의 리디노미네이션 실행 과정을 통해 여론의 흐름이 정책 도입 여부에 영향을 미칠 수 있음을 설명하고 있다.

[24900-0053] ○ △ ✕

5 윗글의 내용과 일치하지 <u>않는</u> 것은?

① 우리나라에서는 2016년부터 리디노미네이션의 실행에 대한 논의가 심도 있게 진행되고 있다.

② 화폐의 실질 가치를 유지하고 액면을 특정 비율의 낮은 숫자로 변경하면서 화폐 단위를 바꾸는 것도 리디노미네이션이다.

③ 현재 우리나라의 일부 소매점에서는 국가적 정책과는 관련 없이 자체적인 기준에 따라 리디노미네이션 표기를 사용하기도 한다.

④ 이중 정보 처리 이론에 따르면 인간은 평소에 자동적이고 즉각적인 반응에 따라 정보를 처리하려는 기제를 활성화하는 경향이 있다.

⑤ 외국 화폐가 통용되는 여행지에서 소비 주체는 환율을 계산한 가격보다는 표기된 액면가를 통해 구매를 결정하는 경향을 보인다는 연구 결과가 있다.

[24900-0054] ○ △ ✕

6 윗글과 〈보기〉를 고려할 때, '이중 정보 처리 이론'에 대한 평가로 가장 적절한 것은?

〈 보기 〉

기존의 경제학적 인간관은 인간이 선택의 상황에서 자신에게 필요한 정보를 모두 수집하고, 그것을 통해 벌어질 결과를 정확히 예측하여 자신의 효용을 극대화하는 결정을 내리고 행동한다고 가정한다. 이중 정보 처리 이론은 기존의 경제학적 인간관이 지닌 한계를 보완했다는 평가를 받고 있다.

① 인간이 일상에서 종종 하게 되는 비합리적 선택을 체계적으로 설명하기 위한 시도이군.

② 인간이 의사 결정 과정을 통해 경제적 이득을 얻고자 하는 존재임을 설명하는 이론이군.

③ 인간이 합리적 선택과 비합리적 선택 사이에서 갈등하는 존재임을 설명하기에 적절하군.

④ 인간이 의사 결정 과정에서 정확성을 제고하는 여러 방법을 실생활에 적용하여 설명하는 이론이군.

⑤ 인간이 소비 과정에서 합리적으로 행동하기 위해서 필요한 것이 무엇인지를 구체적으로 설명해 주고 있군.

7 윗글을 고려하여 〈보기〉에 대해 설명한 내용으로 적절한 것만을 있는 대로 고른 것은?

[24900-0055]

〈 보기 〉

한 연구자가, 설정된 상황 속에서 실험 집단이 나타내는 행동 패턴을 확인하고자 했다. 연구자는 모든 피실험자에게 현재 용돈이 얼마 남지 않아 가능하다면 적은 돈을 지출하려는 마음을 먹고 있는 상황이라고 가정한 후 ㉮ 집단에게는 현재 원화의 액면가를 그대로 표기한 가격표를, ㉯ 집단에게는 현재의 원화를 1,000 : 1의 비율로 하향 조정한 리디노미네이션 표기 방식의 가격표를 각각 제시했다. 그리고 다시 각 집단의 피실험자를 둘로 나누어 한쪽에는 주문을 완료하기까지 20초 내에 세 가지의 메뉴 선택을 마무리하도록, 다른 한쪽에는 5초의 시간을 주어 세 가지를 고르도록 했다. 연구자는 실험이 끝난 후 모든 피실험자의 선택 결과를 종합하여 각 상황별 주문 금액의 평균값을 아래와 같이 도출할 수 있었다.

집단 메뉴 선택 시간	㉮	㉯
5초	16,000 … (a)	19.0 … (b)
20초	14,000 … (c)	10.5 … (d)

ㄱ. (a)와 (b)의 차이에서 자릿수가 많고 시간적 여유가 많으면 빠른 직관의 처리 과정 중에 느린 이성이 개입하기 쉽다는 것을 알 수 있군.
ㄴ. (b)와 (d)의 차이에서 시간적 여유가 적을 때 빠른 직관의 작용이 활성화된다고 추론할 수 있군.
ㄷ. (c)와 (d)의 차이에서 자릿수가 많을 때보다 적을 때 인지적 부담이 낮아져 오류가 줄어든다는 것을 확인할 수 있군.
ㄹ. (b)와 (d), (c)와 (d)의 차이에서 자릿수가 적고 시간적 여유가 많을 때 느린 이성의 작용이 활성화된다는 것을 알 수 있군.

① ㄱ, ㄴ, ㄷ
② ㄱ, ㄴ, ㄹ
③ ㄱ, ㄷ, ㄹ
④ ㄴ, ㄷ, ㄹ
⑤ ㄱ, ㄴ, ㄷ, ㄹ

8 〈보기〉는 학생들이 리디노미네이션의 국가적 실행에 대해 대화한 내용의 일부이다. 윗글을 고려할 때, 적절하지 <u>않은</u> 것은?

[24900-0056]

〈 보기 〉

학생 1: 1,000분의 1 리디노미네이션이 만약 실행된다면, 소비자는 실행되기 전 1,000원의 인상보다 실행 후 1원의 인상에 심리적 저항감이 덜할 것이고, 판매자 역시 값을 보다 쉽게 올릴 수 있을 것이라 예상할 수 있습니다. 이와 같은 현상이 확산되면 물가가 지속적으로 상승할 수 있습니다.

학생 2: 화폐 가치의 불확실성은 실물 자산에 대한 수요를 높여 부동산으로 자금이 모일 우려가 커질뿐더러, 화폐의 자릿수와 대외적 위상은 비례한다고 볼 수 있는데 굳이 화폐의 자릿수를 낮출 필요는 없다고 생각합니다. 우리나라의 국제적 이미지를 생각한다면 리디노미네이션의 국가적 실행은 맞지 않다고 봅니다.

학생 3: 고려해야 할 것은 그뿐만이 아닙니다. 리디노미네이션이 실행되려면 새로이 통용될 화폐를 만드는 비용, 화폐와 관련된 자동화 기기를 교체하고 소프트웨어를 수정하는 데 들어갈 비용이 상당할 것입니다. 이러한 점을 고려하더라도 리디노미네이션이 가져올 효용이 더 큰 것인지 신중히 고려해야 합니다.

학생 4: 하지만 현재 한국의 명목 GDP는 1962년과 비교하면 5,000배 이상 높아졌다는 사실을 고려해야 합니다. 편의점에서 작은 물건 하나를 살 때도 천 단위가 넘는 금액을 지불하는 현재의 상황을 개선해야 할 필요가 있습니다.

학생 5: 실제 외국인 투자자들이 국내에서 원화로 값을 치르며 혼란을 겪는 경우도 많다고 합니다. 기업에서의 장부 기재, 일상 속에서의 계산과 지급상에서의 번거로움을 줄이기 위해서라도 화폐 액면의 자릿수를 일정 비율로 줄이는 방안이 실행되어야 합니다.

① 학생 1의 의견
② 학생 2의 의견
③ 학생 3의 의견
④ 학생 4의 의견
⑤ 학생 5의 의견

08회 미니모의고사

EBS 수능특강 **Q** 미니모의고사 **국어**

○ 알고 맞힘 　/8　 △ 헷갈림 　/8　 ✕ 모르고 틀림 　/8

[1~3] 다음 글을 읽고 물음에 답하시오.

가 말은 가자 울고 임은 잡고 울고
　석양은 ㉠재를 넘고 갈 길은 천리로다
　저 임아 가는 날 잡지 말고 지는 해를 잡아라
　　　　　　　　　　　　　　　　　　　　　– 작자 미상

나 임 이별 하올 적에 저는 나귀 한치 마시오
　가노라 돌아설 제 저는 걸음 아니런들
　㉡꽃 아래 눈물 적신 얼굴을 어찌 자세히 보리오
　　　　　　　　　　　　　　　　　　　　　– 안민영

다 ㉢뒤뜰에 봄이 깊으니 그윽한 심회 둘 데 없어
　바람결에 슬퍼하며 사방을 둘러보니 온갖 꽃 난만한데 버들
위 **꾀꼬리**는 쌍쌍이 비껴 날아 울음 울 제 어찌하여 내 귀에는
정이 있게 들리는고
　어찌타 가장 귀하다는 사람들이 저 새만도 못하느냐
　　　　　　　　　　　　　　　　　　　　　– 작자 미상

라 청천에 떠서 울고 가는 **외기러기** 날지 말고 내 말 들어
　㉣한양성 안에 잠깐 들러 부디 내 말 잊지 말고 웨웨쳐 불러 이
르기를 월황혼 겨워 갈 때 적막한 ㉤빈방에 던진 듯 홀로 앉아
임 그려 차마 못 살레라 하고 부디 한 말을 전하여 주렴
　우리도 임 보러 바삐 가는 길이오매 전할동 말동 하여라
　　　　　　　　　　　　　　　　　　　　　– 작자 미상

[24900-0057]　○ △ ✕

1 (가)~(라)에 대한 이해로 가장 적절한 것은?

① (가)와 (나)는 시간의 흐름에 따라 시상을 전개하며 화자의
외양 변화를 제시하고 있다.
② (가)와 (다)는 동일한 시어를 반복하며 고조되는 화자의 정
서를 강조하고 있다.
③ (나)와 (라)는 명령형 표현을 사용하여 화자의 다짐을 직접
적으로 드러내고 있다.
④ (나)와 (다)는 물음의 방식을 활용하여 현재의 상황에 대한
화자의 인식을 부각하고 있다.
⑤ (다)와 (라)는 대상에게 말을 건네는 방식을 활용하여 화자
의 처지를 드러내고 있다.

[24900-0058]　○ △ ✕

2 ㉠~㉤에 대한 이해로 적절하지 않은 것은?

① ㉠: 시간의 경과와 관련된다는 점에서 임과 헤어져야 하는 화
자의 인식을 환기하는 공간이다.
② ㉡: 이별하는 이들이 서로의 모습을 확인할 수 없다는 점에
서 이별로 인한 슬픔이 커지는 공간이다.
③ ㉢: 화자가 계절감을 느끼게 하는 풍경들을 바라보며 임과
떨어진 자신의 상황을 확인하는 공간이다.
④ ㉣: 임이 있는 곳이라 생각하여 화자가 임에게 자신의 소식
을 전하고 싶어 하는 공간이다.
⑤ ㉤: 화자가 임과 떨어져 홀로 지내는 어려움을 토로하며 임
에 대한 그리움을 드러내는 공간이다.

---

3 〈보기〉를 참고하여 (가)~(라)를 감상한 내용으로 적절하지 <u>않은</u> 것은?

〈 보기 〉

사랑의 감정을 표현한 시조 중에는 동물을 활용하여 시적 상황에 대한 인물의 정서를 드러내는 작품들이 다수 있다. 이러한 시조에서 동물들은 부정적 상황을 지연시키거나 해결하고, 감정이 이입되는 대상으로 활용된다. 또한 동물들은 부정적 상황을 환기하거나 악화시키는 대상으로 나타나기도 한다. 그런데 어떤 작품에서는 시적 맥락에 따라 동일한 동물이 서로 다른 의미를 나타내기도 한다.

① (나)의 화자가 '나귀'의 저는 걸음이 아니면 눈물 적신 얼굴을 어찌 자세히 볼 수 있겠느냐고 묻고 있다는 점에서, '나귀'는 화자에게 이별 상황을 지연시키는 대상으로 인식되겠군.

② (다)의 화자가 '꾀꼬리'의 울음이 정이 있게 들린다고 말한다는 점에서, '꾀꼬리'는 임을 그리워하는 화자의 감정이 투영된 대상으로 볼 수 있겠군.

③ (라)의 화자가 '외기러기'가 임에게 자신의 말을 전할 수 있다고 생각한다는 점에서, '외기러기'는 임에게 자신의 소식을 전할 수 없는 화자의 문제 상황을 해결할 수 있는 대상으로 볼 수 있겠군.

④ (가)에서 '말은 가자 울고' 있다는 화자의 말과 (나)에서 '임 이별 하올 적에 저는 나귀 한'하는 타인의 말은 모두 '말'과 '나귀'를 부정적 상황을 수행하는 대상으로 바라보는 인식을 드러낸 것이겠군.

⑤ (다)에서 '꾀꼬리'를 자신보다 나은 존재라고 생각하는 화자의 말과 (라)에서 임을 보러 긴다는 '외기러기'의 말을 통해 '꾀꼬리'는 '외기러기'와 달리 임이 처한 부정적 상황을 악화시키는 대상으로 볼 수 있겠군.

[4~8] 다음 글을 읽고 물음에 답하시오.

현대 대의 민주주의에서 정당과 정당 정치는 대의제의 본질을 구성하는 데 필수 불가결하다. 따라서 우리 헌법 제8조에서는 정당 설립의 자유와 정당 운영에 대한 지원을 보장하고 있다. 이는 정당이 국민의 정치적 의사 형성에 참여하고, 형성한 여론을 정치권에 전달함으로써 국민의 정치적 의사 형성에 기여하기 때문이다. 정당은 사회의 여러 문제에 대한 대안을 제시하여 행정부의 정책 결정에 영향을 미친다. 나아가 정당은 정부의 조직을 구성하는 공직자를 충원해 정치 체계를 유지·발전시키는 기능도 하며, 한 사회가 ⓐ직면하고 있는 공공의 문제를 공공 정책으로 전환시키는 역할을 수행한다. 이는 정당이 사회 문제의 중요도에 따라 문제를 제기해 사회 내 일정 집단의 요구를 정치적으로 대변하는 것이고, 동시에 그 문제를 해결하기 위한 나름의 정책적 대안을 제시해 유권자들이 의미 있는 정치적 선택을 할 수 있도록 도와주는 것을 의미한다. 이러한 정당의 기능과 역할을 고려할 때 선거는 정당의 존속을 결정짓는 핵심적인 의미를 지닌다고 할 수 있다.

정당이 제 기능을 수행하기 위해서는 일정한 자금이 필요한데, 이 자금을 정치 자금이라고 한다. 정치 자금은 정치 활동, 특히 정당의 기본적 활동과 기능인 정치적 이익의 취합, 여론의 조직과 표출, 국민에 대한 정치 사회화, 정부의 조직과 지도자의 선택 등을 수행하기 위해 소요되는 비용이다. 우리 법에서는 정치 자금을 정당의 유지·운영에 필요한 경비와 선거에 소요되는 자금으로 구분한다. 정당의 유지와 일상적인 운영에 관련된 비용은 정치 자금법에 의해 ⓑ규율되고, 선거 과정에서 쓰이는 선거 비용은 공직 선거법에 의해 규제되는 이원적 구조인 것이다.

정당은 정치 자금이 필요함에도 불구하고 경제 활동을 통해 자금을 ⓒ조달할 수 없다. 이는 돈에 의해 대의 민주주의 원칙이 훼손될 수 있기 때문이다. 따라서 대부분의 국가는 경제 활동 외의 방법으로 정치 자금을 조달할 수 있는 방법을 마련해 놓고 있다. 우리나라는 당원이 내는 당비, 정당 및 국회 의원 등의 후원회 후원금, 개인이나 단체가 선거 관리 위원회에 기탁한 기탁금, 국가가 정당에 지급하는 보조금, 정당의 소식지 등을 발행해서 얻는 부대 수입을 통해 정치 자금을 조달할 수 있도록 하고 있다. 이 중 개인이 자발적으로 내는 당비, 후원금, 기탁금 등과 달리 국가가 국민의 세금을 바탕으로 정당에 보조금을 지급하는 국고 보조금 제도는 사적 기부금 제도가 건전하게 발전하지 못한 나라의 경우 정당의 재정난을 해결한다는 측면에서 매우 중요하다. 우리나라에서는 오랫동안 후원금이나 기탁금이 대통령이 소속된 정당에 집중되어 집권당이 되지 못한 정당은 심각한 재정난을 겪었다. 이러한 측면에서 국고 보조금 제도는 정치 자금의 불법 수수에 따른 정치 부패를 방지하고, 정당 간의 재정 능력 격차에 따른 불이익을 해소하고, 재정 압박으로 인한 공적 활동의 저하를 막아서 정당을 보호·육성하려는 데 목적을 두고 있다.

국고 보조금은 정당의 일반적인 운영과 관련하여 쓰이는 경상 보조금과 선거 활동을 위해 쓰이는 선거 보조금으로 구분되는데, 경상 보조금은 정당이 존속하는 한 매년 지급되는 반면, Ⓐ선거 보조금은 전국 단위의 선거가 있는 해마다 지급된다. 선거 시기가 되면 정당은 후보자 공천 심사, 정강 정책 홍보 등의 비용이 필요하므로 이를 보조하기 위한 선거 보조금을 추가적으로 지급하는 것이다. 2021년에는 유권자 1인당 1,052원을 기준으로 하여 경상 보조금과 선거 보조금이 각각 462억 원씩 ⓓ책정되었다.

현행 국고 보조금 제도에서는 국고 보조금을, 기본적으로 각 정당의 교섭 단체 구성 여부 및 원내 의석수에 따라 배분하고 부수적으로 각 정당의 득표율을 고려하여 배분하고 있다. 이런 배분 방식은 다음과 같은 이유에서 정당화될 수 있다. 국고 보조금은 국민이 낸 세금이기 때문에 그들의 정치적 의사가 존중되어야 하므로 선거에 나타난 유권자들의 정치적 지지 의사를 고려하여 각 정당의 원내 의석수를 기준으로 배분하는 것이 유권자의 주권을 존중하고 유권자의 선호를 만족시키는 조치라 할 수 있다. 또 원내 의원을 배출하지 못한 정당이라 하더라도 일정 정도 이상의 득표율로 정치적 지지가 확인된다면 국고 보조금을 지급하는 것이 유권자들의 주권을 존중하고 군소 정당을 보호·육성하는 취지라 할 수 있다.

그러나 ㉠원내 의석수만을 기준으로 삼아 국고 보조금을 배분하는 것은 전체 유권자의 의사를 제대로 반영하고 있다고 ⓔ단언하기 어렵다. 가령 우리나라의 국회 의원 300명 중 253명인 지역구 의원은 단순 다수 대표제에 의해 선출되는데, 이와 같은 경우 선출된 의원을 지지한 사람보다 그렇지 않은 사람이 더 많을 수도 있기 때문이다. 더욱이 지역 선거구 간의 유권자 편차 등으로 인해 득표율과 의석 비율 간의 편차가 발생할 수 있기 때문에 원내 의석수가 유권자들의 정치적 선호를 제대로 반영하지 못할 수 있다. 이런 측면에서 ㉡각 정당이 얻은 득표율만을 고려하여 국고 보조금을 배분해야 한다는 주장이 있을 수도 있다. 이와 달리 소수 정당과 신생 정당에 국고 보조금을 지급하자는 ㉢최소 수혜자 원칙에 따른 배분 방식이 있을 수도 있다. 이는 새로운 이념이나 환경 문제 등 새로운 정치·사회적 쟁점을 내걸고 유권자의 지지를 확보하기 위해 노력하는 신생 정당이나 군소 정당에 일정 액수의 국고 보조금을 지급하자는 것이다.

[24900-0060]

4 윗글을 통해 답을 찾을 수 있는 질문으로 적절하지 <u>않은</u> 것은?

① 사회 문제를 해결하기 위한 정당의 역할은 무엇인가?
② 정당이 정치 자금을 조달하는 방법에는 무엇이 있는가?
③ 헌법에서 정당의 설립과 운영을 보장하는 이유는 무엇인가?
④ 국고 보조금 사용의 투명성을 높일 수 있는 방법은 무엇인가?
⑤ 정당이 경제 활동을 통해 정치 자금을 조달할 수 없는 이유는 무엇인가?

[24900-0061]

5 윗글을 바탕으로 〈보기〉의 ㉮~㉲를 이해한 내용으로 적절하지 <u>않은</u> 것은?

〈 보기 〉

정당에 지급되는 국고 보조금은 ㉮중앙 선거 관리 위원회에 등록된 정당 중 20석 이상의 의석수로 원내 교섭 단체를 구성한 정당에 총액의 50%를 균등 배분하고, ㉯원내 교섭 단체를 구성하지 못한 5석 이상 20석 미만 의석 정당에는 총액의 5%씩을 배분한다. ㉰의석이 없거나 5석 미만의 정당인 경우 최근 국회 의원 선거에 참여하여 2% 이상을 득표한 정당에 총액의 2%를 배분하고, 최근 실시된 국회 의원 선거에 참여하고 의석을 가진 경우 광역 의회 의원이나 자치 단체장 선거에서 0.5% 이상 득표한 정당에도 총액의 2%를 배분한다. 그리고 ㉱최근 국회 의원 선거에 참여하지 않은 정당이더라도 광역 의회 의원이나 자치 단체장 선거에서 2% 이상을 득표한 정당에도 총액의 2%를 배분한다. 그리고 남은 금액 중 50%는 의석수의 비율에 따라 배분하고, ㉲나머지 잔여분은 총선 득표수 비율에 따라 배분한다.

① ㉮는 유권자들의 정치적 지지에 따라 원내 교섭 단체를 구성한 것을 고려하여 국고 보조금을 지급하려는 것이로군.
② ㉯는 의석수가 상대적으로 적은 정당을 보호하고 육성하려는 취지에서 국고 보조금을 지급하려는 것이로군.
③ ㉰는 의석이 없거나 적은 정당에 의해 형성된 국민의 정치적 의사를 존중하여 국고 보조금을 지급하려는 것이로군.
④ ㉱는 일정 정도 이상의 정치적 지지를 확인하여 국고 보조금을 지급하려는 것이로군.
⑤ ㉲는 사적 기부금 제도의 건전한 발전을 유도하기 위하여 국고 보조금을 지급하려는 것이로군.

[24900-0062] ○ △ ✕

6 Ⓐ의 이유를 추측한 내용으로 가장 적절한 것은?

① 선거 시기와 관계없이 개인이 자발적으로 후원금이나 기탁금을 내도록 장려할 수 있기 때문에

② 현대 대의 민주주의에서 정당이 제 기능과 역할을 수행하는 데 선거가 미치는 영향이 크기 때문에

③ 선거에 참여하는 정당의 수를 늘려 유권자들의 선호를 반영하면 정치 자금을 조달하는 데 유리하기 때문에

④ 정치 자금이 정치 자금법과 공직 선거법에 의해 규제되는 이원적 구조의 불합리함을 해소할 수 있기 때문에

⑤ 전국 단위의 선거가 있는 해에는 정당에 지급되는 경상 보조금을 각 정당이 추가적으로 요구할 수 있기 때문에

[24900-0063] ○ △ ✕

7 ㉠∼㉢에 대한 설명으로 가장 적절한 것은?

① ㉠은 정당별로 국고 보조금을 차등적으로 지급하여 선거구 간의 유권자 편차를 해소하려는 의도를 담고 있다.

② ㉡은 모든 정당에 국고 보조금을 균등하게 지급하여 득표율과 의석 비율 간의 편차를 해소하려는 의도를 담고 있다.

③ ㉢은 정당별로 국고 보조금을 지급하여 대통령이 소속된 집권당을 우선석으로 배려하려는 의도를 담고 있다.

④ ㉠과 ㉡은 전체 유권자의 의사에 따라 국고 보조금을 지급하여 환경 문제와 같은 새로운 사회적 쟁점을 내거는 정당을 우선시하려는 의도를 담고 있다.

⑤ ㉡과 ㉢은 원내 의석을 갖지 못한 정당에도 국고 보조금을 지급하여 소수 유권자의 다양한 의견을 최대한 반영하려는 의도를 담고 있다.

[24900-0064] ○ △ ✕

8 ⓐ∼ⓔ의 사전적 의미로 적절하지 <u>않은</u> 것은?

① ⓐ: 어떠한 일이나 사물을 직접 당하거나 접함.

② ⓑ: 어떤 사실을 자세히 따져서 바로 밝힘.

③ ⓒ: 자금이나 물자 따위를 대어 줌.

④ ⓓ: 계획이나 방책을 세워 결정함.

⑤ ⓔ: 주저하지 아니하고 딱 잘라 말함.

09 회 미니모의고사

EBS 수능특강 **Q** 미니모의고사 **국어**

○ 알고 맞힘 ___ /8   △ 헷갈림 ___ /8   ✕ 모르고 틀림 ___ /8

[1~4] 다음 글을 읽고 물음에 답하시오.

㉮ 향규(香閨)의 일이 없어 백화보(百花譜)*를 펼쳐 보니
봉선화 이 이름을 뉘라서 지어낸고
진유(眞遊)의 옥소(玉簫) 소래 자연(紫煙)으로 행한 후에
규중(閨中)의 남은 인연(因緣) 지화(枝花)의 머무르니
유약(柔弱)한 푸른 잎은 봉의 꼬리 넘노는 듯
자약(自若)히 붉은 꽃은 자하군(紫霞裙)을 헤쳤는 듯
백옥(白玉)섬 좋은 흙에 종종이 심어 내니
춘삼월(春三月)이 지난 후에 향기(香氣) 없다 웃지 마소
취(醉)한 나비 미친 벌이 따라올가 저허하네
정정(貞靜)한 기상(氣像)을 여자 밖에 뉘 벗할고
옥난간(玉欄干) 긴긴 날에 보아도 다 못 보아
사창(紗窓)을 반개(半開)하고 차환(叉鬟)*을 불러내어
다 핀 꽃을 캐어다가 수상자(繡箱子)에 담아 놓고
여공(女工)을 그친 후의 중당(中堂)에 밤이 깊고
납촉(蠟燭)이 밝았을 때 차츰차츰 고초 안자
흰 구슬을 갈아 내어 빙옥(氷玉) 같은 손 가운데 난만(爛漫)
이 개어 내어
파사국(波斯國)* 저 제후(諸侯)의 홍산궁(紅珊宮)*을 헤쳤는 듯
심궁(深宮) 풍류(風流) 절고에 홍수궁(紅守宮)*을 마아는 듯
섬섬(纖纖)한 십지상(十指上)에 수실로 감아 내니
종이 위에 붉은 물이 미미(微微)히 스미는 양
가인(佳人)의 야튼 뺨의 홍로(紅露)를 끼쳤는 듯
단단히 봉한 모양 춘나옥자일봉서(春羅玉字一封書)*를 왕모
(王母)에게 부쳤는 듯

춘면(春眠)을 늦게 깨어 차례로 풀어 놓고
옥경대(玉鏡臺)를 대하여서 팔자미(八字眉)를 그리려니
난데없는 붉은 꽃이 가지에 붙었는 듯
손으로 잡으려니 분분(紛紛)이 흩어지고
입으로 불랴 하니 섞인 안개 가리웠다
여반(女伴)을 서로 불러 낭랑(朗朗)이 자랑하고
꽃 앞에 나아가서 두 빛을 비교(比較)하니
쪽잎의 푸른 물이 쪽빛보다 푸르단 말 이 아니 옳은손가 [A]

은근이 풀을 매고 돌아와 누었더니
녹의홍상(綠衣紅裳) 일여자(一女子)가 표연(飄然)이* 앞에 와서
웃는 듯 찡기는 듯 사례(謝禮)는 듯 하직(下直)는 듯
몽롱(朦朧)이 잠을 깨어 정녕(丁寧)이 생각하니
아마도 꽃 귀신이 내게 와 하직(下直)한다

수호(繡戶)*를 급히 열고 꽃 수풀을 점검하니
땅 위에 붉은 꽃이 가득히 수놓았다
암암(黯黯)이* 슬퍼하고 낱낱이 주어 담아
꽃에게 말 부치대 **그대는 한(恨)티 마소**
세세 년년(歲歲年年)의 꽃빛은 의구(依舊)하니
하물며 그대 자최 내 손에 머물렀지
동원(東園)의 도리화(桃李花)는 편시춘(片時春)*을 자랑 마소
이십번(二十番) 꽃바람에 적막(寂寞)히 떨어진들 뉘라서 슬
퍼할고
규중(閨中)에 남은 인연(因緣) 그대 한 몸뿐이로세
봉선화(鳳仙花) 이 이름을 뉘라서 지어낸고 일로하야 지어서라

　　　　　　　　　　　　　－ 작자 미상, 「봉선화가」

※ **백화보**: 온갖 꽃에 대한 설명을 쓴 책.
※ **차환**: 머리를 얹은 젊은 여자 종.
※ **파사국**: 페르시아.
※ **홍산궁**: 붉은 산호 궁궐.
※ **홍수궁**: 붉은 도마뱀.
※ **춘나옥자일봉서**: 비단에 옥으로 박은 글씨. 한 통의 편지.
※ **표연이**: 훌쩍 나타나거나 떠나는 모양이 거침없이.
※ **수호**: 수놓은 방장으로 가린 문.
※ **암암이**: 속이 상하여 시무룩하게.
※ **편시춘**: 잠깐 지나가는 봄.

㉯ 잠아 잠아 짙은 잠아 이내 눈에 쌓인 잠아
염치 불구 이내 잠아 검치 두덕* 이내 잠아
어제 간밤 오던 잠이 오늘 아침 다시 오네
잠아 잠아 무삼 잠고 가라 가라 멀리 가라
세상 사람 무수한데 구태 너는 간 데 없어
원치 않는 이내 눈에 이렇듯이 자심(滋甚)* 하뇨
주야에 한가하여 월명 동창 혼자 앉아
삼사경 깊은 밤을 허도(虛度)이 보내면서
잠 못 들어 한하는데 그런 사람 있건마는
무상불청(無常不請)* 원망 소래 온 때마다 듣난고니
석반(夕飯)*을 거두치고 황혼이 대듯마듯
낮에 못 한 남은 일을 밤에 할랴 마음먹고
언하당(言下當)* 황혼이라 섬섬옥수(纖纖玉手) 바삐 들어
등잔 앞에 고개 숙여 실 한 바람 불어 내어 [B]
드문드문 질긋 바늘 두엇 뜸 뜨듯마듯
난데없는 이내 잠이 소리 없이 달려드네
눈썹 속에 숨었는가 눈알로 솟아 온가

이 눈 저 눈 왕래하며 무삼 요수 피우든고
맑고 맑은 이내 눈이 절로 절로 희미하다

– 작자 미상, 「잠노래」

※**검치 두덕**: 욕심 언덕.
※**자심**: 더욱 심함.
※**무상불청**: 청하지 않은.
※**석반**: 저녁밥.
※**언하당**: 말이 끝나자마자 바로. 여기서는 '그런 생각을 하자마자 바로'의 뜻임.

[24900-0065]   ○ △ ✕

1 [A], [B]에 대한 설명으로 적절하지 <u>않은</u> 것은?

① [A]는 색채어를 사용하여 대상에 대한 인상을 전달하고 있다.
② [B]는 시간의 흐름에 따라 내용을 전개하고 있다.
③ [A]와 [B]는 모두 질문의 형식으로 화자의 생각을 드러내고 있다.
④ [A]와 [B]는 모두 대구적 표현을 사용하여 운율감을 형성하고 있다.
⑤ [A]와 [B]는 모두 반어적 표현을 사용하여 현실에 대한 불만을 드러내고 있다.

2 〈보기〉를 바탕으로 (가)와 (나)를 감상한 내용으로 적절하지 <u>않은</u> 것은?

〈 보기 〉

조선 시대에 여성들은 규중(閨中)이라는 제한된 공간에서 생활했기 때문에 여성들이 창작한 시가 작품은 주로 규중의 생활상, 집안일이나 시집살이의 고통 등을 다루고 있다. 그래서 여성 시가의 경우 우울한 분위기를 형성하는 경우가 있는데 (가)와 (나)는 그렇지 않다. (가)는 봉선화를 의인화하여 화자의 섬세한 정서와 규방에서의 생활상을 밝은 분위기 속에서 잘 드러내고 있으며, (나)는 잠을 의인화하여 잠을 참으며 밤낮으로 일해야 하는 삶의 고달픔을 해학을 통해 풀어내려 하고 있어 색다른 느낌을 준다.

① (가)의 '웃는 듯 찡기는 듯 사례는 듯 하직는 듯'은 여인들이 집안일이나 시집살이에 대해 대화하는 것으로 볼 수 있군.
② (가)의 '하물며 그대 자최 내 손에 머물렀지'는 봉선화를 손톱에 물들이고 애착을 느끼는 화자의 섬세한 정서를 표현한 것으로 볼 수 있군.
③ (나)의 '원치 않는 이내 눈에 이렇듯이 자심하뇨'는 잠을 참으며 밤낮으로 일해야 하는 삶의 고달픔을 드러낸 것으로 볼 수 있군.
④ (가)의 '여공'과 (나)의 '낮에 못 한 남은 일'은 화자들이 규중에서 일을 하고 있음을 알려 주는 것으로 볼 수 있군.
⑤ (가)의 '그대는 한티 마소'는 봉선화를, (나)의 '이 눈 저 눈 왕래하며 무삼 요수 피우든고'는 잠을 의인화한 것으로 볼 수 있군.

[24900-0067] ○ △ ✕

3 (가)의 구성을 〈보기〉와 같이 정리할 때 ㉮∼㉺에 대한 설명으로 적절하지 <u>않은</u> 것은?

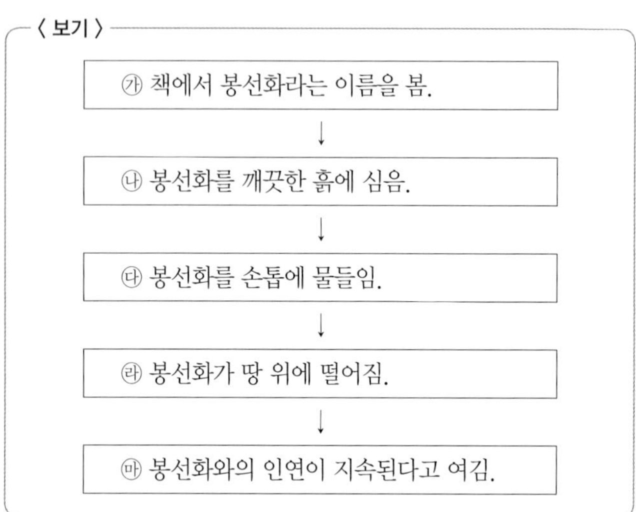

① 화자는 ㉮를 계기로 하여 봉선화라는 이름의 유래를 생각하게 되었다.
② 화자는 ㉯를 실행한 후 봉선화의 장단점을 언급하고 있다.
③ 화자는 ㉰를 위해 손가락들을 수실로 감는 과정을 거쳤다.
④ 화자는 꿈속에서 특정한 대상을 본 후 ㉱를 예감하고 있다.
⑤ 화자는 봄바람에 떨어지는 꽃들과 봉선화 물들인 것을 비교하며 ㉲를 드러내고 있다.

[24900-0068] ○ △ ✕

4 (나)의 화자에 대한 이해로 가장 적절한 것은?

① 과거를 그리워하며 그때로 돌아가고 싶은 소망을 품고 있다.
② 상반된 처지에 있는 사람을 대비하며 자신의 처지를 한탄하고 있다.
③ 가족에 대한 애정을 통해 현실의 어려움을 극복하려는 모습을 보이고 있다.
④ 과도한 노동 속에서도 경제적 보상을 얻으며 미래에 대한 희망을 나타내고 있다.
⑤ 생활에서 접하는 여러 사물들의 긍정적인 속성을 떠올려 삶의 고뇌를 해소하려 하고 있다.

[5~8] 다음 글을 읽고 물음에 답하시오.

가벼운 찰과상으로 피부 표피에 상처가 나면 소독약을 이용해 소독하게 된다. 이때 우리가 사용할 수 있는 소독약으로는 과산화 수소, 포비돈 아이오딘이 있다. 두 소독약은 각각의 명칭에서 알 수 있듯이 다른 화학 물질로 구성되어 있고, 그 화학 물질들이 상처 부위에 작용하여 소독된다. 하지만 상처의 종류에 따라 두 소독약을 구별해서 사용해야 한다. 각 소독약을 구성하는 화학 물질의 특성에 따라 상처가 소독되는 원리가 다르기 때문이다. 그렇다면 과산화 수소와 포비돈 아이오딘이 상처를 소독하는 원리는 무엇일까?

과산화 수소는 산소 원자를 분해하는 과정을 통해 상처를 소독한다. 과산화 수소는 물 분자에 산소 원자가 하나 더 붙어 있는 분자 구조로 이루어져 있다. 즉 수소 원자와 산소 원자가 각각 두 개씩 결합하여 있는 것이다. 과산화 수소를 상처 부위에 바르면 인체의 혈액이나 피부의 세포에 있는 카탈레이스라는 효소가 작용하여 과산화 수소가 물 분자와 산소 원자로 분해되면서 거품이 일어난다. 이때 분해된 산소 원자는 활성 산소가 되는데, 활성 산소는 강한 반응성을 지니고 있어서 상처 부위의 병원균을 파괴한다. 이때 우리 몸의 세포는 슈퍼옥사이드 디스뮤테이즈라는 방어 효소가 작용하기 때문에 파괴되지 않는다. 하지만 상처가 깊거나 넓어지면 과산화 수소의 사용량이 많아져서 활성 산소가 늘어나기 때문에 우리 몸의 세포가 활성 산소의 공격을 모두 막아 내지 못하게 되므로 주의해서 사용해야 한다.

포비돈 아이오딘은 아이오딘의 특성을 이용해 상처를 소독한다. 아이오딘은 전기 음성도가 높은 원소이기 때문에 산화력이 강하다. 산화력은 어떤 물질이 수소나 전자를 잃게 하거나 산소와 결합하게 하는 힘 등을 의미한다. 포비돈 아이오딘을 상처 부위에 바르면 아이오딘이 널어져 나오면서 상처 부위의 병원균으로 침투해서 병원균의 세포 내에 있는 단백질이나 지방산 등을 산화시켜서 병원균 자체를 파괴한다.

아이오딘이 병원균의 단백질을 산화시키는 과정은 병원균의 단백질을 구성하고 있는 다양한 결합 구조 중에 수소를 분리하거나 전자를 빼앗는 방식으로 진행된다. 일반적으로 단백질은 생물의 몸을 구성하는 기본 구성 단위인 아미노산들의 결합으로 구성되어 있다. 아미노산은 〈그림〉과 같이 탄소를 중심으로, 질소와 수소가 결합한 아미노기, 곁사슬, 카복실기 등이 결합한 구조이다. 아이오딘은 아미노기의 결합 구조와 곁사슬 간의 결합 구조에 영향을 줌으로써 병원균을 파괴한다. 첫째, 아이오딘은 아미노기를 구성하고 있는 ㉠질소와 수소의 결합을 깨뜨린다. 아미노기의 결합 구조가 깨지게 되면

병원균이 생명을 유지하는 데 필요한 구조 단백질 등이 파괴된다. 둘째, 아이오딘은 ㉡황과 수소의 결합에 영향을 준다. 아미노산의 종류는 곁사슬이 어떤 결합 구조를 이루고 있느냐에 따라 결정되는데, 황과 수소가 결합한 곁사슬을 가진 아미노산은 동일하게 황과 수소가 결합한 곁사슬을 가진 다른 아미노산을 만나 서로 결합하는 이황화 결합을 한다. 이황화 결합은 황이 수소와 결합하면서 사용한 전자 이외에 여분의 전자가 있을 때 이루어지고 단백질의 구조 안정화에 큰 도움을 주는데, 아이오딘은 황이 여분으로 가진 전자를 빼앗아 곁사슬이 서로 결합하지 못하게 함으로써 단백질의 구조를 불안정하게 한다. 아이오딘이 지방산을 산화시키는 과정은 지방산을 구성하고 있는 탄소의 결합 구조를 깨뜨리는 방식으로 진행된다. 지방산은 ㉢탄소가 이중으로 결합한 경우가 많은데, 아이오딘은 탄소의 이중 결합을 깨고 핵산[*] 사이로 침투한다. 아이오딘이 핵산 사이에 침투하면 핵산이 산화하면서 세포를 구성하고 있는 세포벽, 세포막, 세포질 등이 파괴된다.

하지만 아이오딘을 사용할 때는 유의해야 할 점들이 있다. 19세기 초에 아이오딘이 상처를 입은 사람들의 상처를 소독하는 데 처음 사용되었을 때는 많은 양의 아이오딘이 한꺼번에 방출되어 병원균과 피부 세포를 가리지 않고 파괴하는 부작용이 있었다. 피부 세포까지 파괴되는 부작용을 줄이기 위해 상처를 치료하는 데 필요한 양이라도 아이오딘이 한꺼번에 방출되지 않도록 다른 화합물과 결합시켜 아이오딘과 화합물 간의 결합력이 강해지도록 만들어야 한다. 이때 아이오딘과 결합하는 화합물로 주로 사용되는 것이 독성이나 자극성은 낮고 안정성은 높은 포비돈이다. 포비돈 아이오딘은 포비돈과 아이오딘의 결합을 통해 아이오딘이 서서히 방출되면 신체의 세포를 파괴하지 않고, ⓐ아이오딘에 의한 통증과 자극을 이전보다 줄일 수 있다. 그렇다 하더라도 지나치게 많은 아이오딘을 상처 부위에 바르는 것은 주의가 필요하고, 신장 기능이 약한 사람들은 사용하지 않는 것이 좋다. 왜냐하면 아이오딘은 체내에 유입된 후 일반적으로 2일 정도 지나 신장을 통해 배설이 이루어지므로 체내의 단백질에 영향을 끼치지 않지만, 신장 기능이 약하면 아이오딘의 배설이 원활하지 못해 아이오딘의 영향을 받을 수 있기 때문이다. 또한 소량의 아이오딘이라도 인체의 기초 대사를 조절하는 갑상샘 호르몬에 직접적인 영향을 주기 때문에 갑상샘 기능에 이상이 있는 경우에는 사용하지 않아야 한다. 임신한 경우에도 태반을 통해 아이오딘이 태아의 갑상샘에 전달되어 영향을 줄 수 있기 때문에 주의해야 한다.

[*] **핵산**: 모든 생명체에 필수적인 물질로 세포의 기능 수행에 필요한 세포핵 내부와 외부의 정보를 전달하고 발현하는 기능을 하며, 다음 세대의 자손에게 유전 정보를 전달하는 역할을 함.

[24900-0069] ○ △ ✕

5 윗글의 내용과 일치하지 <u>않는</u> 것은?

① 소독약을 구성하는 화학 물질의 특성에 따라 소독약의 소독 원리는 다르다.

② 과산화 수소를 다친 부위에 바르면 산소 원자 하나가 분해되어 활성 산소가 된다.

③ 아미노기의 결합 구조와 곁사슬의 결합 구조에 따라 아미노산의 종류가 결정된다.

④ 임신했거나 신장의 기능이 저하된 경우에는 아이오딘을 사용하지 않는 것이 좋다.

⑤ 전기 음성도가 높아서 지니고 있는 아이오딘의 특성은 상처를 소독할 때 활용된다.

[24900-0070] ○ △ ✕

6 윗글을 바탕으로 〈보기〉의 ⓐ에 대해 이해한 내용으로 가장 적절한 것은?

〈 보기 〉

갑은 자전거를 타다가 넘어져 다리에 찰과상을 입었다. 집으로 돌아와 과산화 수소를 상처 부위에 부었더니 거품이 일어나기 시작했다. 그런데 며칠이 지나자, 다른 곳은 건강상의 이상 징후를 느끼지 못했지만 ⓐ상처 부위가 곪아 더 아프기 시작해 병원을 찾았다. 병원에서는 갑의 상처가 깊고 넓은 데다가 소독약의 사용량이 많았기 때문이라고 진단했다.

① 갑의 혈액과 피부에 과산화 수소의 산소 원자를 분해하는 효소가 부족했기 때문에 상처가 제대로 낫지 않은 것이겠군.

② 갑이 과산화 수소를 부었더니, 과산화 수소가 갑의 갑상샘에 직접적으로 영향을 미쳐서 호르몬의 변화가 발생했기 때문이겠군.

③ 갑의 피부 세포에서 발생하는 카탈레이스 효소가 부족했기 때문에 과산화 수소로부터 분해된 활성 산소의 공격을 모두 막아 내지 못한 것이겠군.

④ 갑의 과산화 수소 사용량이 많아 산소 원자가 너무 많이 떨어져 나오면서 상처 부위의 병원균뿐만 아니라 우리 몸의 정상 세포에도 일부 영향을 주었기 때문이겠군.

⑤ 갑이 찰과상을 입었을 때 구조 단백질이 일부 파괴되면서 슈퍼옥사이드 디스뮤테이즈 효소가 제대로 분비되지 못하여 병원균의 파괴가 제대로 이루어지지 않기 때문이겠군.

[24900-0071] ○ △ ✕

7 ㉠~㉢에 아이오딘이 미치는 영향에 대한 설명으로 적절하지 <u>않는</u> 것은?

① ㉠에서는 질소와 수소의 결합을 깨뜨림으로써 병원균의 구조 단백질 등이 파괴되어 병원균이 생명을 유지할 수 없겠군.

② ㉡에서는 황이 이황화 결합을 위해 여분으로 갖고 있는 전자를 빼앗아 감으로써 병원균의 단백질 구조를 불안정하게 하겠군.

③ ㉢에서는 핵산을 산화시키면서 병원균의 세포를 구성하고 있는 세포벽, 세포막, 세포질 등을 파괴하겠군.

④ ㉠과 ㉡에 공통적으로 존재하는 탄소에 산소가 결합하여 아미노산의 구조에 변화를 줌으로써 병원균이 파괴되겠군.

⑤ ㉡에서는 황과 수소가 결합한 곁사슬이 서로 결합하는 과정에, ㉢에서는 탄소의 이중 결합에 영향을 끼쳐 병원균이 생명을 유지하지 못하도록 하겠군.

[24900-0072] ○ △ ✕

8 ⓐ의 이유로 가장 적절한 것은?

① 아이오딘이 포비돈으로 인해 체내에 머무르는 기간이 줄어들기 때문이다.

② 아이오딘이 포비돈과 결합하면서 발생하는 활성 산소의 양을 줄이기 때문이다.

③ 아이오딘이 포비돈과 결합하는 과정에서 아이오딘의 독성 자체가 낮아지기 때문이다.

④ 아이오딘이 포비돈과 결합하면서 아이오딘이 본래 지니고 있던 산화력 자체가 약화되기 때문이다.

⑤ 아이오딘이 포비돈과 결합하면서 두 물질의 결합력이 강해 아이오딘의 방출 속도가 느려지기 때문이다.

10회 미니모의고사

EBS 수능특강 **Q** 미니모의고사 **국어**

○ 알고 맞힘 ___/8   △ 헷갈림 ___/8   ✕ 모르고 틀림 ___/8

[1~3] 다음 글을 읽고 물음에 답하시오.

시조 동명 성왕(東明聖王)은 성이 고씨(高氏)이고 이름은 주몽(朱蒙)이다. 이에 앞서 부여(扶餘) 왕 해부루(解夫婁)가 늙도록 아들이 없자 산천에 제사를 지내어 대를 이을 자식을 구하였다. 그가 탄 말이 곤연(鯤淵)에 이르러 큰 돌을 보더니 마주 대하며 눈물을 흘렸다. 왕이 이를 괴상히 여겨 사람을 시켜 그 돌을 옮기니 어린아이가 있었는데 금색의 개구리 모양이었다. 왕이 기뻐하며 말하기를, "이는 바로 하늘이 나에게 후사를 내려 주신 것이다."라고 하며 거두어 기르고, 이름을 금와(金蛙)라 하였다. 그가 장성하자 태자로 삼았다.

후에 그 재상 아란불(阿蘭弗)이 다음과 같이 말하였다. "일전에 하늘[天]이 저에게 내려와 말하기를, '장차 내 자손에게 이곳에 나라를 세우게 할 것이다. 너희는 그곳을 피하라. 동해 물가에 땅이 있으니 이름을 가섭원(迦葉原)이라 하는데, 토양이 기름지고 오곡(五穀)이 자라기 알맞으니 도읍할 만하다.'라고 하였습니다." 아란불이 마침내 왕에게 권하여 그곳으로 도읍을 옮기고 나라 이름을 동부여(東扶餘)라 하였다. 옛 도읍에는 어떤 사람이 있었으니, 어디서 왔는지 알 수 없으나 스스로 천제(天帝)의 아들 해모수(解慕漱)라 칭하며 와서 도읍하였다. 해부루가 죽자 금와가 왕위를 이었다. 이때 대백산(大白山) 남쪽 우발수(優渤水)에서 여자를 만났다. 여자에게 물으니 말하기를, "저는 하백(河伯)의 딸이고 이름은 유화(柳花)입니다. 여러 동생들과 함께 나가서 놀고 있었는데, 그때 한 남자가 있어 스스로 말하기를 천제의 아들 해모수라 하고 저를 웅심산(熊心山) 아래 압록강 인근의 방 안으로 꾀어 사통하고 곧바로 가서는 돌아오지 않았습니다. 부모는 제가 중매도 없이 다른 사람을 따라갔다고 꾸짖어 마침내 우발수에서 귀양살이하게 되었습니다."라고 하였다.

금와가 이를 이상하게 여겨서 방 안에 가두었는데, 해가 비치어 유화가 몸을 끌어당겨 피하였으나 햇빛이 또 따라와 비쳤다. 그로 인하여 임신하여 알 하나를 낳았는데, 크기가 다섯 되 정도 되었다. 왕이 알을 버려 개와 돼지에게 주었으나 모두 먹지 않았다. 다시 길 가운데에 버렸으나 소나 말이 피하였다. 나중에는 들판에 버렸더니 새가 날개로 덮어 주었다. 왕이 알을 쪼개려 하였으나 깨뜨릴 수가 없어 마침내 그 어미에게 돌려주었다. ㉠그 어미가 물건으로 알을 싸서 따뜻한 곳에 두었더니, 한 남자 아이가 껍질을 부수고 나왔는데 골격과 의표(儀表)가 영특하고 호걸다웠다. ㉡나이가 겨우 7살이었음에도 영리함이 범상치 않

아 스스로 활과 화살을 만들어 쏘았는데 백발백중이었다. 부여의 속어에 활을 잘 쏘는 것을 '주몽(朱蒙)'이라 하는 까닭에 그것으로 이름을 지었다.

금와에게는 일곱 아들이 있어 늘 주몽과 함께 놀았으나 그 재주와 능력이 모두 주몽에 미치지 못하였다. ㉢그 맏아들 대소(帶素)가 왕에게 말하기를, "주몽은 사람이 낳은 자가 아니며, 그 사람됨이 용감합니다. 만약 일찍 도모하지 않으면 후환이 있을까 두려우니, 청컨대 그를 제거하시옵소서."라고 하였다.

[A]
왕이 듣지 않고 그에게 말을 기르도록 하였다. 주몽이 날랜 말을 알아보고 먹이를 줄여 야위게 하고, 둔한 말은 잘 먹여 살찌게 하였다. 왕은 살찐 말을 자신이 타고, 마른 말을 주몽에게 주었다. 후에 들판에서 사냥하였는데, 주몽이 활을 잘 쏘기 때문에 화살을 적게 주었으나, 주몽이 잡은 짐승이 매우 많았다. 왕자와 여러 신하들이 또 그를 죽이려고 모의하였다. 주몽의 어머니가 은밀히 이를 알아차리고 주몽에게 알려 주며 말하기를, "나라 사람들이 장차 너를 해치려 한다. 너의 재주와 지략으로 어디를 간들 안 되겠느냐? 지체하여 머물다가 욕을 당하는 것보다 멀리 가서 뜻을 이루는 것이 낫겠다."라고 하였다.

주몽이 이에 오이(烏伊)·마리(摩離)·협보(陝父) 등 세 명과 친구가 되어 가다가 엄사수(淹㴲水)에 이르러 건너려고 하였으나 다리가 없었다. 추격해 오는 병사들이 닥칠까 두려워 물에게 고하여 말하기를, "㉣나는 천제의 아들이요, 하백의 외손이다. 오늘 도망하여 달아나는데 추격자들이 다가오니 어찌하면 좋은가?"라고 하였다. 이에 물고기와 자라가 떠올라 다리를 만들었으므로 주몽이 건널 수 있었다. 이후 물고기와 자라가 곧 흩어지니 추격해 오던 기병들은 건널 수 없었다.

주몽이 가다가 모둔곡(毛屯谷)에 이르러 세 명을 만났다. 그 가운데 한 명은 삼베옷[麻衣]을 입었고, 한 명은 기운 옷[衲衣]을 입었으며, 한 명은 수초로 엮은 옷[水藻衣]을 입고 있었다. 주몽이 묻기를, "그대들은 어떤 사람들인가? 성(姓)은 무엇이고 이름은 무엇인가?"라고 하였다. 삼베옷을 입은 사람이 말하기를, "이름은 재사(再思)입니다."라고 하였고, 기운 옷을 입은 사람이 말하기를, "이름은 무골(武骨)입니다."라고 하였으며, 수초로 엮은 옷을 입은 사람이 말하기를, "이름은 묵거(默居)입니다."라고 하였으나, 성씨는 말하지 않았다. 주몽이 재사에게 극씨(克氏), 무골에게 중실씨(仲室氏), 묵거에게 소실씨(少室氏)라는 성씨를 주고, 무리에게 일러 말하기를, "내가 바야흐로 하늘의 크나큰 명령을 받아 나라의 기틀을 열려고 하는데 마침 이 세 명의 현명한

사람을 만났으니, 어찌 하늘께서 주신 것이 아니겠는가!"라고 하였다. 마침내 그 능력을 살펴 각기 일을 맡기고 그들과 함께 졸본천(卒本川)에 이르렀다.

주몽은 그 토양이 기름지고 아름다우며, 자연 지세가 험하고 단단한 것을 보고 드디어 도읍하려고 하였으나, 궁실을 지을 겨를이 없었기에 단지 비류수(沸流水) 가에 초막을 짓고 살았다. 나라 이름을 고구려(高句麗)라 하였는데 이로 인하여 고(高)를 성씨로 삼았다. ㉤이때 주몽의 나이가 22세로, 한(漢) 효원제 건소(建昭) 2년, 신라 시조 혁거세 21년 갑신년이었다. 사방에서 듣고 와서 따르는 자가 많았다. 그 땅이 말갈 부락에 잇닿아 있기에 침입과 도적질의 피해를 입을까 두려워하여 마침내 그들을 물리치니, 말갈이 두려워 굴복하고 감히 침범하지 못하였다.

왕이 비류수 가운데로 채소 잎이 떠내려오는 것을 보고 상류에 사람이 있는 것을 알았기에, 사냥을 하며 찾아서 비류국(沸流國)에 도착하였다. 그 나라의 왕 송양(松讓)이 나와서 보고 말하기를, "과인이 바다 깊숙한 곳에 치우쳐 있어서 일찍이 군자를 보지 못하였는데, 오늘 서로 만나니 또한 다행이 아닌가? 그러나 나는 그대가 어디서 왔는지 알지 못하겠다."라고 하였다. 왕이 답하여 말하기를, "나는 천제의 아들로서 모처에 와서 도읍하였다."라고 하였다. 송양이 말하기를, "우리는 여러 대에 걸쳐 왕 노릇을 하였다. 땅이 작아 두 주인을 받아들이기에는 부족하다. 그대는 도읍을 세운 지 얼마 되지 않았으니, 나에게 빌붙는 것이 어떠한가?"라고 하였다. 왕이 그 말을 분하게 여겨 그와 더불어 말다툼을 하고, 또 서로 활을 쏘아 기예를 겨루었는데, 송양이 당해 낼 수 없었다.

– 작자 미상, 「주몽 신화」

---

1 윗글의 내용에 대한 이해로 가장 적절한 것은?

① 아란불은 하늘에게 들은 바를 전하며 금와에게 도읍을 옮길 것을 권했다.

② 송양이 두 나라의 존속 기간 차이를 언급하면서 건넨 말은 주몽의 반감을 샀다.

③ 해부루는 유화가 낳은 알이 상서롭지 않다고 여겨 그것을 버리거나 깨뜨리려 했다.

④ 주몽은 말갈과 손을 잡고 고구려의 외교적 실리를 극대화할 수 있는 방법을 찾으려 했다.

⑤ 대소는 주몽을 견제하기 위한 말을 함으로써 자기 아버지로부터 신뢰를 얻을 수가 있었다.

2 〈보기〉의 밑줄 친 부분과 관련하여 ㉠~㉤을 설명한 내용 중 적절하지 <u>않은</u> 것은?

〈 보기 〉

영웅적 인물의 삶을 다룬 이야기 중에는 주인공이 <u>고귀한 혈통</u>을 지닌 존재로 <u>신이한 탄생</u> 과정을 보이는 것이 많다. 버려졌다가 구출되어 삶을 이어 가게 되는 주인공은 <u>비범한 능력</u>을 지녔지만 <u>시련에 봉착</u>하고, <u>조력자의 도움</u>에 힘입어 실력을 쌓은 뒤 결국 시련을 극복하고 위업을 달성한다. 「주몽 신화」는 우리 문학에서 이와 같은 영웅의 일대기 구조를 최초로 보여 준 이야기로서 조선 후기 영웅 소설을 비롯한 후대의 문학 작품들에도 영향을 끼쳤을 것이라고 추정할 수 있다.

① ㉠: 주몽이 인간임에도 난생(卵生)을 한다는 점에서 '신이한 탄생'에 해당한다.

② ㉡: 주몽이 아주 어렸을 적부터 '비범한 능력'을 갖추고 있었음을 보여 준다.

③ ㉢: 주몽이 경쟁자들에 의해 가혹한 '시련에 봉착'하게 될 것임을 알게 한다.

④ ㉣: 주몽이 천상과 지상의 신성한 존재들과 연관된 '고귀한 혈통'임을 말해 준다.

⑤ ㉤: 주몽이 실력을 쌓는 데 도움을 주는 '조력자'가 주변 국가에 많았음을 드러낸다.

3 윗글의 [A]와 〈보기〉의 [B]를 비교한 내용으로 적절하지 않은 것은? [24900-0075]

〈 보기 〉

고구려 건국 신화인 「주몽 신화」는 우리나라와 중국의 여러 문헌에 기록되어 전하는데 문헌마다 조금씩 내용의 차이도 존재한다. 예컨대 이규보의 「동명왕편」에서 주석으로 기술된 『구삼국사(舊三國史)』의 내용 중 일부는 다음과 같아서, 『삼국사기』에 수록된 윗글과 차이를 보인다.

[B]
왕은 주몽에게 말을 기르게 하여 그의 뜻을 시험코자 했다. 주몽은 속으로 한을 품고 어머니에게 말하되 "나는 천제의 손(孫)으로 다른 사람을 위해서 말을 먹이고 있으니 사는 것이 죽는 것만 못합니다. 남쪽 땅으로 가서 국가를 세우고자 하나 어머니가 계시기로 감히 마음대로 못 합니다." 하였다. 그 어머니가 말하되 "이것은 내가 밤낮으로 속 썩이던 것이다. 내가 듣기로는 먼 길을 가는 사람은 모름지기 좋은 말에 힘입는다고 했으니 내가 말을 골라 주겠다." 하고 드디어 말 기르는 데로 가서 긴 말채찍으로 마구 치니 말이 모두 놀라서 달리는데 한 누른 말이 두 길이나 되는 난간을 뛰어넘었다. 주몽은 그 말이 준마임을 알고 몰래 말 혀끝에 바늘을 찔러 놓았더니 그 말은 혀가 아파서 물과 풀을 먹지 못하고 야위어 갔다. 왕이 마목을 순행하다가 여러 말이 모두 살찐 것을 보고 크게 기뻐하며 마른 말을 주몽에게 주었다. 주몽이 이를 얻어서 바늘을 뽑고 더욱 잘 먹였다.

① [A]와 달리 [B]에서 주몽은 어머니 때문에 자신의 뜻을 이루는 것을 주저하고 있군.

② [A]보다 [B]에서 주몽이 날랜 말을 알아보게 되는 과정이 더 구체적으로 서술되어 있군.

③ [B]와 달리 [A]에서 주몽은 자신의 처지를 비관적으로 받아들이는 태도를 보이고 있군.

④ [B]와 달리 [A]에서 어머니는 주몽에게 앞으로 닥칠 위험을 일러 주며 도피를 권유하고 있군.

⑤ [A]와 [B] 모두에서 주몽은 나중에 자신이 얻고자 하는 말을 일부러 야위게 만들고 있군.

[4~8] 다음 글을 읽고 물음에 답하시오.

대기는 지구의 인력을 받는다. 즉 지표면에 대기의 무게가 작용하는데, 이 무게 때문에 생기는 압력을 기압이라고 한다. 지상 기압은 1643년에 이탈리아의 토리첼리가 처음으로 측정했다. 토리첼리는 한쪽이 막힌 길이 약 1m의 유리관에 수은을 가득 채우고, 수은이 든 그릇에 그 관을 거꾸로 세우면 관 속의 수은이 흘러내리다가 약 76cm 높이에서 멎는 것을 확인하였다. 이를 통해 그는 단위 면적에 ⓐ작용하는 수은 기둥의 무게가 지상에 작용하는 단위 면적당 공기의 무게와 같다는 사실을 알아냈다. 이러한 사실로 인해 오랜 기간에 걸쳐 기압을 나타내는 단위로 수은 기둥의 높이를 의미하는 수은주밀리미터(mmHg)를 사용했다. 오늘날에는 국제 표준 단위를 도입함에 따라서 대부분의 나라가 기압의 단위로 헥토파스칼(hPa)을 사용하고 있다. 전 지구 지상 기압의 평균인 760mmHg는 약 1,013hPa이다.

기압은 공기의 무게로 인한 것이므로 높은 곳으로 갈수록 해당 고도의 상공에 존재하는 공기의 양이 적어져 기압이 낮아진다. 이를 처음으로 확인한 사람은 파스칼이다. 그는 페리에에게 부탁해 기압과 고도의 관계에 관한 실험을 ⓑ수행하였다. 페리에는 1648년에 파스칼의 고향 근처에 있는 해발 1,465m의 산에서 고도에 따른 기압 차이를 확인해 보았다. 그 결과 파스칼이 예상한 대로 산의 정상으로 갈수록 기압이 점차 낮아졌다. 기압은 고도가 높아질수록 낮아지므로 지상의 각 장소에서 기압을 측정하여 그대로 등압선을 작성하면 지도에서 볼 수 있는 등고선과 거의 같은 모양이 만들어진다. 그런데 이렇게 되면 일기에 영향을 주는 고기압과 저기압의 분포를 알기 어렵기 때문에 일기 예보에 활용할 수 없다. 그래서 지상의 날씨에 영향을 주는 기압의 분포를 파악하기 위해서는 기압을 해수면 고도상에서 관측한 값으로 환산해야 한다. 오늘날 일기도 작성에 이용하는 지상 기압은 관측된 기압을 관측소가 위치하는 지점의 고도를 고려하여 전 지구 평균 해수면상에서 관측한 값으로 ⓒ보정한다. 이를 해면 경정이라고 한다.

기압의 변화는 공기의 온도 변화와 관련이 있다. 모든 곳의 지상 기압이 같다고 가정할 경우 주위보다 온도가 높은 곳의 공기는 팽창에 의해 밀도가 작아져서 상승하여 상공에서 사방으로 빠져나간다. 그 결과 지상 기압은 감소하게 된다. 그렇지만 지상 공기가 상승하면 상층에는 더 많은 공기가 쌓이게 되므로 결국 온도가 높은 곳의 상공은 주변보다 기압이 높아진다. 공기는 고기압에서 서기압으로 이농하므로 지상에서 온도가 높았던 곳의 상공에 있던 공기가 주변의 저기압 지역으로 이동하면, 지상의 온도가 높은 곳에는 주변의 고기압 지역에서 공기가 들어오게 된다. 기압의 차가 생기면 공기는 그 차를 매우기 위해 기압이 높은 곳에서 낮은 곳으로 움직이는데 이것이 바람이다. 그런데 바람의 방향에는 기압 이외의 다른 요소도 영향을 미친다. 고도가 같은 경우에 기온은 고위도일수록 낮은 경향을 보인다. 모든 곳의 지상 기압이 같다고 가정하면, 온도가 낮은 고위도의 공기 밀도가 저위도보다 크므로 지상에서 상공으로 올라갈 때 고도에 따라 기압이 감소하는 폭도 고위도가 저위도보다 크다. 결국 상공에서 동일 고도의 기압은 고위도가 저기압, 저위도가 고기압이 된다. 그렇다면 상공에서 바람은 언제나 저위도에서 고위도 방향으로 불어야 한다. 하지만 지구 전체의 고도가 같지 않을 뿐만 아니라 바람에는 마찰력과 지구의 자전으로 인한 전향력* 등 여러 힘이 작용하기 때문에 그렇게 되지는 않는다.

기온이나 기압 등의 고도 분포를 실제 대기의 평균 상태와 비슷하도록 단순한 모양으로 나타낸 것을 표준 대기라고 하는데, 현재 널리 사용되는 것은 국제 민간 항공 기구에서 채택한 것이다. 이에 따르면 해발 고도 약 5.5km에서의 기압은 500hPa이다. 이러한 표준 대기의 상태를 보여 주는 것 중 하나가 상층 일기도이다. 우리가 TV의 일기 예보에서 쉽게 볼 수 있는 일기도는 지상 일기도인데, 이것은 각 관측소에서 측정한 기압을 해면 경정을 거쳐 산출한 값을 중심으로 한다. 지상 일기도를 통해서도 해당 지역 날씨의 대략적인 경향을 알 수 있으나 날씨의 변화를 예측하기에는 부족하다. 그래서 예보관들은 반드시 상층 일기도를 활용하는데, 대기 운동의 평균적인 상태를 나타내는 500hPa의 일기도가 대표적이다. 오늘날 사용하고 있는 상층 일기도는 어떤 정해진 기압이 나타나는 등압면을 상정해서 그 기압이 나타난 고도와 기압, 기온, 바람, 습도 등 각종 기상 요소를 ⓐ기입하여 작성한다. 동일 고도에서도 기압은 지역에 따라서 다르게 나타나기 때문에 등압면은 수평면이 되지 않는다. 등압면의 고도는 등고선으로 표현한다. 등고선은 수평면상의 등압선과 마찬가지로 기압의 분포를 나타낸다.

한편 풍속도 기압의 영향을 받는데 단위 거리당 기압 차가 클수록 빠르다. 따라서 동일 고도에서 고·저위도 간에 기온 차이가 작아질수록 기압 차가 작아져서 풍속도 느려진다. 우리나라 상공의 풍속이 겨울보다 여름에 느린 것은 이런 원리에 기인한다. 최근 동아시아의 고농도 미세 먼지 현상의 원인 중 하나로 북극의 급격한 기온 상승이 ⓔ지목되는 것도 이런 이유이다. 기후 변화로 고·저위도 간의 기온 차가 줄어들어, 즉 기압 차가 작아져서 바람이 약해졌고 그 결과로 이 지역에서 발생한 많은 양의 미세 먼지가 동쪽 해상으로 수송되지 못한 채 정체됨으로써 고농도 미세 먼지 현상이 나타났다는 것이다. 지구 온난화로 인한 지구의 기온 상승은 고위도일수록 빠르게 나타나는 것으로 알려져 있다. 그래서 지구 온난화가 진행될수록 고·저위도 간의 기온 차는 줄어들 것이고, 이에 따라 대기 정체 현상은 더욱 심각해질 것으로 예상되고 있다.

※ 전향력: 지구와 같은 회전체의 표면 위에서 운동하는 물체에 대하여 그 물체의 운동 속도 크기에 비례하고 운동 속도 방향에 수직으로 작용하는 힘.

[24900-0076] ○　△　✕

4 윗글에 대한 이해로 가장 적절한 것은?

① 일반적으로 고도가 높아지면 기압은 상승한다.
② 공기는 온도가 높아지면 팽창함에 따라 밀도가 커진다.
③ 같은 지점에서 지상의 기온이 높아지면 상공의 기압이 높아진다.
④ 보정하지 않은 등압선이 나타내는 값은 등고선의 값과 비례한다.
⑤ 우리나라는 동일 고도에서 고·저위도 간의 기온 차이가 겨울보다 여름에 더 크다.

[24900-0077] ○　△　✕

5 윗글을 읽고 〈보기〉에서 '기압'과 '바람'에 대해 바르게 이해한 것끼리 짝 지은 것은?

〈 보기 〉

ㄱ. 지구 전체의 고도와 지상 기압이 동일하고 전향력 등 다른 요인이 배제되는 조건이라면 상공에서는 바람이 언제나 저위도에서 고위도 방향으로 불게 된다.
ㄴ. 지구 전체의 지상 기압이 같은 경우에는 지상 온도가 낮은 곳의 상공에 있는 공기가 지상의 온도가 높은 곳의 상공으로 이동하여 바람이 분다.
ㄷ. 바람은 두 지점 간의 기압 차이로 인해 불기 때문에 지구 전체의 고도가 같은 경우라면 바람이 부는 방향에는 기압 차이만 영향을 미칠 수 있다.
ㄹ. 풍속은 두 지점 간의 기압 차이에 따라 달라지므로 지구 전체의 고도가 같다고 가정하면 기압 차이가 큰 두 지점 사이에서는 바람이 강하게 불 가능성이 높다.

① ㄱ, ㄴ　　　　　　② ㄱ, ㄹ
③ ㄴ, ㄷ　　　　　　④ ㄴ, ㄹ
⑤ ㄷ, ㄹ

6 〈보기〉는 신문 기사의 일부이다. 윗글을 바탕으로 〈보기〉에 대해 보인 반응으로 적절하지 <u>않은</u> 것은? [24900-0078]

〈 보기 〉

　A 시는 마음 놓고 숨 쉬는 도시, 자연과 함께하는 도시를 만들기 위해 생활권 내 약 5천 그루의 수목 식재를 마쳤다. A 시는 주거 단지 인근의 방치된 공간에 미세 먼지 저감·폭염 완화를 위한 바람길 숲 조성을 완료했다고 밝혔다. 바람길 숲은 도시 외곽 산림에서 형성되는 맑고 차가운 공기를 도심으로 끌어들이고, 이 바람이 미세 먼지 등 대기 오염 물질과 뜨거운 열기를 도시 외부로 배출함으로써 공기 순환을 촉진하도록 설계되었다. 이를 위해 도심 외곽 산림에 숲을 가꾸고 나무 종류를 교체하여 바람 생성 숲으로 만들고 생성된 바람이 도시 내부로 유입되도록 하천과 주요 도로 주변에 연결 숲을 조성한 것이다. 이를 통해 도시 외곽에서 불어오는 바람이 맑은 공기를 도심으로 유입시키고, 도심에서 생성된 대기 오염 물질 등은 도심 외곽으로 끌고 나가도록 한 것이다.

－ △△신문

① 도시 외곽 산림에서 형성된 공기가 차갑다는 것은 산림에는 도시의 뜨거운 열기가 없어서 온도가 낮으므로 그곳의 공기가 A 시의 공기보다는 차갑다는 뜻이겠어.

② 바람길 숲이 제대로 기능하도록 하기 위해서 A 시는 도시 외곽에서 시작된 바람이 도시 내부를 거쳐 다시 도시 외부로 막힘없이 불 수 있도록 계획을 수립했겠어.

③ A 시가 바람길 숲을 통해 열기를 도시 외부로 배출하면 도시 외부의 온도가 높아질 수 있고 이로 인해 도시 내부의 온도가 바람이 불기 전보다 높아질 수 있으므로 이를 막기 위해 연결 숲을 조성했겠어.

④ A 시가 바람길 숲을 조성하여 대기 오염 물질을 도시 외부로 배출하는 것은 바람의 힘을 빌려 오염 물질의 위치만 바꾼 것이기 때문에 대기 오염 물질 배출을 줄이는 방안도 함께 마련하는 게 좋겠어.

⑤ A 시가 공기 순환을 촉진하여 대기 오염 물질을 도시 외부로 배출하도록 바람길 숲을 설계한 것은 도시의 대기 정체 현상을 완화하거나 방지함으로써 대기 환경을 개선하기 위한 노력이라고 볼 수 있겠어.

7 윗글을 바탕으로 〈보기〉에 대해 설명한 내용으로 적절하지 <u>않은</u> 것은? [24900-0079]

〈 보기 〉

(가) 지상 일기도

*H는 고기압, L은 저기압을 나타냄.

(나) 상층 일기도

*500hPa 일기도

① (가)에 제시된 기압은 각 지점에서 측정한 기압을 해면 경정을 거쳐 산출한 값이다.

② (나)에서 볼 수 있는 등고선은 등압면의 고도를 표현한 것으로, 기압이 500hPa인 고도를 나타낸 것이다.

③ (나)는 특정 기압이 나타나는 등압면을 상정하여 그 기압이 나타난 고도와 기온 등 각종 기상 요소를 기입하여 작성한 것이다.

④ (가)는 텔레비전에서 일반인들도 쉽게 볼 수 있는 것이고, (나)는 일기 예보관들이 날씨의 변화를 예측하기 위해 활용하는 것이다.

⑤ (가)는 동일 고도에서의 기압을 표현한 것이기 때문에 등압면이 수평면이고, (나)는 동일 기압인 고도 등을 표현한 것이기 때문에 수평면이 아니다.

8 문맥을 고려할 때, ⓐ~ⓔ의 사전적 의미로 적절하지 <u>않은</u> 것은? [24900-0080]

① ⓐ: 어떠한 현상을 일으키거나 영향을 미침.

② ⓑ: 생각하거나 계획한 대로 일을 해냄.

③ ⓒ: 모자라거나 부족한 것을 보충하여 완전하게 함.

④ ⓓ: 수첩이나 문서 따위에 적어 넣음.

⑤ ⓔ: 사람이나 사물이 어떠하다고 가리켜 정함.

11회 미니모의고사

EBS 수능특강 **Q** 미니모의고사 **국어**

○ 알고 맞힘 /8 △ 헷갈림 /8 ✕ 모르고 틀림 /8

[1~4] 다음 글을 읽고 물음에 답하시오.

[앞부분 줄거리] 북곽 선생은 마을에서 학식이 높기로 유명한 선비이나, 한밤중에 과부와 밀회를 하는 장면을 사람들에게 들킬 위기에 처한다. 때마침 범이 먹을 것을 구하기 위해 마을로 내려온다.

북곽 선생은 몹시 놀라 ⓐ뺑소니를 치면서도 남들이 자기를 알아볼까 두려워하였다. 그래서 ㉠다리를 들어 목에 걸치고는 귀신처럼 춤추고 귀신처럼 웃더니, ㉡대문을 나서자 줄달음치다가 그만 들판의 구덩이에 빠져 버렸다. 그 속에는 똥이 가득 차 있었다. 구덩이에서 기어 올라와 고개를 내놓고 바라보았더니, 범이 길을 막고 있었다.

범은 얼굴을 찌푸리며 구역질을 하고, 코를 막고 고개를 왼쪽으로 돌리며 숨을 내쉬고는,

"선비는 구린내가 심하구나!"

하였다.

㉢북곽 선생이 머리를 조아리고 기어 와서, 세 번 절하고 무릎을 꿇은 채 고개를 들고는,

"㉣범의 덕이야말로 지극하다 하겠사옵니다. 대인(大人)은 그 가죽 무늬가 찬란하게 변하는 것을 본받고, 제왕은 그 걸음걸이를 배우며, 사람의 자식은 그 효성을 본받고, 장수는 그 위엄을 취하지요. 명성이 신령스러운 용과 나란히 드높아, 하나는 바람을 일으키고 하나는 구름을 일으키니, 하계에 사는 ㉤이 천한 신하는 감히 그 아랫자리에서 모시고자 하옵니다."

하였다. 그러자 범은 이렇게 꾸짖었다.

"가까이 오지 말라! 예전에 듣기를 유(儒)는 유(諛)*라더니, 과연 그렇구나. 너는 평소에 천하의 못된 이름을 다 모아 함부로 나에게 갖다 붙이다가, 이제 급하니까 면전에서 아첨을 하니, 장차 누가 너를 신뢰하겠느냐?

무릇 천하의 이치란 한가지다. 범이 실로 악하다면, 사람의 본성도 악할 것이다. 사람의 본성이 선하다면, 범의 본성도 선할 것이다.

네가 하는 수천수만 마디의 말들은 오륜에서 벗어나지 않고, 네가 훈계하거나 권고하는 것도 항상 사강(四綱)에서 벗어나지 않는다. 그런데도 도읍 일대에 형벌을 받아 코가 베였거나 발이 잘렸거나 얼굴에 자자(刺字)한 채 다니는 자들은 모두 오륜을 따르지 않은 사람들이다. 죄인을 묶는 굵은 동아줄과 처형할 때 쓰는 도끼나 톱을 날마다 쉴 새 없이 제공해도 저들의 악을 막을 수 없으나, 범의 집안에는 본래 이런 형벌이 없느니라. 이로써 보자면 범의 본성이 어찌 사람보다 낫지 않겠느냐?

범은 나무나 풀을 먹지 않고 벌레나 물고기를 먹지 않는다. 누룩으로 빚은 술과 같이 풍기를 문란하게 하는 것을 즐기지 않으며, 새끼를 배거나 알을 품은 하찮은 생물들에게 잔인하게 굴지도 않는다. 산에 들어가면 노루나 사슴을 사냥하고 들판에서는 말이나 소를 사냥하되, 한 번도 먹고사는 데 급급하거나 음식 때문에 남과 다툰 적이 없다. 그러니 범의 도의야말로 어찌 광명정대하지 아니한가!

범이 노루나 사슴을 잡아먹으면 너희는 범을 미워하지 않지만, 범이 말이나 소를 잡아먹으면 사람들은 범을 '원수'라고 부른다. 이 어찌 노루나 사슴은 사람들에게 아무런 은혜가 없으나 말이나 소는 너희에게 공로가 있기 때문이 아니겠느냐?

[A] 하지만 만약 말이나 소에게 수레를 끄는 노고와 주인을 사모하며 충성을 다하는 정성이 없으면, 날마다 도살하여 부엌을 가득 채우면서 쇠뿔이나 말의 갈기조차 남기지 않는다. 그런데도 마침내 또 나의 노루나 사슴까지 침탈하여, 내가 산에서도 먹을 것이 모자라고 들에서도 먹을 것이 없도록 만드니, 만약 하늘이 세상을 공평하게 다스리기로 한다면, 너를 잡아먹어야 되겠냐, 아니면 놓아주어야 되겠느냐?

무릇 제 것이 아닌데도 가지는 것을 '도(盜)'라 부르고, 생물을 잔인하게 해치는 것을 '적(賊)'이라 부른다. 너희가 하는 짓이란 밤낮으로 허겁지겁하면서 팔을 휘두르고 눈을 부릅뜬 채 남의 것을 낚아채고도 부끄러워하지 않는 것이다. 심지어는 돈을 '형님'이라 부르거나, 아내를 죽이고 장수 자리를 얻으니, 인륜 도덕을 다시 논할 수가 없을 지경이다. 그런 데다 또 황충(蝗蟲)에게서 먹을 것을 빼앗고, 누에한테서 옷을 빼앗으며, 벌을 물리치고 꿀을 빼앗는다.

범은 한 번도 표범을 잡아먹은 적이 없다. 이는 진실로 같은 무리에게 차마 하지 못할 짓이 되기 때문이다. 그런데 범이 노루나 사슴을 잡아먹은 것을 헤아려 보아도, 사람들이 노루나 사슴을 잡아먹은 것처럼 많지는 않다. 범이 말이나 소를 잡아먹은 것을 헤아려 보아도, 사람들이 서로 잡아먹은 것처럼 많지는 않다."

(중략)

북곽 선생은 경의를 표하기 위해 앉은자리에서 일어났다가 넙죽 엎드리고, 물러나면서 두 번 절하고 머리를 거듭 조아리면서,

『맹자』에 아무리 추악하게 생긴 사람이라도 목욕재계하면 하느님께 제사 드릴 수 있다는 말이 있사옵니다. 그러니 하계에 사는 이 천한 신하는 감히 그 아랫자리에서 모시고자 하옵니다.”

하였다.

[B]
　이어서 숨을 죽이고 살며시 귀를 기울이고 있었지만, 한참 지나도 아무런 명령이 없었다. 실로 황공하며 두 손 맞잡고 머리가 땅에 닿도록 절하고 나서 고개를 쳐들고 살펴보았더니, 동쪽이 훤히 밝았고 범은 이미 가 버리고 없었다.

　아침에 밭을 갈던 어떤 농부가,

　“선생님은 어째서 새벽부터 들에서 경배를 드리고 계십니까?”

하고 물었더니, 북곽 선생이 이렇게 말하였다.

　“내 들었노라, ‘하늘이 어찌 높지 않으냐 하지만 감히 몸을 굽히지 않을 수 없고 땅이 어찌 두텁지 않으냐 하지만 감히 조심스레 걷지 않을 수 없네.’라고 말이다.”

– 박지원, 「호질(虎叱)」

※**유(諛)**: 아첨할 유.

1　㉠~㉤에 대한 설명으로 적절하지 <u>않은</u> 것은?

① ㉠: 자신을 알아볼까 봐 위장하는 것으로, 스스로의 행동에 떳떳하지 못한 모습이다.

② ㉡: 위기에서 벗어나려다가 실수하는 모습으로, 어리석고 우스꽝스러운 모습이다.

③ ㉢: 위기 상황에서 순산석으로 취하는 행동으로, 당황하여 판단력을 잃은 모습이다.

④ ㉣: 목숨을 구하기 위해 짐승의 덕을 과장하는 것으로, 물리적 힘 앞에 비겁한 모습이다.

⑤ ㉤: 살아남기 위해 거짓된 겸손을 보이는 것으로, 위기를 모면하려 아첨하는 모습이다.

2　〈보기〉의 밑줄 친 부분에 해당하는 내용을 [A]에서 찾아 정리한 것으로 적절하지 <u>않은</u> 것은?

〈 보기 〉

선생님: 우화(寓話)는 동식물이나 사물 등에 인간성을 부여하여 그들의 행동이나 말로써 인간 사회에 던지고자 하는 교훈을 전달합니다. 이 중 인간성을 부여받은 동물이 인간 사회를 비판하는 작품들에서는 <u>‘인간이 동물보다 우월하다.’라는 구도가 역전되어 동물이 인간보다 우월한 것으로 나타나고, 동물이 가진 특성들이 미덕으로 드러나는 경우</u>가 있었습니다. 윗글에서는 그런 구도가 어떻게 드러나는지 찾아봅시다.

① 음식을 두고 다투지 않는 범의 특성이 남들과 끊임없이 다투는 인간과 대조되는 미덕으로 드러나 있다.

② 먹을 것에 급급해하지 않는 범의 습성이 벌레에게서까지 먹을 것을 얻는 인간과 대조되는 미덕으로 드러나 있다.

③ 형벌의 제도가 없는 동물 사회의 모습이 형벌이 있어도 악행이 지속되는 인간과 대조되는 미덕으로 드러나 있다.

④ 술과 같이 풍기를 문란하게 하는 것을 즐기지 않는 동물의 성질이 술을 담가 먹는 인간과 대조되는 미덕으로 드러나 있다.

⑤ 오륜과 사강을 지키지 않는 동물의 본성이 오륜과 사강에 대해 가르치고 전파하는 인간과 대조되는 미덕으로 드러나 있다.

[24900-0083] ○ △ ✕

3 [B]를 읽은 학생들의 반응으로 적절하지 <u>않은</u> 것은?

① 북곽 선생은 다른 사람의 말을 인용하며 자신의 학식을 자랑하려 하고 있군.
② 북곽 선생은 범의 말을 듣고 나서도 자신의 위선적 태도를 전혀 반성하지 않았군.
③ 농부의 등장으로 인해 사회적 체면을 중시하는 북곽 선생의 성격이 부각되고 있군.
④ 범이 가고 난 후 북곽 선생은 또다시 아첨을 일삼는 변함없는 면모를 보여 주고 있군.
⑤ 범이 있는 줄 알고 예를 갖추어 절하는 북곽 선생의 모습으로 웃음을 유발하고 있군.

[24900-0084] ○ △ ✕

4 윗글의 '범'과 〈보기〉의 '게'의 말의 공통점으로 적절한 것은?

〈 보기 〉

"나는 게올시다. 지금 무장공자(無腸公子)라 하는 문제로 연설할 터인데, 무장공자라 하는 말은 창자 없는 물건이라 하는 말이니, 옛적에 포박자라 하는 사람이 우리 게의 족속을 가리켜 무장공자라 하였으니 대단히 무례한 말이로다. 그래, 우리는 창자가 없고 사람들은 창자가 있소? 시방 세상에 사는 사람 중에 옳은 창자 가진 사람이 몇 명이나 되겠소? 사람의 창자는 참 썩고 흐리고 더럽소. 의복은 능라주의로 지르르 흐르게 잘 입어서 외양은 좋아도 다 가죽만 사람이지 그 속에는 똥밖에 아무것도 없소. 좋은 칼로 배를 가르고 그 속을 보면, 구린내가 물큰물큰 나오. 지금 어떤 나라 정부를 보면 깨끗한 창자라고는 아마 몇 개 없으리다. 신문에 그렇게 나무라고, 사회에서 그렇게 시비하고, 백성이 그렇게 원망하고, 외국 사람이 그렇게 욕들을 하여도 모르는 체하니 이것이 창자 있는 사람들이오?"

– 안국선, 「금수회의록(禽獸會議錄)」

① 기존에 가졌던 궁금증을 해결하기 위한 단서를 질문을 통해 얻고자 한다.
② 인간이 자신들에 대해 내린 평가가 부당하다는 점을 질문을 통해 밝히고 있다.
③ 규범을 지키는 자신에 대한 정당한 평가를 해 주어야 함을 질문을 통해 역설하고 있다.
④ 선과 악을 가르는 기준이 흔들리고 있는 인간들의 세태를 질문을 통해 일깨우고 있다.
⑤ 그간 받았던 부당한 대우에 대한 정당한 대가가 무엇인가를 질문을 통해 돌아보고 있다.

[5~8] 다음 글을 읽고 물음에 답하시오.

표준국어대사전은 ⊙창의성을 '새로운 것을 생각해 내는 특성.'으로 단순하게 정의하고 있지만, 창의성은 여러 가지 인지적, 정서적, 의지적 요소가 결합된 특성이다. 창의성은 창조적인 직업군이라고 할 수 있는 과학자, 작곡가, 화가, 소설가, 시인에게 두드러지는 특성이다. 이들은 세상에 없었던 자신만의 고유한 것을 만들어 내는 데 능하다. IQ가 매우 높으면 천재라고 하지만 그들이 모두 창의성이 높은 것은 아니며, 창의적인 성과를 낸 인물들이 모두 IQ가 탁월하게 높은 것도 아니다. 오히려 학습 부진아가 창의적 성과를 낸 경우도 있다. 아인슈타인은 읽기와 산수에 학습 장애가 있었고 다윈은 언어 습득과 읽기에 장애가 있었지만 역사상 가장 창의적인 과학적 성과를 내놓았다. 또한 어떤 영역에서 뛰어난 능력을 가진 사람이 모두 창의적인 것도 아니다. 그러면 창의성을 구성하는 여러 요소 중에서 유창성과 의지력이 어떻게 뇌에서 발현되는지 검토해 보자.

창의적인 사람은 보통 사람들이 보기에 별로 연관되어 있지 않은 개념 사이에서 연관을 발견하여 새로운 발상을 잘한다는 점에서 인지적 유창성이 뛰어나다. 몰입이 필요한 작업을 하는 사람들에게 이러한 능력은 극도의 긴장 상태에서 사고할 때보다 긴장을 풀고 쉬고 있을 때 잘 나타난다. 가령 뉴턴은 페스트로 학교를 떠나 고향에서 쉬는 동안 미적분에 대한 아이디어를 떠올렸다. 긴장 상태에서는 대뇌 피질에서 일어나는 각성이 높아지면서 연상의 폭이 좁아지고 이에 따라 유창성이 떨어진다. 이를 설명하기 위하여 흥분과 각성 상태에서 많이 분비되는 노르에피네프린의 농도 수준이 신경 네트워크의 크기를 조절함으로써 유창성에 영향을 미친다는 주장이 제기되었다.

이 주장은 ⓒ마중물 효과에 대한 실험들로부터 지지를 받았다. 한 실험에서는 철자가 엉터리인 가짜 단어와 진짜 단어를 스크린에 무작위로 띄우고 피험자에게 진짜 단어이면 가능한 한 신속하게 키를 누르고 가짜 단어이면 키를 누르지 않도록 요청했다. 그리고 매번 문제로 제시하는 단어 앞에 다른 진짜 단어를 하나씩 보여 주었다. 이렇게 앞에 보여 주는 단어를 '마중물 단어', 진짜인지 아닌지 맞혀야 할 단어를 '표적 단어'라고 불렀다. 마중물 단어가 뒤에 나오는 진짜 단어와 의미적 연관이 긴밀할수록 피험자들의 반응 시간은 더 짧아져 연상이 더 신속하게 일어나는 것을 알 수 있었다. 가령 표적 단어가 'nurse'라면 마중물 단어가 'bag'일 때보다 'doctor'일 때가 반응 시간이 짧았다. 설득력 있는 설명에 따르면, 우리 뇌에는 단어와 그 의미를 저장하는 사전–의미 네트워크라고 불리는 신경 네트워크가 있는데, 서로 의미적 연관이 긴밀한 단어들과 그에 대한 정보는 하나의 사전–의미 네트워크에 들어가 있다. 마중물 단어와 표적 단어에 관한 정보가 동일한 사전–의미 네트워크에 있을 때 표적 단어의 인식은 신속하게 이루어진다. 반면에 마중물 단어의 정보가 표적 단어의 정보와 같은 사전–의미 네트워크에 있지 않다면, 마중물 단어가 표적 단어의 인식에 도움을 주지 못한다. 그렇기 때문에 마중물 단어가 표적 단어와 같은 사전-의미 네트워크에 있는 경우에 비해, 마중물 단어가 표적 단어와는 다른 사전-의미 네트워크에 있는 경우에는 표적 단어가 있는 별도의 사전-의미 네트워크를 활성화한 후 표적 단어가 진짜 단어임을 확인하게 되므로 더 긴 시간이 걸린다.

다른 연구자들은 L-도파라는 약물을 피험자에게 투여했을 때 'winter-summer' 사이에 일어나는 것과 같은 직접적인 마중물 효과의 반응 시간은 L-도파 투여 전에 비해 차이가 나지 않는 반면, 'summer-snow' 사이에 일어나는 것과 같은 간접적인 마중물 효과의 반응 시간은 L-도파 투여 전에 비해 현격히 길어지는 것을 발견했다. L-도파는 노르에피네프린의 전구체[※]이므로 이 약물의 투여는 피험자들의 노르에피네프린 수준을 올려 활용할 수 있는 사전-의미 네트워크를 좁혀 유창성을 떨어뜨리는 효과가 있다. 반면에 신경 네트워크에 대한 노르에피네프린의 영향력을 줄이는 약물인 프로프라놀롤은 활용할 수 있는 사전-의미 네트워크를 확장하는 데 도움이 되고, 이 약물을 투여하면 연상 테스트에 의해 확인되는 유창성이 향상되는 것으로 나타났다.

창의적인 사람들이 창의적인 성과를 내기 위해서는 유창성 외에도 외부적인 보상이 없어도 미래의 성취에 대한 동기 유발에 의해 지속적으로 과제를 수행하는 의지력이 요구된다. 뇌에서 의지력의 핵심 부위는 전두엽이다. 전두엽이 망가지면 흔히 의지 박약증이 나타난다. 몸에서 영양소나 물이 결핍되면 그것을 찾아 먹으려는 생리적 욕구가 시상 하부에서 촉발되고 대뇌변연계에서 매개되는데, 시상 하부처럼 동기 유발에 핵심적인 부위는 전두엽과 신경으로 연결되어 있다. 또한 다양한 욕구를 어떻게 충족시킬지에 대한 지식은 측두엽과 두정엽의 다중 양상 감각 연상 구역에 저장되어 있는데, 이곳도 전두엽과 신경으로 연결되어 있다. 온갖 욕구에 관련된 신체 내부의 정보는 전두엽에서 이러한 욕구를 어떻게 충족시킬지에 대한 지식과 융합된다. 생리적 욕구와 달리 장기 목표를 이루려는 욕구는 복잡한 행동을 요구한다. 이런 종류의 욕구와 욕구를 충족시킬 행동에 관한 지식의 융합을 통해 전두엽은 목표 지향적 행동을 찾아 나간다. 전두엽이 장기 목표를 설정하면 그것을 달성하기 위하여 필요한 지식을 측두엽과 두정엽의 다중 양상 감각 연상 구역으로부터 얻어 당장에는 쾌감을 가져다주지 않더라도 장기적인 보상이 있는 활동을 수행하게 한다. 전두엽은 시상 하부에서 촉발되는 생리적 욕구를 따르는 행동을 촉구하기도 하지만, 어떤 때는 생리적 욕구를 억제하면서 생리적 욕구 충족과는 무관한 장기적 목표를 이루기 위한 의지적인 행동을 촉구한다. 참신한 아이디어가 구체적인 성과로 나타나기까지 전두엽은 외적 보상이 없을 때에도 내적 동기에 추동되어 지속적인 활동을 이어 가게 한다.

※ **전구체**: 어떤 물질 대사나 화학 반응 등에서 최종적으로 얻을 수 있는 특정 물질이 되기 전 단계의 물질.

[24900-0085] 

5 윗글에서 알 수 있는 내용이 <u>아닌</u> 것은?

① 노르에피네프린의 수준이 높아지면 연상의 폭이 좁아진다.

② 두정엽과 측두엽은 장기 목표를 달성하기 위해 필요한 지식을 저장하고 있다.

③ 같은 사전-의미 네트워크에 있는 두 단어 사이에는 연상이 신속하게 이루어진다.

④ 극도로 긴장했을 때보다 긴장을 풀고 쉬고 있을 때 새로운 발상이 잘 이루어진다.

⑤ 시상 하부에서 촉발된 생리적 욕구는 전두엽을 자극하여 장기적 보상이 있는 행동을 유발한다.

[24900-0086] 

6 윗글에서 ㉠에 대해 진술한 내용과 부합하지 <u>않는</u> 것은?

① 특정한 영역에서의 학습 부진이 창의성 발휘에 긍정적인 효과를 낸다.

② 대뇌 피질의 각성이 높아지면 인지적 유창성은 떨어지는 것으로 나타난다.

③ 창의적 성과에 요구되는 목표 지향적 행동은 전두엽의 작용이 중심을 이룬다.

④ 동떨어져 보이는 두 개념 사이의 연관을 잘 찾아내는 사람은 새로운 발상을 잘한다.

⑤ IQ가 높거나 뛰어난 능력을 가졌다고 해서 창의적인 성과를 낼 수 있는 것은 아니다.

[24900-0087] ○ △ ✕

7 ⓛ에 대한 추론으로 적절한 것은?

① 표적 단어와 동일한 사전-의미 네트워크에 있는 단어는 마중물 단어로 쓰면 안 된다.

② 마중물 단어와 표적 단어가 의미적 연관이 긴밀할수록 피험자의 반응 시간은 길어진다.

③ 표적 단어가 가짜 단어이면 피험자는 표적 단어가 진짜 단어일 때보다 더 빠르게 반응을 보이게 된다.

④ 'summer'가 마중물 단어, 'snow'가 표적 단어일 때, 프로프라놀롤의 투여는 피험자의 반응 시간을 줄이는 효과가 있다.

⑤ 'winter'가 마중물 단어, 'summer'가 표적 단어일 때, L-도파의 투여는 피험자의 반응 시간을 현저히 늘어나게 하는 효과가 있다.

[24900-0088] ○ △ ✕

8 윗글을 바탕으로 〈보기〉를 이해한 내용으로 적절하지 <u>않은</u> 것은?

〈 보기 〉

원격 연상 검사는 일반적 관점에서 서로 연관성이 없어 보이는 세 단어를 피험자에게 보여 주고 세 단어에 모두 연관이 있는 한 단어를 얼마나 잘 찾아내는가를 검사한다. 가령 '일본', '동전', '거북이'가 주어지면 '이순신'이 하나의 답이 된다. 이런 단어 세트 여러 개를 보여 주고 얼마나 신속하게 의미 있는 답을 찾아내는가에 따라 높은 점수를 부여한다.

① 피험자에게 프로프라놀롤을 투여하면 검사의 점수는 높아질 것이다.

② 노르에피네프린의 분비가 더 활발할수록 검사의 점수는 낮아질 것이다.

③ 이 검사는 피험자의 인지적 유창성을 파악할 수 있는 검사가 될 수 있다.

④ 제시되는 한 세트의 세 단어는 하나의 사전-의미 네트워크에 들어가 있을 것이다.

⑤ 간접적인 마중물 효과의 반응 시간이 짧은 사람일수록 이 검사의 점수가 더 높을 것이다.

12회 미니모의고사

EBS 수능특강 **Q** 미니모의고사 **국어**

○ 알고 맞힘 　　/8　△ 헷갈림 　　/8　✗ 모르고 틀림 　　/8

[1~4] 다음 글을 읽고 물음에 답하시오.

[앞부분 줄거리] 병이 든 동해 용왕이 토끼의 생간이 약이 된다는 얘기를 듣고 토끼를 잡아 올 신하를 찾는다. 이에 자라는 용왕의 병을 치료하기 위해 나서고, 육지로 올라와 토끼를 만난다.

토끼는 쌩긋쌩긋 웃으며 말했다.

"내 형을 보니 시체(時體) 사람은 아니로다. 의량이 넓고 위인이 관후하니 남을 속이지 않을 것 같소. 나 같은 부생(浮生)을 좋은 곳에 천거하니 감격하기 측량없으나 수부에 들어가서 벼슬하기가 쉬울쏘냐."

자라는 이 말을 듣고 속으로 웃으며 생각했다.

'요놈, 인제야 속았구나.'

자라는 흔연히 대답했다.

"그대가 오히려 경력이 적은 말이로다. 역산에서 밭을 가시던 순임금도 당요(唐堯)의 천자 위(位) 수선(受禪)하고, 위수에서 고기 낚던 강태공도 주문왕의 스승 되고, 산야에서 밭 갈던 이윤(伊尹)도 탕임금의 아형(阿兄) 되고, 표모(漂母)에게 밥 빌던 한신도 한 태조의 대장이 되었으니, 수부나 인간이나 발천하기는 마찬가지라. 이런고로 밝은 임금이 신하를 가리고 어진 신하가 임금을 가리나니 우리 대왕께서는 한 가지 재능과 한 가지 지조가 있는 서비라도 벼슬 식책을 맡기시는지라. 이렇기 때문에 나같이 재주 없는 인물도 주부 일품 자리에 외람히 올랐거늘, 하물며 그대같이 고명한 자격이야 수군절도사는 떼어 놓은 당상이지. 또한, 신수 좋은 얼굴을 능연각(凌煙閣)*에 걸어 두고 춘추에 빛나는 이름을 죽백(竹帛)에 드리우리니, 이것이 기남자(奇男子)의 보배로운 영광이라. 이 어찌 아름답지 않겠소. 토끼 가문 중에 시조(始祖) 되기는 아무 염려 없는지라."

토끼 웃으며 말했다.

"형의 말은 그럴듯하나, 어젯밤 꿈이 불길해 꺼림칙하도다."

자라가 말했다.

"내가 젊어서 해몽하는 법을 약간 배웠으니 그대의 몽사를 들려주오."

토끼는 어젯밤 꿈 이야기를 했다.

"칼을 빼서 배에 대고 몸에 피 칠을 하니 아마도 좋지 못한 정상을 당할까 염려되오."

자라는 토끼를 책망하며 말했다.

"아주 좋은 몽사를 가지고 공연히 고민하는구려. 배에 칼을 댔으니 칼은 금이라 금띠를 띨 것이요, 몸에 피 칠을 했으니 홍포(紅袍)*를 입을 징조라. 이 어찌 공명할 길몽이 아니겠소? 장자의 나비 된 꿈은 달관의 꿈이요, 공명의 초당 꿈은 선각의 꿈이라. 그 외에 꿈이라 하는 것은 무비관몽(無非觀夢)*이요, 개시허몽(皆是虛夢)*이로다. 오직 그대의 꿈은 몽사 가운데 제일이니 수궁에 들어가면 만인 위에 거한다는 것이니 어찌 아니 좋을쏜가."

토끼는 점점 곧이듣고 희색이 만면해 말했다.

"노형의 해몽하는 법이 귀신 아니면 도깨비라 할 만하오. 소강절 이순풍이 다시 살아온들 이보다 더할쏜가. 아름다운 몽조가 이미 나타났으니 내 부귀 어디 가랴. 떼어 놓은 당상은 좀이나 먹지. 하지만 만경창파를 어찌 득달하오?"

"그대는 조금도 염려 마오. 내 등에만 오르면 순식간에 득달할 터이니, 그런 걱정은 행여 하지도 마소."

토끼가 크게 기뻐하며 말했다.

"천만뜻밖에 그대 같은 군자를 만나 어두운 곳을 떠나 밝은 곳으로 가게 되었으니 이는 하늘이 도우심이라. 성인이 성인을 안다 했으니, 나 같은 영웅을 형 같은 영웅이 아니면 어찌 능히 알리오? 형이 아니었다면 나는 헛되이 산중에서 늙을 뻔했고, 나 아니었다면 수중 백성들은 어진 관원을 만나지 못할 뻔했도다."

(중략)

날이 저물어 잔치가 파하자 용왕이 토 처사에게 말했다.

"토공이 과인의 병만 낫게 하면 천금 상에 만호후를 봉하고 부귀를 한가지로 누릴 것이니 속히 나아가 간을 가져오라."

토끼가 취한 중에 '한 번 속기도 원통하거든 두 번 속을까?' 하고 혼잣말을 했다.

"대왕은 염려 마시옵소서. 대왕의 은혜를 만분지일이라도 갚고자 하오니 급히 별주부를 같이 보내어 소신의 간을 가져오게 하옵소서."

이튿날 왕에게 하직하고 별주부의 등에 올라 만경창파 큰 바다를 순식간에 건너 육지에 내리자 토끼가 자라에게 말했다.

"내 너의 다리뼈를 추려 보내고 싶지만 용서하노니 너의 용왕에게 내 말 전해라. 세상 만물이 어찌 간을 임의로 꺼냈다 넣었다 하리오. 신출귀몰한 나의 꾀에 너의 미련한 용왕이 잘도 속았다 해라."

자라가 하릴없이 뒤통수 툭툭 치고 무료히 회정(回程)하니 용왕의 병세와 별주부의 소식을 다시 알 길이 없더라.

토끼는 별주부를 보내고 희희낙락하며 너른 들에서 이리 뛰고 저리 뛰며 흥에 겨워 말했다.

"인제 살았구나. 수궁에 들어가서 배 째일 뻔했는데 내 꾀로 살아 돌아와서 예전 보던 만산 풍경 다시 보고, 옛적 먹던 산의 열매며 나무 열매 다시 먹을 줄 알았더냐."

한참 이렇게 노닐 적에 난데없는 독수리가 살 쏘듯이 달려들어 사족을 훔쳐 들고 반공에 높이 나니 토끼의 위급이 경각에 달했다.

토끼는 스스로 생각했다.

'간을 달라 하던 용왕은 좋은 말로 달랬는데 이 미련하고 배고픈 독수리는 무슨 수로 달래리오.'

토끼는 창황망조(蒼黃罔措)*한 중에 문득 한 꾀를 내어 말했다.

"여보, 수리 아주머니! 내 말 좀 잠깐 들어 보오. 아주머니 올 줄 알고 몇몇 달 경영해 모은 양식이 쓸데없어 한이니, 오늘 이렇게 늦게나마 만났으니 어서 바삐 갑시다."

"무슨 음식이 있다고 감언이설로 날 속이려 하느냐? 나는 수궁 용왕이 아니거든 내 어찌 너한테 속을쏜가?"

"여보, 수리 아주머니! 토진(吐盡)*하는 정담 들어 보시오. 사돈도 이리할 사돈이 있고 저리할 사돈이 있다 함과 같이 수부의 왕은 아무리 속여도 다시 못 볼 사이지만 우리는 종종 서로 만날 사이거늘 어찌 감히 속이겠소. 건넛마을 이 동지가 납제(臘祭)* 사냥하느라 나를 심히 놀래기로 그 원수 갚기를 생각하더니, 금년 정이월에 그 집 맏배 병아리 사십여 수를 둘만 남기고 다 잡아 왔소. 또 제일 긴한 용궁에 있던 ㉠꾀주머니도 내게 있으니, 아주머니는 듣도 보도 못한 물건이오니 가지기만 하면 조화가 무궁하지만 내게는 다 부당한 물건이오. 아주머니에게는 모두 긴요한 것이니 나와 함께 어서 갑시다. 음식 도적은 매일 잔치를 한대도 다 못 먹을 것이고 꾀주머니는 가만히 앉았어도 평생을 잘 견디게 해 주니 어찌 아니 좋겠소?"

미련한 독수리가 솔깃해하며 말했다.

"아무려나 가 보세."

독수리가 토끼의 처소 찾아가니, 바위 아래로 들어갈 때 조금만 놓아 달라고 토끼가 부탁하자 독수리가 말했다.

"조금 놓아주다가 아주 들어가면 어쩌나?"

토끼가 대답했다.

"그러면 조금만 늦춰 주오."

독수리 생각에 '조금 늦춰 주는 거야 어떠하리' 하고 한 발만 반만 쥐고 있었더니 토끼가 바위 아래로 점점 들어가다가 톡 채치며 말했다.

"바로 요것이 ㉡꾀주머니지."

– 작자 미상, 「토끼전」

※**능연각**: 중국 당나라 때에, 개국 공신 24명의 초상을 그려 걸었던 누각.
※**홍포**: 조선 시대에, 삼품 이상의 벼슬아치가 입던 붉은색의 예복이나 도포.

※**무비관몽**: 꿈으로 보이지 않는 것이 없음.
※**개시허몽**: 모두가 헛된 꿈이라는 뜻.
※**창황망조**: 너무 급하여 어찌할 수가 없음.
※**토진**: 간과 쓸개를 다 토한다는 뜻으로, 실정(實情)을 숨김없이 다 털어놓고 말함을 이르는 말.
※**납제**: 납일(臘日)에 한 해 동안 지은 농사 형편과 그 밖의 일들을 여러 신에게 고하는 제사.

[24900-0089] 

1 윗글에 대한 설명으로 적절하지 <u>않은</u> 것은?

① 서술자가 개입하여 인물의 후일담을 제시하고 있다.
② 인물 간의 갈등 관계를 통해 서사적 긴장감을 고조시키고 있다.
③ 인물의 말을 통해 앞서 일어난 사건에 대한 정보를 제시하고 있다.
④ 유사한 통사 구조의 반복을 통해 인물의 발화 의도를 부각하고 있다.
⑤ 중국의 여러 고사를 인용하여 자연에 대한 인물의 태도를 부각하고 있다.

[24900-0090] 

2 윗글의 인물에 대한 이해로 가장 적절한 것은?

① 토끼는 자라의 해몽을 듣기 전 자신의 꿈을 길몽이라고 확신하고 있다.
② 자라는 토끼의 웃음을 보고 자신의 내심이 간파되었다고 생각하고 있다.
③ 자라는 수궁의 대왕이 인재를 등용하는 방식에 대해 높이 평가하고 있다.
④ 토끼는 만경창파를 득달할 수 있다는 자라의 말에 의구심을 지니고 있다.
⑤ 토끼는 육지에서 자라와 헤어진 직후 자신의 미래에 대해 불안감을 느끼고 있다.

[24900-0091]

3 ⊙, ⓒ에 대한 설명으로 가장 적절한 것은?

① ⊙은 토끼가 독수리의 환심을 얻는 계기이다.
② ⊙은 토끼와 독수리에게 모두 실제 형체가 있는 대상이다.
③ ⓒ은 토끼가 독수리에게 약속한 내용이 참임을 증명하는 근거이다.
④ ⊙과 ⓒ은 모두 독수리로 인해 토끼가 열세에 몰리는 상황임을 암시하는 소재이다.
⑤ ⊙과 ⓒ은 모두 독수리에게 결핍된 것을 해소해 주기 위해 토끼가 제시한 방안이다.

[24900-0092]

4 〈보기〉를 참고하여 윗글을 감상한 학생의 반응으로 적절하지 <u>않은</u> 것은?

〈 보기 〉

공간적 배경은 소설 속에서 다음과 같은 기능을 수행한다. 우선 작중에 여러 공간이 제시되는 경우에, 인물이 공간을 이동하는 것은 시간의 흐름을 보여 주며 하나의 사건이 종결되거나 다른 사건으로 전환되었음을 의미하는 경우가 많다. 이때 각각의 공간들은 인물이 지닌 욕망과 무관하지 않다. 또한 공간적 배경은 인물의 성격 형성에 영향을 미치기도 하는데, 이는 공간이 인물의 행동 방식에 원인을 제공하기도 하고 공간에서 인물이 시련을 겪으며 깨달음을 얻기 때문이다. 다음은 윗글의 공간적 배경과 작중 인물의 이동 경로를 도식화한 것이다.

① 토끼가 ⓐ에서 ⓑ로 이동하게 된 것은, 자라가 토끼를 속이는 행위와 관련된 사건이 종결되었음을 보여 주는 것이군.
② 자라가 ⓐ에서 ⓑ로 토끼를 데리고 이동하게 된 것은, 용왕과 토끼가 각자의 욕망을 실현하기 위해 자라를 이용하고자 했기 때문이군.
③ 자라가 ⓑ에서 ⓐ로 혼자 이동하게 된 것은, ⓐ를 경험한 토끼가 자라의 속임수를 믿었던 예전과는 다른 성격의 인물로 변했기 때문이군.
④ 토끼가 ⓑ에서 ⓐ로 이동하게 된 것은, 토끼가 ⓐ를 '벼슬'에 대한 욕망을 실현할 수 있는 공간으로 인식했기 때문이군.
⑤ 토끼가 ⓒ에서 ⓑ로 이동하게 된 것은, 토끼가 ⓐ에서 얻게 된 깨달음을 독수리와 공유하고자 했기 때문이군.

[5~8] 다음 글을 읽고 물음에 답하시오.

열을 이용하여 식품을 조리할 때는 식품의 표면을 가열하여 열전도를 통해 열이 그 내부까지 전해지도록 하는 것이 일반적이다. 그런데 식품은 대개 열전도율이 낮아 가열 온도를 높일 경우 겉과 속의 온도 차이가 커지게 된다. 그 결과 겉은 타고 속은 익지 않는 경우가 발생할 수 있으며, 열에 의해 영양소가 파괴될 수도 있다. 전자레인지는 전자기파의 한 종류인 마이크로파를 이용하여 식품을 조리하는 장치로 식품의 겉과 속을 동시에 고루 가열할 수 있다. 따라서 비교적 짧은 시간에 식품을 데울 수 있고, 수용성 비타민과 같은 영양소의 파괴를 최소화할 수 있다는 장점이 있다.

전자레인지의 원리를 이해하기 위해서는 전자기파와 물의 특성을 알아볼 필요가 있다. 전자기파는 공간에서 전기장과 자기장이 주기적으로 변화하면서 전달되는 파동으로, 파장과 진동수의 곱은 항상 광속과 같다. 전자기파는 파장 또는 진동수를 기준으로 그 종류가 구분되며, 전자기파의 에너지는 진동수와 비례한다. 마이크로파는 파장이 1mm~1m에 이르는 전자기파로 금속에 가해지면 반사되고 공기나 유리, 종이 등은 투과한다. 하지만 마이크로파가 물과 같은 물질을 만났을 때는 그 물질에 흡수되면서 에너지를 전달하게 된다.

물 분자는 수소 원자 두 개가 산소 원자 한 개에 104.5°의 각을 이루며 결합된 형태이다. 물은 그 분자 내에서 수소 원자 쪽이 양의 전하※를, 산소 원자 쪽이 음의 전하를 띠는 극성 물질이다. 얼음과 같은 고체상일 때의 물 분자들은 방향과 위치가 고정되어 있고, 액체상인 물로 존재할 때의 물 분자들은 그 방향과 위치가 유동적이다. 액체상의 물 분자에 마이크로파가 가해지면 물 분자는 그 극성으로 인해 마이크로파의 전기장※과 평행하게 되도록 회전 운동을 하게 된다. 마이크로파가 진행하면서 전기장의 방향은 주기적으로 계속 바뀐다. 그때마다 양의 전하를 띠는 수소 원자는 (−) 쪽으로, 음의 전하를 띠는 산소 원자는 (+) 쪽으로 끌리게 되면서 물 분자는 회전 운동을 하게 되는 것이다.

전자레인지를 구동하기 위해서는 우선 마이크로파를 발생시켜야 하는데, 전자레인지의 내부에는 마이크로파를 발생시키는 장치인 마그네트론이 있다. 마그네트론은 음극 막대와 이를 동심원으로 둘러싼 금속제 양극 원통 튜브, 그 위아래에 위치하는 강력한 자석으로 구성된다. 전자기파의 발생을 위해서는 먼저 음극 막대를 가열해야 한다. 가열된

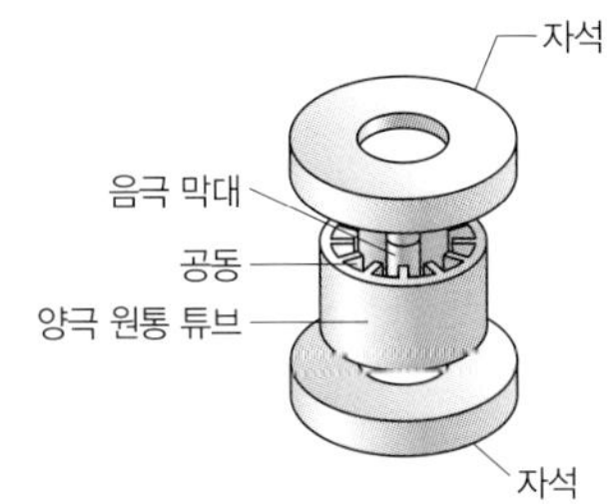

〈마그네트론의 주요 구조〉

음극 막대에서 전자가 방출되면 방출된 전자는 양극 원통 튜브를 향해 가게 되는데, 위아래에 형성된 자기장으로 인해 전자의 경로는 휜다. 이때 음극과 양극 사이에 적절한 전압을 걸어 주면 전자는 원통 내부를 계속 회전하게 된다. 금속 칸막이로 나뉜 공

동 주변을 회전하는 전자는 공동 주위로 양극에 있던 전자의 왕복 운동을 유도하게 되는데, 이때 전자기파가 발생한다. 발생한 마이크로파는 도파로라는 관을 타고 음식이 놓인 전자레인지 속 조리실로 전달된다.

일반 가정용 전자레인지의 마그네트론이 만들어 내는 마이크로파의 진동수는 대략 2,500MHz이다. 이는 전기장의 방향이 1초에 대략 25억 번씩 반대 방향으로 바뀐다는 의미이다. 방향이 바뀌면서 물 분자끼리는 서로 충돌하게 되고, 회전 운동 에너지가 증가하게 되어 온도가 올라가게 된다. 이를 통해 전자레인지는 외부에서 열을 가하는 방식보다 훨씬 빨리 물을 끓는점까지 도달시킬 수 있다.

이와 같은 원리 때문에 전자레인지는 수분을 포함한 식품들을 데울 때 유용한데, 유리컵은 전자레인지에서 잘 데워지지 않는다. 전자레인지의 마이크로파는 진동수가 크면 식품에 강하게 흡수될 수 있지만, 깊이 침투하기는 어렵다. 진동수가 작으면 깊이 침투할 수는 있겠으나 투과되는 양이 많아 효율적으로 조리를 할 수 없게 된다. 가정용 전자레인지의 진동수를 2,500MHz 내외로 한 것은 진동수에 따른 침투 깊이와 조리 효율을 고려한 것이다. 마이크로파가 식품 내부로 침투할 수 있는 두께는 식품마다 다른데, 고구마의 경우 평균적으로 3cm, 최대 5~6cm이므로 이보다 더 두껍다면 적당히 잘라야 고루 익힐 수 있다.

음식물을 손쉽게 가열할 수 있는 전자레인지에 대한 우려도 있다. 전자레인지의 마이크로파가 인체에 해로운 영향을 줄 위험이 있다는 것이다. 전자기파가 자신의 파장보다 1/50 정도로 작은 구멍을 통과하는 것은 거의 불가능하다. 전자레인지에 쓰이는 마이크로파의 파장은 광속에서 진동수를 나눈 값으로 구할 수 있는데 대략 12cm이다. 그래서 전자레인지의 앞 유리에 12cm의 1/50보다 작은, 지름 약 0.2cm의 구멍이 촘촘히 뚫려 있는 금속 그물을 붙여 놓으면 전자레인지 내부의 작용은 바깥과 거의 차단된다고 할 수 있다. 마이크로파는 금속으로 덮여 있는 조리실 내부에서 반사가 되고, 앞 유리의 금속 그물을 통해서도 반사되어 대부분 새어 나오지 않고 다시 안으로 들어간다. 이처럼 전자레인지 앞 유리의 금속 그물은 전자레인지가 인체에 미칠 수 있는 부정적 영향을 상당히 줄여 주는 역할을 하는 것이다.

※ **전하(電荷):** 물체가 띠고 있는 정전기의 양. 전기 현상의 근원이 되는 실체.
※ **전기장(電氣場):** 전기를 띤 물체 주위의 공간을 표현하는 전기적 속성.

[24900-0093] 

5 윗글의 내용과 일치하지 <u>않는</u> 것은?

① 특정한 전자기파의 진동수를 알고 있다면 파장이 얼마인지 파악하는 것이 가능하다.
② 물 분자는 마그네트론의 음극에서 방출된 전자와의 접촉을 통해 1초에 25억 번 회전한다.
③ 전자레인지는 물의 회전 운동 에너지가 열에너지로 변하는 과정을 통해 물을 끓는점까지 도달시킨다.
④ 특정 각도를 이루며 결합된 물 분자 내의 수소 원자와 산소 원자는 각각 양의 전하와 음의 전하를 띤다.
⑤ 마그네트론의 자석으로 인해 형성된 자기장은 가열된 음극 막대에서 방출된 전자가 양극 원통 튜브를 향해 가다가 휘도록 만든다.

[24900-0094] 

6 윗글을 통해 추론할 수 있는 내용으로 가장 적절한 것은?

① 전자레인지의 도파로는 유리로, 내부 벽면은 금속으로 만들겠군.
② 물에 녹은 영양소는 마이크로파의 영향을 받지 않으므로 온전하게 보존되겠군.
③ 냉동된 음식을 물에 적신 후 전자레인지로 조리하면 음식물을 더 빨리 녹일 수 있겠군.
④ 마그네트론의 음극 막대에서 방출된 전자가 양극에 가 닿음으로써 마이크로파가 발생하겠군.
⑤ 전자레인지 제조 업체는 전자레인지의 앞 유리에 금속 그물을 부착할지의 여부를 소비자의 선택 사항으로 두겠군.

[24900-0095] ○ △ ×

7 윗글을 참고하여 〈보기〉의 ㉠을 이해한 내용으로 적절하지 **않은** 것은?

〈 보기 〉

마이크로파가 수분이 함유된 음식에 가해질 때 흡수되는 정도는 진동수에 비례하고, 침투 두께는 진동수에 반비례한다. 또한 마이크로파가 흡수되는 정도가 클수록 더 많은 에너지가 물질에 전달되는데, 가정용 전자레인지에서 이용하는 마이크로파와 달리 산업용으로는 ㉠진동수가 915MHz인 마이크로파를 이용하는 전자레인지도 있다.

① 음식물 표면에 가까운 물 분자는 ㉠보다 가정용 전자레인지 속에서 더 빠르게 회전 운동할 것이다.

② ㉠을 사용하면 가정용 전자레인지와 달리 마이크로파가 음식을 포장한 종이에도 흡수가 될 것이다.

③ 가정용 전자레인지 앞 유리의 금속 그물은 ㉠의 앞 유리에 부착된 금속 그물보다 더 촘촘해야 할 것이다.

④ 가정용 전자레인지보다 파장이 긴 ㉠은 음식물 표면에 가까운 물 분자에 전달할 수 있는 에너지가 더 적을 것이다.

⑤ 가정용 전자레인지와 비교하여 진동수가 작은 ㉠은 두께가 두꺼운 음식물을 고르게 가열하는 데에 더욱 적합할 것이다.

[24900-0096] ○ △ ×

8 윗글을 참고할 때, 〈보기〉의 [질문]에 대한 [답변]의 ⒜에 들어갈 말로 가장 적절한 것은?

〈 보기 〉

[질문] 제가 두께가 3cm 정도로 얇은 고구마를 전자레인지로 손쉽고 빠르게 조리해서 먹으려고 하는데요, 전자레인지에서 고구마를 익히면 군고구마와 맛이 다를까요?

[답변] 고구마의 수분 함량은 60% 정도입니다. 고구마 안에는 전분을 당분으로 바꾸어 주는 역할을 하는 베타−아밀레이스라는 효소가 있어요. 그 효소는 고구마에 열을 가하는 과정에서 고구마의 내부 온도가 60℃ 전후일 때에 가장 활발하게 작용하지요. 따라서 효소의 작용을 극대화하려면 고구마를 천천히 가열하여 60℃ 정도로 온도가 오래 유지되도록 하는 것이 좋아요. 온도가 70℃를 넘어 버리면 효소가 변성되어 활동이 중지됩니다. 전자레인지로 고구마를 조리하면,

⒜

① 마이크로파가 고구마의 껍질인 표면은 익히더라도 껍질 안까지는 침투할 수 없기 때문에 군고구마만큼 달게 조리하는 것은 어렵습니다.

② 고구마의 물 분자가 마이크로파의 영향으로 회전 운동 하면서 효소의 변성을 유도하여 고구마가 익어 가는 과정을 지속적으로 보조하기 때문에 군고구마만큼 달게 조리하는 것이 가능합니다.

③ 마이크로파는 고구마 속 수분이 회전하는 속도를 더디게 하여 고구마의 내부 온도가 베타−아밀레이스를 활성화하는 정도까지 다다를 수 없기 때문에 군고구마만큼 달게 조리하는 것은 어렵습니다.

④ 마이크로파가 고구마 속 물 분자에 영향을 미쳐 고구마를 익히는 과정에서, 고구마의 내부는 전분을 당분으로 바꾸는 적정 온도를 지속적으로 유지하게 되므로 군고구마만큼 달게 조리하는 것이 가능합니다.

⑤ 마이크로파가 고구마의 물 분자를 지속적으로 회전시켜 수분이 증발하도록 만드는 과정에서 베타−아밀레이스가 활성화되는 온도에 충분히 머무르지 못하고 빨리 끓는점에 도달하기 때문에 군고구마만큼 달게 조리하는 것은 어렵습니다.

13 회 미니모의고사

EBS 수능특강 **Q** 미니모의고사 **국어**

○ 알고 맞힘 　 /8　 △ 헷갈림 　 /8　 ✕ 모르고 틀림 　 /8

[1~4] 다음 글을 읽고 물음에 답하시오.

가: 북소리 중지! 이리 떼는 물러갔다.

다: …… 정말 물러갔어요?

나: 그렇다. 안심하구 일어나렴.

다: ㉠그래도, 저어, 아직 몇 마리 남아 있는 건 아닐까요? 그랬다가 엉겁결에 달려들어 꽉 물 수도 있겠구요.

나: 파수꾼의 눈은 정확하단다. 단 한 마리의 이리도 그 눈을 피해 숨을 순 없지.

다: 아, 저는 그걸 생각 못 했어요. 죄송해요. 파수꾼의 눈을 의심했던 건 아닙니다. 다만 이리라는 게 그렇죠. 이리를 믿어선 안 된다구 배웠거든요. 이리는 엉큼하고, 사납고, 그 날카로운 이빨에 물리면은…….

나: 이리가 그렇게도 무섭니?

다: 네.

나: 그럼 왜 파수꾼이 될 생각은 했지?

다: ㉡이렇게까지 무서움을 탈 줄은 몰랐거든요. 저 자신도 부끄러워요. 파수꾼이 되는 연습을 할 때엔 이렇진 않았습니다. 제법 용감했죠. 특히 칭찬을 받은 건 제 눈이었어요. 까마득하게 멀리 떨어진 것두 척척 알아냈거든요. 마을 사람들도 감탄했어요. '최고의 눈이다. 넌 파수꾼이 되기 위해 태어났다.' 그래서요, 저는 여기에 오길 지원했던 거예요. 그러나 여기 와 보니 사정이 다르군요. 저는 한 번도 ⓐ망루 위엘 올라가지 못했습니다. 한 가지 여쭙겠는데요, 왜 저 망루 위의 파수꾼은 교대하질 않죠?

나: 저분은 말이다, 지금까지 실수를 하지 않았단다. 단 한 번도 이리 떼를 놓친 적이 없었어.

다: 굉장하네요.

[중략 부분 줄거리] 밤이 되자 파수꾼 '다'는 이리 떼에 대한 걱정으로 망루에 오른다. 평화로운 풍경만이 파수꾼 '다'의 눈에 들어오고, 그 순간 이리 떼의 등장을 알리는 파수꾼 '가'의 외침이 들린다. 진실을 알게 된 파수꾼 '다'는 촌장에게 이리 떼는 없고 흰 구름뿐이라는 편지를 보내고 그 내용에 대한 소문이 마을에 퍼지게 된다.

촌장: 애야, 이리 떼는 처음부터 없었다. 없는 걸 좀 두려워한다는 것이 뭐가 그렇게 나쁘다는 거냐? 지금까지 단 한 사람도 이리에게 물리지 않았단다. 마을은 늘 안전했어. 그리고 사람들은 이리 떼에 대항하기 위해서 단결했다. 그들은 질서를 만

든 거야. 질서, 그게 뭔지 넌 알기나 하니? 모를 거야, 너는. 그건 마을을 지켜 주는 거란다. 물론 저 충직한 파수꾼에겐 미안해. 수천 개의 쓸모없는 덫들을 보살피고 ⓑ양철북을 요란하게 두들겼다. 허나 말이다. 그의 일생이 그저 헛되고만 할 순 없어. 그는 모든 사람들을 위해 고귀하게 희생한 거야. 난 네가 이러한 것들을 이해하여 주기 바란다. 만약 네가 새벽에 보았다는 ⓒ구름만을 고집한다면, 이런 것들은 모두 허사가 된다. 저 파수꾼은 늙도록 헛북이나 친 것이 되구, 마을의 질서는 무너져 버린다. 애야, 넌 이렇게 모든 걸 헛되게 하고 싶진 않겠지?

다: 왜 제가 헛된 짓을 해요? 제가 본 흰 구름은 아름답고 평화로웠어요. 저는 그걸 보여 주려는 겁니다. 이제 곧 마을 사람들이 온다죠? 잘됐어요. ㉢저는 망루 위에 올라가서 외치겠어요.

촌장: 뭐라구? (잠시 동안 침묵을 지킨 후에 웃으며) 사실 우습기도 해. 이리 떼? 그게 뭐냐? 있지도 않는 그걸 이 황야에 가득 길러 놓구, 마을엔 ⓓ가시 울타리를 둘렀다. 망루도 세웠구, 양철북도 두들기구, 마을 사람들은 무서워서 떨기도 한다. 아하, 언제부터 내가 이런 거짓 놀이에 익숙해졌는지 모른다만, 나도 알고는 있지. 이 모든 것이 잘못되어 있다는 걸 말이다.

다: 그럼 촌장님, 저와 같이 망루 위에 올라가요. 그리구 함께 외치세요.

촌장: 그래, 외치마.

다: 아, 이젠 됐어요!

촌장: (혼잣말처럼) …… 그러나 잘될까? 흰 구름, 허공에 뜬 그것만 가지구 마을이 잘 유지될까? 오히려 이리 떼가 더 좋은 건 아닐지 몰라.

다: 뭘 망설이시죠?

촌장: 아냐, 아무것두…… 난 아직 안심이 안 돼서 그래. (온화한 얼굴에서 혀가 낼름 나왔다가 들어간다.) 지금 사람들은 도끼까지 들구 온다잖니? 망루를 부순 다음엔 속은 것에 더욱 화를 낼 거야! 아마 날 죽이려구 덤빌지도 몰라. 아니 꼭 그럴 거다. 그럼 뭐냐? 지금까진 이리에게 물려 죽은 사람은 단 한 명도 없었는데, 흰 구름의 첫날 살인이 벌어진다.

다: ㉣살인이라구요?

촌장: 그래, 살인이지. (난폭하게) 생각해 보렴. 도끼에 찍힌 내 모습을. 피가 샘솟듯 흘러내릴 거다. 끔찍해. 애, 너는 내가 그런 꼴이 되길 바라고 있지?

다: 아니에요, 그건!

촌장: 아니라구? 그렇지만 내가 변명할 시간이 어디 있니? 난 마을 사람들에게 왜 이리 떼를 만들었던가, 그걸 알려 줘야 해. 그럼 그들도 날 이해해 줄 거야.

다: 네, 그렇게 말씀하세요.

촌장: 허나 내가 말할 틈이 없다. 사람들이 오면, 넌 흰 구름이라 외칠 거구, 사람들은 분노하여 ⓔ도끼를 휘두를 테구. 그럼 나는, 나는…… (은밀한 목소리로) 얘, 네가 본 그 흰 구름 있잖니, 그건 내일이면 사라지고 없는 거냐?

다: 아뇨. 그렇지만 난 오늘 외치구 싶어요.

촌장: 그것 봐. 넌 내 피를 보구 싶은 거야. 더구나 더 나쁜 건, 넌 흰 구름을 믿지도 않아. 내일이면 변할 것 같으니까, 오늘 꼭 외치려구 그러는 거지. 아하, 넌 네가 본 그 아름다운 걸 믿지도 않는구나!

다: (창백해지며) 그건, 그건 아니에요!

촌장: 그래? 그럼 너는 내일까지 기다려야 해. (괴로워하는 파수꾼 다를 껴안으며) 오늘은 나에게 맡겨라. 그러면 나도 내일은 너를 따라 흰 구름이라 외칠 테니.

다: 꼭 약속하시는 거죠?

촌장: 물론 약속하지.

다: ⓜ정말이죠, 정말?

촌장: 그럼. 정말 약속한다니까.

　(파수꾼 나가 들어온다.)

나: 또, 헛치었습니다. 이리는 워낙 교활해서요. 친 것 같아도 가 보면 달아나구 없어요.

촌장: 다음에는 꼭 잡히겠지요.

나: 미안합니다. 이번에 잡았더라면 그 껍질을 촌장님께 선사하구 싶었는데…….

촌장: 받은 서나 다름없이 감사합니다.

니: (촌장에게 인거 있는 다를 가리키며) 그 앤 지금 몹시 아픕니다.

촌장: 네. 열이 있는 것 같군요.

나: 간밤에 담요를 덮지 않아서 병이 났어요.

촌장: 이만한 나이 때 누구나 한 번씩은 앓는 병이겠지요.

나: 내 잘못이었어요. 담요를 꼭 덮어 줘야 하는 건데. (다에게) 얘야, 난 널 좋아해. 아픈 것 빨리 좀 나아 주렴.

다: (힘없이 웃으며) …… 고마워요.

나: (관객석 쪽으로 돌아서다가, 흠칫 놀라며) 웬 사람들이 이렇게 몰려오죠?

촌장: 마을 사람들이지요.

니: 마을 사람들요?

촌장: (관객들을 향해) 어서 오십시오, 주민 여러분. 이 애가 그 말을 꺼낸 파수꾼입니다. 저기 빙긋 웃고 있는 식량 운반인, 이 애가 틀림없지요? 네, 그렇다고 확인했습니다. 이리 떼인지 아니면 흰 구름인지, 직접 이 아이의 입을 통하여 들어 봅시다.

— 이강백, 「파수꾼」

[24900-0097] ○ △ ✕

1 윗글에 대한 이해로 적절하지 <u>않은</u> 것은?

① 파수꾼 '나'는 '촌장'에게 이리 껍질을 선사하지 못해 마음이 편치 않았다.

② 파수꾼 '나'는 파수꾼 '다'의 질병이 자신의 탓이라고 생각하며 그에 대한 애정을 드러낸다.

③ '촌장'은 진실을 알지 못한 파수꾼의 일생이 무의미한 것이라고 생각하여 파수꾼에게 미안해했다.

④ 파수꾼 '다'는 마을 사람들의 칭찬에 부응하는 망루 위의 파수꾼이 되길 기대했지만, 이를 이루지 못했다.

⑤ 마을 사람들은 파수꾼 '다'의 편지에 담긴 이리 떼가 없다는 내용에 분노하여 이를 확인하기 위해 망루로 몰려왔다.

[24900-0098] ○ △ ✕

2 ⓐ~ⓔ에 대한 설명으로 가장 적절한 것은?

① ⓐ: 마을의 질서 유지를 위해 파수꾼이 마을을 감시하는 장소를 나타내는 소재이다.

② ⓑ: 파수꾼이 질서를 지키지 않는 마을 사람들을 위협하기 위해 사용하는 소재이다.

③ ⓒ: 마을 사람들이 단결할 수 있었던 원인으로 작용하는 소재이다.

④ ⓓ: 이리 떼에 대한 마을 사람들의 두려움을 드러내는 소재이다.

⑤ ⓔ: 비밀을 누설한 사람에게 쏟아질 마을 사람들의 분노를 형상화한 소재이다.

[24900-0099] ○ △ ✕

3 ㉠~㉤에 대한 설명으로 적절하지 <u>않은</u> 것은?

① ㉠: 상대의 말을 믿지 못하며 여전히 두려움이 남아 있음을 보여 준다.

② ㉡: 과거에 가졌던 생각과는 다른, 현재 자신의 모습에 대한 생각을 밝히고 있다.

③ ㉢: 자신이 발견한 진실을 밝히기 위한 결심이 서 있음을 보여 준다.

④ ㉣: 상대의 말에 반문하며 상대의 말을 신뢰하지 않고 있음을 보여 준다.

⑤ ㉤: 상대의 말이 지켜지기를 바라는 간절한 마음을 가지고 있음을 보여 준다.

[24900-0100] ○ △ ✕

4 〈보기〉를 바탕으로 윗글을 이해한 것으로 적절하지 <u>않은</u> 것은?

〈 보기 〉

이 작품은 부적절한 권력이 유지되는 비극적인 상황을 드러내어 당대의 현실을 풍자했다. 거짓에 바탕을 둔 권력이 구성원의 일상을 통제하는 어떤 마을을 통해 당대의 현실을 드러낸 것이다. 또한 부적절한 권력을 유지하기 위해 구성원들을 기만하는 권력자를 비판함과 동시에 거짓임을 알고 있음에도 불구하고 이에 동조하거나, 자신이 부적절한 권력이 유지되는 데에 일조하고 있음을 파악하지 못하는 인물들을 제시하여 부조리한 상황이 특정인만의 책임이 아니라 권력자에 복종하는 무비판적인 인물들에게도 책임이 있음을 보여 준다. 작중 인물들에 대한 이러한 비판적 태도는 작중 상황을 넘어 당대 현실의 부조리함을 풍자하고 있다.

① 이리 떼가 나타나지 않았음에도 이리 떼가 나타났다고 알리는 파수꾼 '가'의 외침은 거짓 유지에 동조하는 인물의 모습을 보여 주는 것이겠군.

② 파수꾼 '가'가 실수를 한 적이 없다고 믿는 파수꾼 '나'의 모습은 '촌장'의 부적절한 권력 유지에 일조하는 무비판적인 인물의 모습을 보여 주는 것이겠군.

③ 존재하지 않는 이리 떼를 통해 마을의 질서를 유지한다는 '촌장'의 말은 '촌장'이 구성원들을 통제함으로써 부적절한 권력을 유지하려는 인물임을 보여 준 것이겠군.

④ 흰 구름이 시간이 지나도 변치 않을 것이라는 믿음을 지키지 못하고 '촌장'의 회유에 넘어가는 파수꾼 '다'의 모습은 부조리한 행태가 유지될 수 있는 비극적인 상황을 드러내는 것이겠군.

⑤ '마을 사람들'이 '이리 떼에 대항하기 위해서 단결'하였다는 '촌장'의 말은 무비판적으로 권력자에 복종하는 구성원들의 모습과 더불어 기만을 그럴싸하게 포장하는 권력자의 행태를 드러낸 것이겠군.

[5~8] 다음 글을 읽고 물음에 답하시오.

원자력 발전은 핵분열 연쇄 반응을 유도하여 에너지를 얻는다. 원자력 발전의 연료로는 주로 우라늄이 사용되는데, 천연 우라늄을 구성하는 물질의 99% 이상은 핵분열이 일어나지 않는 우라늄-238이고 핵분열이 가능한 우라늄-235는 천연 우라늄 속에 0.7% 정도만 포함되어 있다. 이 상태로는 우라늄-235의 비율이 낮아 핵분열을 유도할 수 없기 때문에 우라늄-235의 비율을 3% 이상으로 높여야 하고, 이 과정을 우라늄 농축이라고 한다. 우라늄-235의 비율을 3~5%로 높여 원기둥 모양의 연료봉으로 만든 후 이를 다발로 묶어서 핵연료를 만든다. 이렇게 만들어진 핵연료를 원자로에 넣고 중성자를 충돌시켜 핵분열을 유도하는 것이다. 원자로에 넣은 핵연료의 우라늄-235의 비율이 낮아져서 반응력이 떨어지면 원자로에서 꺼내는데, 이를 사용 후 핵연료라고 한다. 사용 후 핵연료에는 핵분열이 일어나지 않은 우라늄-235가 남아 있고, 우라늄-238, 우라늄-238이 중성자와 반응하여 만들어진 물질인 플루토늄-239, 그리고 이 외에도 핵분열 과정에서 생성된 핵물질들이 포함되어 있다. 이 중 우라늄-235와 플루토늄-239는 핵분열을 일으킬 수 있는 물질이므로 사용 후 핵연료에서 추출한 후 원자력 발전의 연료로 재사용할 수 있는데, 이 분리 공정을 핵 재처리라고 한다.

현재 사용하고 있는 대표적인 핵 재처리 방식으로 사용 후 핵연료를 액체 상태로 만든 뒤에 우라늄-235와 플루토늄-239를 추출하는 ㉠퓨렉스 공법이 있다. 퓨렉스 공법은 먼저 사용 후 핵연료를 해체한 후 연료봉을 작게 절단한다. 다음으로는 절단한 연료봉을 90℃ 정도의 질산 용액에 담가 녹인다. 이후 질산에 녹인 핵연료를 유기 용매인 TBP 용액과 접촉시키면 우라늄-235와 플루토늄-239는 TBP 용액에 달라붙고 나머지 핵물질들은 질산 용액에 남는다. 이후 산화 및 환원 반응을 통해 우라늄-235와 플루토늄-239를 상호 분리하게 된다. 퓨렉스 공법은 공정을 반복할 때마다 더 많은 양과 높은 순도의 우라늄-235와 플루토늄-239를 얻을 수 있다. 우라늄-235는 기존의 원자로에 넣어서 원자력 발전이 가능하지만 플루토늄-239는 고속 증식로*에서만 사용이 가능한데, 고속 증식로는 안정성이 부족하여 폭발의 위험성이 크기 때문에 아직 실용화되지 못하고 있다. 그리고 플루토늄-239는 핵무기의 원료로 사용되기 때문에 국제적으로도 민감한 문제가 될 수 있다.

이러한 문제를 해결하기 위해 개발 중인 핵 재처리 방식으로 ㉡파이로프로세싱이 있다. 파이로프로세싱은 핵분열 물질을 추출하기 위해 용액이 아닌 전기를 활용한다. 먼저 사용 후 핵연료를 해체하고 연료봉을 절단한 후, 절단한 연료봉을 600℃ 이상의 고온에서 산화 우라늄 형태의 분말로 만든다. 이를 전기 분해하여 산소를 없애면 금속 물질로 변환되는데, 여기에는 우라늄-235와 플루토늄-239, 기타 다양한 핵물질이 포함되어 있다. 이 금속 물질을 용융염에 넣고 온도를 500℃까지 올려 용해

시킨다. 여기에 전극을 연결하고 일정 전압 이하의 전기를 흘려
주는데, 우라늄-235는 다른 물질에 비해 낮은 전압에서도 쉽게
음극으로 움직이므로 음극에는 우라늄-235만 달라붙는다. 여기
에서 우라늄-235를 일부 회수할 수 있다. 이후 전압을 올리면
남아 있던 우라늄-235와 플루토늄-239, 다른 핵물질들이 음극
으로 와서 달라붙게 된다. 파이로프로세싱은 플루토늄-239가
다른 핵물질들과 섞인 채로 추출되기 때문에 ⓒ퓨렉스 공법에서
발생할 수 있는 문제를 해결할 수 있다.

※**고속 증식로**: 고속 중성자에 의한 핵분열의 연쇄 반응을 이용하여, 소비한 연료
이상의 핵분열 물질과 에너지를 만드는 원자로.

[24900-0101] ○ △ ×

5 윗글에 대한 설명으로 가장 적절한 것은?

① 원자력 발전의 과정에 대해 설명하며 원자력 발전의 장단점
을 제시하고 있다.
② 핵 재처리를 하는 이유에 대해 언급하고 여러 핵 재처리 방
법을 비교하여 설명하고 있다.
③ 핵 재처리에 대한 전문가의 견해를 인용하여 핵 재처리에
대한 의의와 전망을 제시하고 있다.
④ 다양한 핵 재처리 방법에서 공통적으로 나타나는 한계점을
설명하고 핵 재처리의 대안이 되는 기술을 제시하고 있다.
⑤ 원자력 발전의 방법을 두 가지로 나누어 설명하고 각각의
방법에 따라 핵 재처리 방법이 달라진다는 것을 설명하고
있다.

[24900-0102] ○ △ ×

6 사용 후 핵연료 에 대한 설명으로 적절하지 않은 것은?

① 중성자를 충돌시켜 핵분열을 유도하는 것이 가능하다.
② 핵 재처리 과정에서 추가적인 핵분열 반응이 일어나게 된다.
③ 구성하고 있는 물질의 종류와 비율이 사용 이전과 달라지게
된다.
④ 우라늄-238이 중성자와 반응하여 만들어진 물질이 포함되어
있다.
⑤ 우라늄-235의 양이 핵분열 연쇄 반응을 일으키기 전보다 줄
어든 상태이다.

[24900-0103] ○ △ ×

7 ㉠, ㉡에 대해 이해한 내용으로 적절하지 않은 것은?

① ㉠은 우라늄-235와 플루토늄-239를 상호 분리하는 과정
이 필요하다.
② ㉡은 낮은 전압에서 양극으로 이동하는 우라늄-235를 추
출할 수 있다.
③ ㉠과 ㉡은 모두 사용 후 핵연료를 해체하고 절단하는 과정
이 필요하다.
④ ㉠과 ㉡은 모두 추출한 우라늄-235를 기존의 원자로에서
사용할 수 있다.
⑤ ㉠은 ㉡과 달리 사용 후 핵연료의 연료봉을 질산 용액에 담
가 액체 상태로 만들어야 한다.

[24900-0104] ○ △ ×

8 ⓒ의 이유로 가장 적절한 것은?

① 우라늄-235를 추출할 때 발생할 수 있는 폭발의 위험성을
줄일 수 있기 때문에
② 핵 재처리 과정의 반복을 통해 추출되는 우라늄-235의 양
을 늘릴 수 있기 때문에
③ 순수한 상태의 우라늄-235와 플루토늄-239를 모두 핵연
료로 재사용할 수 있기 때문에
④ 파이로프로세싱 공법에서는 플루토늄-239가 다른 핵물질
과 섞인 채로 추출되기 때문에
⑤ 핵 재처리 과정에서 추출한 핵분열 물질을 고속 증식로가
아닌 다른 원자로에서도 사용할 수 있기 때문에

14_회 미니모의고사

EBS 수능특강 Q 미니모의고사 **국어**

○ 알고 맞힘 　　/8　△ 헷갈림 　　/8　✗ 모르고 틀림 　　/8

[1~3] 다음 글을 읽고 물음에 답하시오.

나와 같이 징역살이를 한 ⓐ노인 목수 한 분이 있었습니다. 언젠가 그 노인이 내게 무얼 설명하면서 땅바닥에 집을 그렸습니다. 그 그림에서 내가 받은 충격은 잊을 수 없습니다. 집을 그리는 순서가 판이하였기 때문입니다. 지붕부터 그리는 우리들의 순서와는 거꾸로였습니다. 먼저 주춧돌을 그린 다음 기둥·도리·들보·서까래·지붕의 순서로 그렸습니다. 그가 집을 그리는 순서는 집을 짓는 순서였습니다. 일하는 사람의 그림이었습니다. 세상에 지붕부터 지을 수 있는 집은 없습니다. 그럼에도 불구하고 지붕부터 그려 온 나의 무심함이 부끄러웠습니다. 나의 서가(書架)가 한꺼번에 무너지는 낭패감이었습니다. 나는 지금도 책을 읽다가 '건축'이라는 단어를 만나면 한동안 그 노인의 얼굴을 상기합니다.

차치리(且置履)라는 사람이 어느 날 장에 신발을 사러 가기 위하여 발의 크기를 본(本)으로 떴습니다. 이를테면 종이 위에 발을 올려놓고 발의 윤곽을 그렸습니다. 한자(漢字)로 그것을 탁(度)이라 합니다. 그러나 막상 그가 장에 갈 때는 깜박 잊고 탁을 집에 두고 갔습니다. 신발 가게 앞에 와서야 탁을 집에다 두고 온 것을 깨닫고는 탁을 가지러 집으로 되돌아갔습니다. 제법 먼 길을 되돌아가서 탁을 가지고 다시 장에 도착하였을 때는 이미 장이 파하고 난 뒤였습니다. 그 사연을 듣고는 사람들이 말했습니다.

"탁을 가지러 집에까지 갈 필요가 어디 있소. 당신의 발로 신어 보면 될 일이 아니오."

차치리가 대답했습니다.

"아무려면 발이 탁만큼 정확하겠습니까?"

주춧돌부터 집을 그리던 그 노인이 발로 신어 보고 신발을 사는 사람이라면 나는 탁을 가지러 집으로 가는 사람이었습니다.

[A] 탁(度)과 족(足), 교실과 공장, 종이와 망치, 의상(衣裳)과 사람, 화폐와 물건, 임금과 노동력, 이론과 실천…… 이러한 것들이 뒤바뀌어 있는 우리의 사고(思考)를 다시 한번 반성케 하는 교훈이라고 생각합니다.

나는 당신을 위로하기 위하여 이 이야기를 전하는 것이 아닙니다. '위로'는 진정한 애정이 아닙니다. 위로는 그 위로를 받는 사람으로 하여금 스스로가 위로의 대상이라는 사실을 확인케 함으로써 다시 한번 좌절하게 하는 것이기 때문입니다.

㉠나는 당신이 대학의 강의실에서 이 편지를 읽든 아니면 어느 공장의 작업대 옆에서 읽든 상관하지 않습니다. 어느 곳에 있건 탁이 아닌 발을 상대하고 있다면 상관없다고 생각합니다.

만일 ㉡당신이 사회의 현장에 있다면 당신은 당신의 살아 있는 발로 서 있는 것입니다. 그리고 만일 ㉢당신이 대학의 교정에 있다면 당신은 더 많은 발을 깨달을 수 있는 곳에 서 있는 것입니다. 대학은 기존의 이데올로기를 재생산하는 '종속의 땅'이기도 하지만 그 연쇄의 고리를 끊을 수 있는 '가능성의 땅'이기도 하기 때문입니다.

당신은 그동안 못 했던 일을 하고, 만나고 싶은 사람을 만나고, 가고 싶은 곳을 찾아가겠다고 했습니다. 대학이 안겨 줄 자유와 낭만에 대한 당신의 꿈을 모르지 않습니다. 지금까지 얽매여 있던 당신의 질곡(桎梏)을 모르지 않습니다. 당신은 지금 그러한 꿈이 사라졌다고 실망하고 있지나 않은지 걱정됩니다.

그러나 '자유와 낭만'은 그러한 것이 아닙니다. 자유와 낭만은 '관계의 건설 공간'이란 말을 나는 좋아합니다. 우리들이 맺는 인간관계의 넓이가 곧 우리들이 누릴 수 있는 자유와 낭만의 크기입니다. 그러기에 그것은 우리들의 일상(日常)에 내장되어 있는 '안이한 연루(連累)'를 결별하고 사회와 역사와 미래를 보듬는 너른 품을 키우는 공간이어야 합니다.

그리하여 당신이 그동안 만들지 않고도 공부할 수 있게 해 준 수많은 사람들의 얼굴을 만나는 연대의 장소입니다. 우리 사회를 지탱하고 있는 발의 임자를 깨닫게 하는 '교실'입니다. 만약 ㉣당신이 대학이 아닌 다른 현장에 있다면 더 쉽게 그들의 얼굴을 만날 수 있습니다. 당신이 바로 그 사람이 될 수 있기 때문입니다.

그래서 나는 당신의 수능 시험 성적 100점은 그야말로 만점인 100점이라고 생각합니다. 그것은 올해 당신과 함께 고등학교를 졸업한 67만 5천 명의 평균 점수입니다. 당신은 친구들의 한복판에 서 있다는 것을 잊지 말아야 합니다.

중간은 풍요한 자리입니다. 수많은 곳, 수많은 사람을 만나는 자리입니다.

그보다 더 큰 자유와 낭만은 없습니다.

언젠가 우리는 늦은 밤 어두운 골목길을 더듬다가 넓고 밝은 길로 나오면서 기뻐하였습니다. 아무리 작은 실개천도 이윽고 강을 만나고 드디어 바다를 만나는 진리를 감사하였습니다. 주춧돌에서부터 집을 그리는 사람들의 견고한 믿음입니다. 당신이 비록 지금은 어둡고 좁은 골목길을 걷고 있다고 하더라도 나는 당신을 걱정하지 않습니다. ㉤당신의 발로 당신의 삶을 지탱하고 있는 한 언젠가는 넓은 길, 넓은 바다를 만나리라 믿고 있습니다. 드높은 삶을 '예비'하는 진정한 '합격자'가 되리라고 믿고 있습니다. 그리고 그 길의 어디쯤에서 당신과 만날 수 있기를 기대합니다.

– 신영복, 「새 출발점에 선 당신에게」

[24900-0105] 

1 윗글에 대한 설명으로 가장 적절한 것은?

① 상황의 가정을 통해 극적 효과를 드러내고 있다.
② 과거와 현재를 대비하여 부정적 상황을 강조하고 있다.
③ 고사(故事)를 활용하여 전달하려는 바를 부각하고 있다.
④ '당신'과 같은 독자의 설정을 통해 내용의 객관성을 제고하고 있다.
⑤ 시대적 변화를 바탕으로 일상적 행위의 의미를 새롭게 해석하고 있다.

[24900-0106] 

2 ⓐ에 대한 설명으로 적절하지 <u>않은</u> 것은?

① '나'로 하여금 부끄러움을 느끼도록 만드는 인물이다.
② '나'가 경험한 구체적인 일화 속에 등장하는 인물이다.
③ '나'가 깨달음을 얻게 되는 계기를 제공하는 인물이다.
④ '나'가 중시하는 삶의 모습을 단적으로 보여 주는 인물이다.
⑤ '나'가 겪고 있는 내면적 갈등을 우회적으로 표현하는 인물이다.

[24900-0107]

3 〈보기〉를 바탕으로 ㉠~㉤을 이해한 내용으로 적절하지 <u>않</u>은 것은?

> 〈 보기 〉
>
> 선생님: [A]를 통해 '나'가 궁극적으로 말하고자 하는 바를 정리할 수 있습니다. 발을 본뜬 것을 가리키는 '탁'은 '이론'을, 발을 가리키는 '족'은 '실천'을 의미한다고 볼 수 있어요. '나'는 우리의 사고 속에서 그러한 것들이 뒤바뀌어 있음을 지적하며, 우리가 배워야 할 교훈을 도출해 내고 있어요. 즉 '이론'이 '실천'보다 앞서는 것, 또는 '이론'만을 중시하는 것에는 문제가 있음을 말하며 '족'의 중요성을 부각하고 있습니다.

① ㉠: '대학의 강의실'이나 '공장의 작업대'와 같은 장소의 구분보다 실천의 중요성을 깨닫는 것이 더 가치 있다는 것을 강조하고 있군.
② ㉡: '당신'이 만약 대학을 가지 않고 '사회'로 진출한 것이라면 실천을 바탕으로 살아가는 '현장'에 있다는 의미이군.
③ ㉢: '대학의 교정'에서는 '더 많은 발'이 의미하는 실천이 아닌, 이론과 실천이 이루는 조화와 그것의 중요성을 배우는 것이 가장 우선시된다는 의미이군.
④ ㉣: '다른 현장'에서는 '당신'이 곧 실천하는 사람이 될 수 있으므로 우리 사회를 지탱하고 있는 실천하는 사람들의 '얼굴'을 더욱 쉽게 만날 수 있다는 의미이군.
⑤ ㉤: '넓은 길, 넓은 바다'를 만나기 위해서는 구체적인 삶 속에서의 실천을 통한 노력이 필요하다는 의미이군.

[4~8] 다음 글을 읽고 물음에 답하시오.

일반적으로 어떤 물체가 기준 위치에 대해 반복 운동을 할 때 그 물체는 진동한다고 말하고 이러한 진동의 패턴이 반복되는 시간을 주기라고 한다. 1초 동안에 주기가 반복되는 횟수를 주파수라고 말하며, 단위는 헤르츠(Hz)를 사용한다. 일상생활이나 산업 현장에는 다양한 진동이 있다. 특히 산업 현장의 생산 설비에서 발생하는 진동은 제품의 수율*을 감소시킨다. 특히 초미세 공정이 요구되는 생산 공정에서는 진동으로 인한 불량품 비율의 증가와 생산 비용 증가 등의 문제를 야기하며 작업자에게도 큰 해를 입힐 수 있다. 따라서 진동을 감지하는 진동 센서 기술은 불량을 막는 데 중요한 기술로 자리 잡고 있다.

진동 센서는 일반적으로 압전 효과를 이용한다. 압전 효과란 1880년 프랑스의 퀴리(Curie) 형제가 처음으로 발견한 것으로, 기계적인 외력이 재료에 가해져 재료가 기계적으로 변형되면 전압이 발생하는 경우와, 반대로 재료에 전압이 걸리면 기계적인 변형이 생기는 경우를 모두 아우르는 말이다. 외력으로 인한 재료의 변형으로 전기가 발생하는 것을 직접 효과 또는 1차 압전 효과라고 하며, 역으로 전기를 가하면 재료의 변형이 생기는 것을 역압전 효과 또는 2차 압전 효과라고 한다. 진동 센서는 직접 효과 또는 1차 압전 효과를 이용한다.

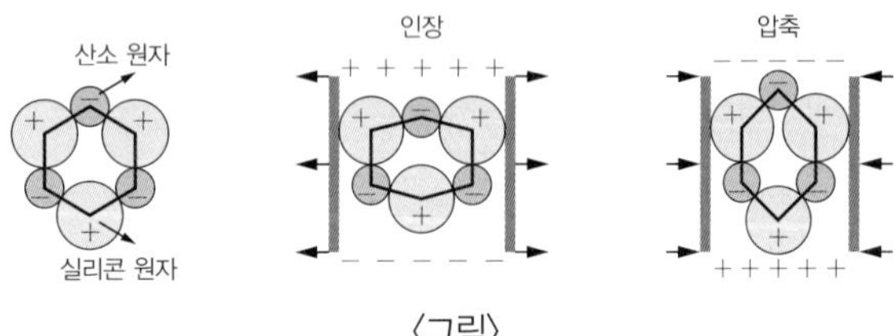

위의 〈그림〉을 보면 압전 효과를 이해할 수 있다. 〈그림〉은 압전 효과를 나타내는 대표적인 압전 물질인 수정 결정의 모식도이다. 〈그림〉과 같이 화살표 방향으로 힘을 가하여 수정 결정을 인장하거나 압축하면 (+) 이온과 (−) 이온의 상대적 위치의 변화로 전하의 쏠림 현상, 즉 분극 현상이 생겨 수정 결정에 전기장이 형성된다. 이처럼 변형에 따른 분극 현상으로 전기장이 생성되는 것이 압전 물질의 전기장 생성의 중요한 원리이다. 압전 물질의 인장 상황과 압축 상황에서의 전기장의 방향은 서로 반대이며 수정 결정의 변형 정도가 클수록 형성되는 전기장이 더 크게 형성된다. 이와 같은 압전 효과에 의해 생성된 전기장을 측정하는 것이 진동 센서의 원리이다. 진동 센서의 성능은 민감도로 나타낸다. 진동 센서의 민감도가 클수록 그 센서는 고성능 센서로 여겨진다. 진동 센서의 민감도란 진동으로 인한 힘이 압전 물질에 가해졌을 때 생성된 전기장의 크기인 전압을 가해진 힘으로 나눈 값으로 표현되는 것이 일반적인데, 단위 압력당 생성된 전압을 민감도로 정의하기도 한다. 이때 같은 압전 물질이고 가해진 힘이 동일하더라도 압전 물질의 크기가 다르면 생성되는

전압이 다르다. 따라서 압전 물질의 크기와 상관없이 센서의 민감도를 비교하기 위해서는 단위 압력당 생성된 전압으로 민감도를 표현하는 것이 더 바람직하다.

최근에는 더 미세한 진동을 감지할 수 있는 민감도가 아주 우수한 진동 센서가 개발되었는데 이 중 거미의 감각 기관을 모사하여 만든 ⊙거미 모방 진동 센서가 주목받고 있다. 거미는 인간이 느낄 수 없는 매우 미세한 음성이나 진동도 감지할 수 있다. 거미 발목 근처에 있는 미세한 균열 사이의 거리가 진동에 의해 변하면 신경 세포가 이를 감지해 진동을 알아채는 원리다. 이를 모방하여 플라스틱 기판 위에 백금 박막을 쌓은 뒤 수 나노미터 수준의 미세 균열을 만들어 진동 센서로 활용할 수 있다. 백금 박막의 일부 영역은 균열 사이에 백금 박막이 서로 접촉하고 있고 다른 부분은 틈이 있다. 이때 접촉하고 있던 균열은 진동에 의해 수 마이크로미터까지 틈이 벌어질 수 있다. 진동이 가해지면 백금 박막 간의 접촉 면적이 변하는데 일정한 전압을 가한 상태에서 진동이 커짐에 따라 전기 저항이 커진다. 전류는 저항에 반비례하므로 저항의 변화나 전류가 흐르는 양을 측정하면 통상의 진동 센서로 감지하기 힘든 주위의 미세 진동의 크기를 알아낼 수 있다. 이러한 방식으로 만든 진동 센서의 민감도는 진동에 의해 센서 물질이 늘어난 정도를 분모로 하고 이때의 저항 변화 값을 분자로 하여 분수 값을 계산한 값이며 이를 게이지 팩터라고도 부른다.

반도체 산업과 같이 초미세 구조를 만드는 공정에서, 미세한 진동은 미세 패턴의 배열에 영향을 주어 불량 소자를 만들어 내는 원인이 된다. 따라서 미세한 진동을 감지할 수 있는 게이지 팩터가 높은 센서는 불량을 미연에 막는 데 필수적이고 중요한 역할을 하고 있다.

*수율: 제조된 제품들 중 상품으로 쓸 수 있는 질을 갖춘 제품의 비율.

[24900-0108] 

4 윗글에 대한 설명으로 가장 적절한 것은?

① 진동 센서의 성능을 평가하는 요소를 설명하고 평가 요소의 다변화가 필요함을 주장하고 있다.

② 진동 센서의 일반적인 원리를 설명하고 이와 다른 원리를 이용한 진동 센서를 소개하고 있다.

③ 진동을 측정하는 원리를 개별적으로 소개하고 원리에 따른 문제점의 극복 방안을 설명하고 있다.

④ 압전 효과의 원리를 설명하고 압전 효과를 기반으로 한 초미세 구조 공정 분야의 전망을 보여 주고 있다.

⑤ 산업 현장에서 진동 센서의 원리에 따른 각각의 적용 사례를 소개하며 사례별로 개선점을 제시하고 있다.

[24900-0109] ○ △ ×

5 윗글을 읽고 답할 수 있는 질문이 <u>아닌</u> 것은?

① 1차 압전 효과와 2차 압전 효과의 차이는 무엇인가?
② 진동 센서의 성능을 평가할 수 있는 성능 지표는 무엇인가?
③ 수정 결정이 변형되었을 때 전기장이 생성되는 원리는 무엇인가?
④ 곤충의 감각 기관을 모사한 진동 센서의 기술적 한계는 무엇인가?
⑤ 초미세 공정에서 진동에 의한 소자 불량 현상이 발생하는 이유는 무엇인가?

[24900-0110] ○ △ ×

6 윗글을 읽고 이해한 내용으로 적절한 것은?

① 진동의 주기가 클수록 주파수는 더 높아진다.
② 2차 압전 효과를 발생시키기 위해서는 재료를 기계적으로 변형시켜야 한다.
③ 단위 힘당 생성된 전압으로 정의된 민감도는 압전 물질의 크기에 따라 달라진다.
④ 수정 결정에 각각 인장 힘과 압축 힘이 가해졌을 때 생성되는 전기장의 방향은 서로 같다.
⑤ 역압전 효과를 이용하는 것이 압전 효과를 이용하는 것보다 진동 센서를 구현하기 유리하다.

[24900-0111] ○ △ ×

7 ㉠에 대한 설명으로 가장 적절한 것은?

① 기계적 변형에 의해 물질에 전압이 생성되는 원리를 이용한다.
② 감각 기관의 신경 세포를 이용하여 진동을 감지하는 센서이다.
③ 압전 물질을 이용한 센서에 비해 미세한 진동을 감지하기 어렵다.
④ 전압을 가해서 전류량을 측정하므로 전하의 쏠림 현상에 기반한다고 할 수 있다.
⑤ 센서 물질이 늘어난 정도에 비해 저항값의 변화가 클수록 게이지 팩터가 커진다.

[24900-0112] ○ △ ×

8 윗글을 참고할 때, 〈보기〉에 대해 보인 반응으로 적절한 것은?

〈 보기 〉

(가) PVDF라는 고분자는 α상이나 β상으로 존재한다. PVDF의 α상은 변형이 되

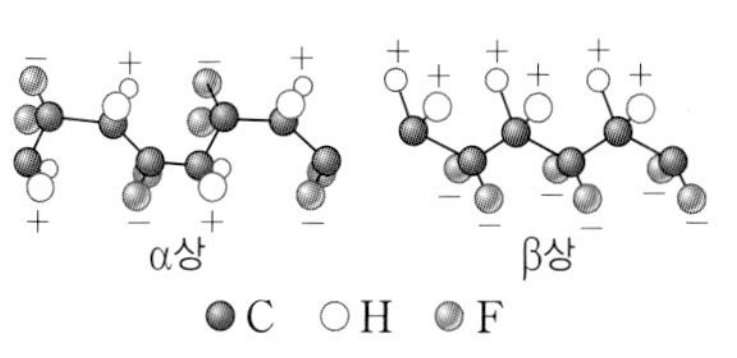

더라도 (+)와 (−)가 상쇄되어 분극 효과가 나타나지 않는 반면, β상은 변형에 따른 강한 분극 효과가 생긴다.

(나) 코골이 베개 진동 센서는 PVDF라는 고분자 물질이 진동에 의해 변형될 때 전압이 생기는 효과를 이용한다. 이는 사용자가 코를 골 때 발

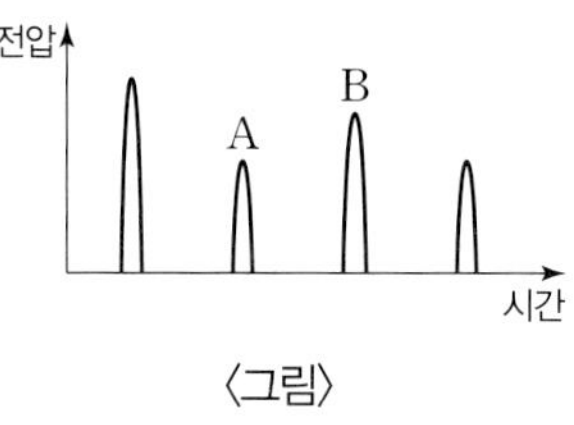

생되는 소리에 의해 머리에 전달되는 진동을 검출하는 원리를 이용하는데, 〈그림〉은 코골이 베개 진동 센서의 데이터를 그래프로 나타낸 것이다. 머리에 부착되어 있는 센서에 입력되는 진동에 비례하여 전압이 생성되었고 전압의 절댓값을 그래프로 표시하였다.

① 코골이 베개 진동 센서는 머리에 전달된 진동에 의한 역압전 효과를 이용하는 것이겠군.
② 코골이 베개 진동 센서의 PVDF 고분자에 α상의 양이 β상의 양보다 많을수록 코골이를 감시하기에 용이하겠군.
③ A의 코골이 상황과 동시에 외부의 더 큰 진동이 센서에 전해지더라도 A의 봉우리 높이는 변함이 없겠군.
④ A는 B에 비해 PVDF의 변형 정도가 더 작았기 때문에 봉우리의 높이가 더 낮은 것이겠군.
⑤ B에 비해 A에 해당하는 코골이의 전압이 작은 것으로 보아 A의 민감도가 B보다 작겠군.

국어영역 | 국어 Start

정답과 해설

한눈에 보는 정답

01회 미니모의고사
본문 4~6쪽

| 1 ① | 2 ⑤ | 3 ② | 4 ③ |
| 5 ② | 6 ④ | 7 ② | 8 ① |

02회 미니모의고사
본문 7~10쪽

| 1 ③ | 2 ④ | 3 ④ | 4 ⑤ |
| 5 ④ | 6 ⑤ | 7 ④ | 8 ⑤ |

03회 미니모의고사
본문 11~14쪽

| 1 ④ | 2 ④ | 3 ② | 4 ④ |
| 5 ③ | 6 ② | 7 ⑤ | 8 ④ |

04회 미니모의고사
본문 15~19쪽

| 1 ③ | 2 ② | 3 ④ | 4 ② |
| 5 ② | 6 ③ | 7 ② | 8 ③ |

05회 미니모의고사
본문 20~24쪽

| 1 ① | 2 ④ | 3 ② | 4 ③ |
| 5 ① | 6 ⑤ | 7 ② | 8 ② |

06회 미니모의고사
본문 25~28쪽

| 1 ③ | 2 ④ | 3 ⑤ | 4 ② |
| 5 ④ | 6 ③ | 7 ③ | 8 ④ |

07회 미니모의고사
본문 29~33쪽

| 1 ① | 2 ⑤ | 3 ④ | 4 ③ |
| 5 ① | 6 ① | 7 ④ | 8 ② |

08회 미니모의고사
본문 34~37쪽

| 1 ④ | 2 ② | 3 ⑤ | 4 ④ |
| 5 ⑤ | 6 ② | 7 ⑤ | 8 ② |

09회 미니모의고사
본문 38~42쪽

| 1 ⑤ | 2 ① | 3 ② | 4 ② |
| 5 ③ | 6 ④ | 7 ④ | 8 ⑤ |

10회 미니모의고사
본문 43~47쪽

| 1 ② | 2 ⑤ | 3 ③ | 4 ③ |
| 5 ② | 6 ① | 7 ⑤ | 8 ③ |

11회 미니모의고사
본문 48~52쪽

| 1 ③ | 2 ⑤ | 3 ④ | 4 ② |
| 5 ⑤ | 6 ① | 7 ④ | 8 ④ |

12회 미니모의고사
본문 53~57쪽

| 1 ⑤ | 2 ③ | 3 ① | 4 ⑤ |
| 5 ② | 6 ③ | 7 ② | 8 ⑤ |

13회 미니모의고사
본문 58~61쪽

| 1 ③ | 2 ④ | 3 ④ | 4 ④ |
| 5 ② | 6 ② | 7 ② | 8 ④ |

14회 미니모의고사
본문 62~65쪽

| 1 ③ | 2 ⑤ | 3 ③ | 4 ② |
| 5 ④ | 6 ③ | 7 ⑤ | 8 ④ |

정답과 해설

01회 미니모의고사

본문 4~6쪽

| 1 ① | 2 ⑤ | 3 ② | 4 ③ |
| 5 ② | 6 ④ | 7 ② | 8 ① |

[1~4] 현대시

㉮ 한용운, 「님의 침묵」

해제 | 이 작품에서 화자는 이별의 슬픔을 극복하고 슬픔을 희망으로 전환하여 임에 대한 영원한 사랑을 노래하고 있다. 화자는 대조적 이미지를 사용하여 임과의 이별 상황을 제시하며 시상을 전개하고 있다. 이별은 화자에게 갑작스러운 일이었고 그렇기 때문에 화자는 슬픔과 고통으로 힘들어한다. 그러나 화자는 이별을 슬픔으로만 받아들이는 것이 사랑을 위한 올바른 태도가 아님을 깨닫고, 슬픔을 희망으로 전환한다. 그리고 이러한 화자의 생각이 역설적 표현과 경어체 문장의 사용을 통해 효과적으로 전달되고 있다.

주제 | 임에 대한 영원한 사랑

구성 |

- 1~4행: 임과 이별한 화자
- 5, 6행: 임과의 이별로 슬퍼하는 화자
- 7, 8행: 이별의 슬픔을 희망으로 바꾸려는 화자
- 9, 10행: 임에 대한 영원한 사랑을 노래하는 화자

㉯ 김영랑, 「모란이 피기까지는」

해제 | 이 작품은 어떠한 대상에 대한 간절한 기다림을, '모란'이 피기를 기다리는 화자의 모습을 통해 형상화하고 있다. 화자에게 '모란'은 단순히 하나의 꽃이 아니라, 인간이 추구할 수 있는 최고의 가치나 내면적 순결성을 의미하는 것일 수도 있다. 그렇기에 화자의 삶은 오로지 '모란이 피는 순간'만을 지향하며, 그것에 대한 간절한 기다림의 자세를 계속 유지할 수 있는 것이다. 하지만 화자가 맞이한 봄은 지나가야 하는 봄이고, 봄이 지나가면 모란이 피어난 것에 대해 느끼는 환희도 사라지게 된다. 그렇기 때문에 화자의 봄은 찬란하기만 한 봄이 아니라 슬픔의 봄이기도 하다. 이 작품의 마지막 부분에 제시된 '찬란한 슬픔의 봄'이라는 모순 형용은 이와 같은 환희와 그 소멸로 인한 슬픔이 한데 섞인 화자의 심정을 드러내고 있다.

주제 | 모란의 개화에 대한 간절한 기다림

구성 |

- 1, 2행: 모란이 피기를 기다림.
- 3~10행: 모란을 잃은 설움
- 11, 12행: 모란이 다시 피기를 기다림.

1 작품 간의 공통점, 차이점 파악

답 ①

정답이 정답인 이유

① (가)는 '님'이 떠나가 버린 것으로 인한 화자의 슬픔을, (나)는 '모란'의 낙화로 인한 화자의 슬픔을 드러내고 있다.

오답이 오답인 이유

② (가), (나) 모두에서 공간의 이동에 따른 시상 전개 양상은 나타나지 않는다.

③ (가)와 (나) 모두에서 떠나간 대상에 대한 화자의 동경과 그리움이 제시되어 있기는 하지만, 과거에 대한 성찰이 드러난 부분은 찾아볼 수 없다.

④ (가)와 (나)의 화자는 모두 이상과 현실의 괴리로 인해 부정적 상황에 처해 있지만, 체념적 정서를 드러내고 있지는 않다. 특히 (가)는 절망적 상황 속에서도 '님'을 보내지 않았다고 말하며 슬픔의 힘을 새 희망의 정수박이에 들어붓는다고 말하고 있고, (나)는 찬란한 슬픔의 봄을 기다리겠다고 말하고 있다.

⑤ (가)와 (나) 모두에서 가상의 상황을 설정한 부분을 찾아볼 수 없다.

2 이미지의 특징과 효과 이해

답 ⑤

정답이 정답인 이유

⑤ 화자는 '님'에 대한 '사랑의 노래'가 '님의 침묵'을 휩싸고 돈다고 하였으므로, 화자는 이미지의 활용을 통해 부재한 '님'에 대한 변치 않는 사랑과 믿음을 드러내고 있다고 볼 수 있다. 그러므로 '사랑의 노래'와 '님의 침묵'이라는 상반된 이미지가 병치되어 화자가 느끼고 있는 회한의 정서를 형상화하고 있다는 진술은 적절하지 않다.

오답이 오답인 이유

① '푸른 산빛'의 이미지는 화자가 처한 현재의 상황 이전의 이미지이다. 그런데 이러한 이미지가 '깨치고'라는 표현을 통해 전환되고 있으므로, 화자가 처한 상황이 이전과 달라졌다는 것을 알 수 있다.

② '굳고 빛나던'은 화자와 '님' 사이의 맹세를 수식하는 긍정적 이미지이지만, 이러한 이미지가 '차디찬'이라는 촉각적 이미지로 전환되고 있음을 확인할 수 있다. 그리고 이러한 이미지의 전환은 곧 화자와 '님'의 관계가 부정적으로 변화하였음을 나타낸다.

③ '향기로운'과 '꽃다운'은 각각 '님의 말소리'와 '님의 얼굴'을 연상시키는 이미지로, '님'에 대한 화자의 예찬적 태도가 드러난 것이라고 볼 수 있다.

④ 화자는 '님'이 부재한 부정적 상황 속에서 '새 희망'을 갖게 되며 이를 '들어부었습니다'라는 시어가 지닌 역동적 이미지로 형상화하고 있다. 그리고 이러한 표현은 곧 '님'이 부재한 부정적 상황에 낙담하지 않고 '님'과의 사랑이 회복되기를 강렬하게 희망하는 화자의 태도를 형상화한 것이라고 볼 수 있다.

3 시어, 시구의 의미와 기능 파악

답 ②

정답이 정답인 이유

② ㉠은 '님'의 부재로 인한 화자의 정서를 드러낸 구절로, 본래의 뜻과 반대되는 말을 통해 의미를 강조하는 반어적 표현은 아니다.

오답이 오답인 이유

① ㉠에서는 '님'과 화자 사이의 맹세를 '황금의 꽃같이'와 같이 직유법을 통해 표현한 후, '티끌이 되야서', '미풍에 날어갔습니다'와 같은 비유적 표현을 통해 그러한 맹세가 무의미한 것이 되었다고 언급하고 있다.

③ ⓒ의 '그러나'는 역접의 의미를 지닌 접속어이다. 또 ⓒ은 '님'이 떠나가 슬픔에 빠져 있던 화자가 자신이 처한 상황에 절망하지 않고 희망의 행동을 하게 되는 인식의 전환이 드러나 있는 부분이다.
④ ⓔ에는 '뚝뚝'이라는 음성 상징어가 사용되고 있으며, 이를 통해 화자의 보람인 모란이 떨어진 슬픔의 정서를 환기하고 있다.
⑤ ⓜ에는 목적어의 역할을 하는 시구가 도치되어 있음을 알 수 있다. 그리고 화자의 보람인 모란이 다시 필 때까지 기다리겠다는 화자의 의지를 드러냄으로써 모란의 개화에 대한 간절한 기다림이라는 주제 의식을 부각하고 있다.

4 외적 준거에 따른 작품 감상 답 ③

정답이 정답인 이유

③ (가)의 '염려'는, 화자가 세상사의 섭리에 따라 언젠가는 '님'과의 사랑도 끝날 것임을 알고 있었음을 의미하는 것일 뿐 부정적 상황을 극복하려는 화자의 적극적인 노력을 나타내는 것은 아니다. 또 (나)의 화자가 '삼백예순 날' '우'는 행위는 부정적 상황을 극복하기 위한 최소한의 행위일 수는 있지만, 부정적 상황을 극복하려는 화자의 적극적인 노력으로 이해하는 것은 적절하지 않다.

오답이 오답인 이유

① (가)의 화자는 '님'과 이별한 상태이지만, 이별의 슬픔 속에서도 '님'과 재회할 것을 믿고 있음을 알 수 있다. 그리고 이러한 믿음은 부정적 상황 속에서 화자가 갖게 된 새로운 인식이라고 이해할 수 있다.
② (나)의 화자는 봄에 피는 '모란'을 '뻗쳐오르던 내 보람'이라고 표현하고 있다. 그리고 이러한 모란이 뚝뚝 떨어지자 봄을 여읜 설움에 잠기고 자신의 보람이 서운케 무너졌다고 표현하고 있다. 그러므로 화자는 봄을, 모란이 핀 아름다운 계절에서 모란이 떨어진 슬픔의 계절로 인식하며 자신이 처한 부정적 상황을 형상화하고 있다.
④ (가)의 화자는 '님'이 떠나 버린 슬픈 상황에서, '님'을 보내지 않았다고 말하며 '새 희망'을 발견하는 긍정적 인식을 드러내고 있다. 또 (나)의 화자는 모란의 개화로 인한 '보람'이 낙화를 통해 '설움'으로 변화하는 경험을 통해 슬픔을 느끼고 있다. 그러므로 (가), (나)에는 시적 상황에 대한 화자의 인식 전환이 나타나 있다고 볼 수 있다.
⑤ (가)의 '님은 갔지마는 나는 님을 보내지 아니하였습니다'는 비록 물리적으로는 '님'이 떠나 버린 상황이지만, 화자는 여전히 '님'을 사랑하고 그리워하며 다시 만날 것을 믿고 현재의 상황을 극복하겠다는 의지를 드러낸 표현이다. 또 (나)의 화자는 '모란'이 떨어져 버린 슬픔을 경험하고 있지만, 모란이 다시 피기를 기다리겠다는 표현을 통해 이러한 상황을 극복하겠다는 의지를 드러내고 있다.

'나는 왜 윤리적으로 행위해야 하는가'라는 물음에 대한 고찰

해제 | 이 글은 '나는 왜 윤리적으로 행위해야 하는가?'라는 물음을 제시하고, 이 물음의 의미에 대해 살펴보고 있다. 윤리 자체에 대한 물음인 이 물음에 대해 적절한 물음이 아니라는 견해 두 가지를 소개한 후, 윤리가 개인적 관점을 넘어서서 불편부당한 관망자와 같은 보편적인 관점을 취하도록 요구한다는 견해를 받아들인다면, 결국 이 물음은 '왜 보편적인 판단들에만 근거하여 행위해야 하는가?'라는 물음이라고 말하는 피터 싱어의 견해를 제시하고 있다.

주제 | '나는 왜 윤리적으로 행위해야 하는가?'라는 물음에 대한 고찰

구성 |

- 1문단: '나는 왜 윤리적으로 행위해야 하는가?'라는 물음에 대한 반응
- 2문단: 물음의 무의미성에 대한 견해 및 이에 대한 반박
- 3문단: 전제된 내용을 되묻는 잉여적 물음이라는 견해 및 이에 대한 반박
- 4문단: '나는 왜 윤리적으로 행위해야 하는가?'는 보편적인 판단들에만 근거하여 행위해야 하는 이유에 대한 물음임.

5 글의 구조와 전개 방식 답 ②

정답이 정답인 이유

② 이 글은 '나는 왜 윤리적으로 행위해야 하는가?'라는 특정 물음의 의미에 대해 고찰하고 있다. 이 물음과 관련하여 거부감을 표명하는 견해에 대해 소개한 후, 이러한 견해들에 대해 반박하면서 해당 물음은 '왜 보편적인 판단들에만 근거하여 행해야 하는가?'라는 의미라고 말하고 있다. '나는 왜 윤리적으로 행위해야 하는가?'라는 특정 물음에 대한 통념을 소개하거나 해당 견해의 장단점을 분석하는 것은 아니다.

오답이 오답인 이유

① 2문단에서 개인에게 압도적으로 중요한 원칙이 윤리적 원칙이라는 정의에 따르는 상황을 가정하여 자신이 부를 기부하는 경우를 언급하고 있다. 그리고 이를 통해 '나는 왜 윤리적으로 행위해야 하는가?'라는 특정 물음이 무의미하다는 입장을 설명하고 있다.
③ 1문단에서 '왜 나는 다른 인종의 사람들을 평등하게 대우해야만 하는가?' 혹은 '동물들은 서로 잡아먹는데, 왜 우리는 동물들을 먹지 말아야 하는가?'라는 물음들과 '나는 왜 윤리적으로 행위해야 하는가?'라는 물음의 차이를 제시하면서 후자의 특정 물음이 지닌 특성을 부각하고 있다.
④ 2문단의 '칸트의 용어에 따를 때 '보편적 입법의 원리'가 아니라 '개인적 격률'에 머물고 만다.'에서 칸트의 용어를 인용하고 있으며, 이를 통해 '나는 왜 윤리적으로 행위해야 하는가?'라는 물음을 거부하는 경우, 윤리를 윤리 아닌 것과 구별해 주는 보편적 관점에 따른 행위를 요청할 수 없음을 근거로 반박하고 있다.
⑤ 3문단에서 '나는 왜 합리적이어야 하는가?'라는 물음을 제시하여 '나는 왜 윤리적으로 행위해야 하는가?'와 비교하면서 후자의 물음에 대해 거부하는 입장을 제시하고 있다.

정답이 정답인 이유

④ ㉠의 물음은 〈보기〉를 참고할 때 메타 윤리학에서 다루는 물음이라고 할 수 있다. 〈보기〉에서 메타 윤리학은 윤리적 속성이나 진술, 판단의 본질 등을 명확히 밝히고자 하는 것이라고 제시하고 있다. 이에 따를 때, 윤리학에서 '해야 한다', '해서는 안 된다'의 의미를 따져 보는 것은 윤리적 진술이나 판단의 본질을 명확히 밝히고자 하는 것으로 ㉠과 같은 유형의 물음이라 할 수 있다.

오답이 오답인 이유

①, ②, ③, ⑤는 구체적인 상황에서 일정한 방식으로 행위해야 할 윤리적 이유를 찾는 물음으로, 구체적인 실천과 행동 원리를 평가하는 것이다.

7 세부 내용 파악   답 ②

정답이 정답인 이유

② ㉮에는 2문단에서 언급한 '나는 왜 윤리적으로 행위해야 하는가?'라는 물음에 대해 적절한 물음이 아니라고 거부하는 견해의 첫 번째 내용이 들어가야 한다. 이러한 견해는 2문단의 윤리적 원칙에 대한 특정한 정의에 따를 때 무의미한 물음이라는 내용이다. 윤리적 법칙은 누구에게나 보편적으로 적용되어야 하는 것이기에 물을 필요조차 없다는 내용은 나타나 있지 않다.

오답이 오답인 이유

① 2문단에서 윤리적 원칙에 대한 정의 중, 개인에게 압도적으로 중요한 원칙이 윤리적인 원칙이라는 정의에 따르면, 이에 따른 행위는 마땅히 해야 할 일을 한 것으로, 더 이상의 실천적인 문제는 발생하지 않는다고 말하고 있다. 그리고 이 경우 '나는 왜 윤리적으로 행위해야 하는가?'라는 물음은 의미가 없다고 언급되어 있다.

③ ㉯에는 '나는 왜 윤리적으로 행위해야 하는가?'라는 물음을 거부하는 첫 번째 견해에 대한 반박의 내용이 들어가야 한다. 2문단에서 개인에게 압도적으로 중요한 원칙이 윤리적 원칙이라는 정의에 따를 때 이 물음이 의미가 없다는 견해에 대해, 이는 개인적 격률에 머물고 마는 것으로, 윤리를 윤리 아닌 것과 구별하게 해 주는 특징인 보편적 관점에 따른 행위를 요청할 수 없다고 반박하고 있음을 알 수 있다.

④ ㉰에는 3문단에서 언급하고 있는 특정 물음에 대해 거부하는 두 번째 견해가 제시되어야 한다. 3문단의 '윤리적으로 내가 해야 하는 일을 왜 윤리적으로 해야 하는가라고 묻는 잉여적 물음이다.'를 통해 알 수 있다.

⑤ ㉱에는 적절한 물음이 아니라는 두 번째 견해에 대한 반박의 내용이 들어가야 한다. 3문단에서 '나는 왜 윤리적으로 행위해야 하는가?'라는 특정 물음이 윤리의 윤리적 정당화를 요청하는 잉여적 물음이라고 볼 필요가 없다는 내용이 제시되고 있다. 그러면서 이 물음이 특정한 관점을 전제하지 않고, 단지 행위의 이유를 묻는 한 방식이라고 말하고 있다.

8 구체적 사례 적용   답 ①

정답이 정답인 이유

① 〈보기〉에서 A는 1문단의 '왜 나는 다른 인종의 사람들을 평등하게 대우해야만 하는가?'와 같은 종류의 윤리적 논제를 접하고 판단을 내리는 상황이다. 이 논제는 윤리 내부에서의 물음으로, 구체적인 실천에 대해 평가하고 주장하는 논제이다. 1문단에 따를 때, 윤리 자체에 대한 물음은 '나는 왜 윤리적으로 행위해야 하는가?'와 같은 물음이다. 따라서 '윤리 자체에 대한 물음에 답'을 한다고 진술한 ①의 언급은 적절하지 않다.

오답이 오답인 이유

② 피터 싱어는 '왜 윤리적으로 행위해야 하는가?'라는 물음에 대해 거부하는 견해를 소개하고 이를 반박하고 있다. 그리고 마지막 문단에서 이 물음은 '행위의 개인적인 근거를 넘어서 보편적인 판단들에만 근거하여 행위해야 할 이유들에 대한 물음이라는 것이다.'라고 말하고 있다.

③ 2문단을 통해 알 수 있듯이 개인적 격률은 그 개인에게는 압도적으로 중요한 원칙이지만, 윤리를 윤리 아닌 것과 구별하게 해 주는 특징인 보편적 관점에 따른 행위를 요청할 수 없게 된다. 따라서 A의 생명에 대한 외경이 개인적 격률이라고 한다면, A는 다른 사람들에게 이 원칙을 요청하기 어려워진다.

④ A가 자신의 절대적인 원칙을 근거로 윤리적 논제에 대해 판단하고 주장한다면, 이는 개인적 격률에 의거한 것으로 2문단에서 알 수 있듯이 B가 던진 '왜 윤리적으로 행위해야 하는가?'라는 물음은 A에게는 유의미하지 않다.

⑤ B의 '왜 윤리적으로 행위해야 하는가?'라는 물음을 윤리의 윤리적 정당화를 요청하는 것이라고 판단한다면, 3문단에서 알 수 있듯이 피터 싱어는 이 물음이 단지 행위의 이유를 묻는 것일 수도 있다고 할 것이다.

02회 미니모의고사   본문 7~10쪽

| 1 ③ | 2 ④ | 3 ④ | 4 ⑤ |
| 5 ④ | 6 ⑤ | 7 ④ | 8 ⑤ |

[1~3] 현대시

㉠ 윤동주, 「길」

해제 | 이 작품은 식민지 시대를 살아가는 순수한 지식인의 성찰과 의지를 보여 준다. 화자는 자아 성찰을 통해 잃어버린 담 너머의 이상적 자아를 찾기 위해 노력한다. 돌담은 쇠문으로 굳게 닫혀 있는 단절의 상태이기에 절망을 느끼지만 하늘을 바라보며 이상적 자아를 찾기 위해 끊임없이 노력하겠다는 태도

를 드러내며 부정적 현실에 절망하고 삶의 가치를 포기하지 않겠다는 의지를 보여 준다.

주제 | 이상적 자아 회복을 위한 의지

구성 |

- 1연: 잃어버린 것을 찾아 길을 나섬.
- 2, 3연: 화자가 걷는 길의 모습
- 4연: 연속된 삶의 과정과 같은 길
- 5연: 자아 성찰을 통해 부끄러움을 느낌.
- 6, 7연: 이상적 자아 회복과 현실 극복의 의지

④ 나태주, 「사는 일」

해제 | 이 작품은 삶을 길을 걷는 여정으로 형상화하고 있다. 길을 걷다 보면 굽은 길도, 곧은 길도 나오는 것과 같이 삶에는 시련이 있을 때도, 수월한 경우도 있을 수 있음을 노래하고 있다. 또한 예상치 못한 일이 있을 때에도 거기서 발견할 수 있는 삶의 다른 아름다움과 가치를 노래하며 긍정적인 삶의 태도를 강조하고 있다.

주제 | 주어진 삶을 긍정적으로 받아들이는 겸허한 자세

구성 |

- 1연: 현실에 순응하며 긍정적으로 살아감.
- 2연: 예상치 못한 시련이 찾아옴.
- 3연: 시련 속에서도 가치 있는 것들을 찾으며 긍정적으로 살아감.
- 4연: 삶에 만족감을 느끼며 하루를 마무리함.

---

1 시어, 시구의 의미와 기능 파악 답 ③

정답이 정답인 이유

③ ㉢에서 '쇠문'을 닫는 '담'은 의인화된 대상으로 볼 수 있다. 하지만 '담'이 '쇠문'을 닫는 것은 단절의 의미를 드러내는 것이지 '담'의 긍정적인 이미지를 드러내는 것은 아니다.

오답이 오답인 이유

① '잃어버렸습니다'라는 서술어만으로 행을 구성하여 누가, 무엇을 잃어버린 상황인지에 대한 호기심을 불러일으켜 관심을 환기하고 있다.

② '돌'이라는 시어를 반복하면서 돌이 연속되어 쌓아지거나 이어지는 '담'의 이미지를 형상화하고 있다.

④ '길'이 '아침에서 저녁으로' 통하고 '저녁에서 아침으로' 통한다고 하며 아침에서 다음 날 아침까지의 연속된 시간 속에서 '길'을 걷고 있음을 드러내면서 길의 지속성을 보여 주고 있다.

⑤ '풀 한 포기 없는' 길의 모습을 제시하며 화자가 처한 상황이 메마르고 고된 상황임을 드러내고 있다.

2 시어, 시구의 의미와 기능 파악 답 ④

정답이 정답인 이유

④ '바람'이 잠잠해지고, '새들'이 '숲'으로 돌아가는 것은 '날'이 저물어 감에 따른 것, 즉 시간의 흐름에 따라 하루가 마무리됨을 드러내고 있는 것이지, '걷지 않아도 좋은 길'에서 '나'가 그 사연을 듣게 된 것은 아니다.

오답이 오답인 이유

① 하루가 마무리되는 '막판' 즈음에 '나'를 싣고 가기로 한 차가 약속 시간보다 먼저 가 버리는 일로 인해 걷게 된 길이다.

② 차를 타면 흘리지 않았을 '땀'과 '두어 시간'이라는 시간을 쓰게 되는, 예상치 못한 일들을 겪게 된 길이라고 할 수 있다.

③ '차'를 타면 볼 수 없었던 '바람', '멍석딸기', '물총새' 등을 만나게 된 길이다.

⑤ '바람', '멍석딸기'도 만나고, '물총새', '쪽빛 날갯짓'도 보았기 때문에 '걷지 않아도 좋은 길'을 걷는 것도 나쁘지 않았다는 자신의 하루에 대한 평가를 내릴 수 있는 경험들을 제공한 길로 볼 수 있다.

3 외적 준거에 따른 작품 감상 답 ④

정답이 정답인 이유

④ (나)에서 '제시간'보다 일찍 떠나 버린 '차'로 인해 화자는 길을 걸으며 기대하지 않았던 대상들을 만나게 되지만, 이 경험 과정 중 화자가 잊고 싶었던 순간들을 불러내거나 이를 바탕으로 성찰하고 있지는 않다.

오답이 오답인 이유

① (가)의 화자가 마지막 연을 통해 '내가 사는 것은 다만, / 잃은 것을 찾는 까닭입니다.'라고 노래한 것은 화자가 삶의 이유를 잃어버린 것을 찾기 위한 것이며, 잃어버린 것은 '담 저쪽에' 남아 있는 이상적인 자아임을 알 수 있다. 이처럼 '담'을 경계로 잃어버린 자신을 회복하는 삶을 살아야 한다는 자세는 자기 정화를 통해 부조리한 현실에 대응할 수 있는 의지와 태도를 드러낸 것이라 할 수 있다.

② 〈보기〉에서 '현실적인 자아와 이상적인 자아를 교차시킴과 동시에 잊고 싶었거나 부끄러운 순간들을 시 속으로 다시 불러내 마주하게 하여 자기 정화를 이루도록 한다.'라고 설명하였다. (가)의 화자는 잃어버린 것을 찾기 위해 '돌담'을 끼고 있는 길을 걷다가 '하늘'을 비라보고 '부끄럽게 푸'르다고 노래하고 있다. 이는 화자가 현실에 안주하여 이상적 자아를 찾지 않던 부끄러운 순간들을 시 속으로 다시 불러내어 마주하고 이를 통해 자기 정화를 이루고자 한 순간이라고 볼 수 있다.

③ 〈보기〉에서 「길」이나 「사는 일」에서는 길을 걷는 행위를 인생사와 동일시하면서 ' '깨달음'을 드러낸다고 하였다. (나)의 화자는 '굽은 길'은 굽은 대로 가고, '곧은 길'은 곧게 갔다고 하면서 '오늘도 하루 잘 살았다'고 하는 것과 연관 지은 것을 통해 '길'을 걷는 행위와 삶을 사는 행위를 〈보기〉와 같이 동일시하고 있음을 알 수 있다.

⑤ (나)의 화자는 (나)에서 '제시간'보다 일찍 떠나 버린 '차'로 인해 걷지 않아도 되는 길을 걷는 일을 겪게 되지만, 그 속에서 기대하지 않았던 대상들을 만나게 되었다고 하며 예상치 못하게 발생한 일 속에서도 긍정적인 태도를 보여 줄 수 있다는 깨달음을 제시한다. 이러한 화자의 삶에 대한 태도는 작품에 담겨 우리 사회에 의미 있는 메시지를 던지게 된다.

[4~8] 인문

사회 불평등에 대한 루소의 사상

해제 | 이 글은 사회 불평등이 어디서 기원하며 어떻게 형성되었는지에 대한 루소의 사상을 설명하고 있다. 루소는 인간 사회의 불평등을 설명하기 위해 인간의 최초 상태인 자연 상태를 가정한다. 루소는 자연 상태에서 인간은 규칙이나 구속 없이 평등하게 살았지만, 환경의 변화로 인해 생존을 위해서는 사회를 형성할 수밖에 없게 되었다고 보았다. 또한 사회 속에서 인간은 타인과의 비교를 통해 자신을 확인하려는 마음이 생기게 되고 이것이 불평등의 단서가 되며, 불평등은 빈부의 격차가 생겨나는 단계, 제도에 의해 강자와 약자가 구분되는 단계를 거쳐 주인과 노예가 생겨나는 단계에 이르게 된다고 보았다. 이러한 루소의 생각은 자연 상태를 '만인의 만인에 대한 투쟁'이라고 보고 강력한 국가 권력이 필요하다고 본 홉스의 견해에 대한 비판적 시각을 보여 준다. 루소가 제기한 자연 상태는 당시 사회의 모순과 폐해를 드러내 사회의 실상을 파악하게 해 주었고, 현실 사회의 개혁과 새로운 인간관을 정립하는 데 필요한 원리를 제공해 주었다는 점에서 의의가 있다.

주제 | 인간 사회의 불평등의 근원과 형성 과정에 대한 루소의 견해와 사상적 의의

구성 |

• 1문단: 사회 불평등의 개념과 사회 문제 대두 배경
• 2문단: 루소가 가정한 자연 상태
• 3문단: 사회 불평등의 발생과 진행 과정
• 4문단: 홉스의 자연 상태에 대한 루소의 비판
• 5문단: 루소 사상의 의의

---

4 글의 구조와 전개 방식　　　　답 ⑤

> 정답이 정답인 이유

⑤ 1문단에서 근대에 오면서 사회 불평등의 문제가 사회 문제 연구의 중요한 주제로 대두된 배경을 제시한 후, 사회 불평등이 어떻게 발생했는지에 대한 루소의 견해를 설명하고 있다.

> 오답이 오답인 이유

① 농업의 발명과 같은 불평등과 관련한 역사적 사건이 언급되기는 하지만 그 사건을 중심으로 해결 방안을 설명하는 것은 아니다.
② 루소와 홉스의 대립되는 관점이 있기는 하지만 이것이 논의의 전개를 위해 도출한 쟁점이라고 보기 어려우며, 글에서 쟁점별로 나누어 설명하고 있지도 않다.
③ 자연 상태에 대한 홉스와 루소의 가설이 있지만, 홉스의 가설은 사회 불평등과 관련한 가설이 아니며, 두 견해를 절충하는 것도 아니다.
④ 사회 불평등의 진행 과정에 대한 설명은 있지만, 사회 불평등의 원인에 대한 루소의 견해가 변화한 것은 아니다.

5 내용의 인과 관계 파악　　　　답 ④

> 정답이 정답인 이유

④ ⓒ은 '최강자의 법'이 지배하는 상태이며 보통 사람들이 전제 권력의 노예로 평등하게 사는 상태이다. 그러므로 ⓒ처럼 개인들 사이에 투쟁이 일어나는 혼란한 상태는 아니다.

> 오답이 오답인 이유

① ㉠은 실재했던 역사가 아니라 루소가 가설과 추리를 통해 상상한 상태이다. 반면 ㉡은 역사적 과정에 대한 고찰에서 나온 것이며 루소가 목격했던 전제 권력의 모습에서 생각한 것이라는 점에서 ㉠과 다르다.
② 루소는 ㉠에서 인간은 자기애와 연민의 감정을 가지고 있다고 보았다. 그런데 ⓒ이 연민의 감정을 배제했기 때문에 잘못된 결론에 이르게 되었다고 말했다.
③ ㉡은 불평등이 극에 달한 결과, 보통의 사람들은 평등하게 살아가는 상태이다. ㉠은 불평등이 발생하기 전의 상태이므로, 보통의 인간들은 평등하게 살아간다는 점에서 ㉡과 유사하다.
⑤ ⓒ은 인간의 탐욕과 악한 본성이 그대로 드러나는 상태이다. 반면 ㉠은 선과 악에 대한 개념도 없는 순수한 상태이기 때문에 ⓒ과 다르다.

6 구체적 사례 적용　　　　답 ⑤

> 정답이 정답인 이유

⑤ 3문단에서 루소는 다른 사람들로부터 우월성을 인정받기를 원하는 정념이 자연 상태에서 멀어지게 한다고 보았다. 〈보기〉에서도 정념은 행복에서 멀어지게 하는 것이라고 했다. 그러므로 다른 사람들로부터 인정받으려 하는 것에 대해 칭찬을 하는 것은 정념을 부추기는 것이므로 아이들을 행복하게 하는 것은 아니다.

> 오답이 오답인 이유

① 3문단에서 악덕이 없는 자연 상태의 인간을 변하게 만든 것은 정념들이었다는 것을 말하고 있으며, 〈보기〉에서도 교사들이 정념을 불러일으켜 교육을 하는 것에 대해 악의 씨앗을 뿌리는 것이라고 했다.
② 3문단을 통해 보면 사회에서 우월하다고 인정받는 사람이라는 것은 정념에 의해 만들어진 모습이라고 할 수 있다. 〈보기〉에서 교사들이 선망과 같은 정념을 이용하는 것은 적절하지 않다고 언급하고 있다.
③ 2문단에서 자연 상태의 인간에게 행복은 먹는 것과 휴식이었다고 했으며, 〈보기〉에서 인간은 욕망이 커지면 행복에서 멀어질 수 있다고 했다. 그러므로 루소의 관점에서 끊임없이 새로운 목표를 제시하고, 경쟁을 유도하는 교육은 아이들을 불행하게 만드는 것이라고 할 수 있다.
④ 5문단에서 자연 상태에 대한 생각은 새로운 인간관을 정립하는 데 길잡이가 되었다고 했으며, 〈보기〉에서 욕망이 커질수록 능력과 욕망의 차이로 인해 불행해질 수 있다고 했다. 그러므로 루소는 새로운 인간관의 정립을 위해 욕망을 자극하기보다 자연 상태의 성향들이 발휘될 수 있도록 하는 것을 중시했음을 알 수 있다.

7 글에 드러난 관점, 내용 비판　　　　답 ④

> 정답이 정답인 이유

④ 4문단에 따르면 홉스가 생각한 국가는 '만인의 만인에 대한 투

쟁'을 끝내기 위한 것으로 국민들이 자연적 권리를 양도함으로써 성립된다. 5문단에 따르면 홉스는 국민들이 자유를 포기하더라도 강력하고 합리적인 통제를 통한 질서를 강조했다. 이를 통해 볼 때 홉스가 중시한 것은 국민들의 자유와 권리가 아니라 질서였으므로 국민들이 자유와 권리를 누릴 수 있다는 말은 홉스의 견해와 맞지 않는다.

오답이 오답인 이유

① 3문단에 따르면 루소는 전제 군주가 지배를 하면서 불평등을 고착화한다고 보았다.

② 4문단에 따르면 홉스는 인간 사회의 무질서를 해결하기 위해서는 강력한 국가 권력이 필요하다고 보았다.

③ 3문단에 따르면 루소는 인간 사회의 혼란을 종식시킨 법과 권력이 불평등을 제도화했다고 보았다.

⑤ 5문단에 따르면 루소는 홉스와 달리 불평등으로 인해 고통받는 사람들의 문제를 더 중요하게 생각했으며, 자연적 권리를 지키기 위해 국가 권력에 대한 통제도 중시했다.

8 단어의 의미 파악 　　　　답 ⑤

정답이 정답인 이유

⑤ '관철(貫徹)'은 '어려움을 뚫고 나아가 목적을 기어이 이룸.'을 나타내는 말이다. '처음부터 끝까지 일관함.'은 '관통(貫通)'의 의미이다.

오답이 오답인 이유

ⓐ~ⓓ의 사전적 의미는 모두 적절하다.

03회 미니모의고사 　　　　본문 11~14쪽

| 1 ④ | 2 ④ | 3 ② | 4 ④ |
| 5 ③ | 6 ② | 7 ⑤ | 8 ④ |

[1~4] 현대시

21 고재종, 「첫사랑」

해제 | 이 작품은 나뭇가지를 향한 눈의 헌신적 사랑을 그리고 있다. 눈은 바람이 불면 날아가 버릴지라도 사랑을 이루기 위해 헌신적으로 노력하는 존재이다. 이러한 헌신적 노력으로 봄이 되면 나뭇가지는 아름다운 꽃을 피워 낸다. 이를 통해 헌신적으로 피워 낸 사랑의 고귀함을 전달하고 있다.

주제 | 아름다운 사랑의 결실을 위한 시련과 고난

구성 |

• 1연: 흔들리는 나뭇가지에 눈꽃을 피우기 위한 눈의 도전
• 2연: 어려움 속에서도 사랑을 이루려는 눈의 헌신적 노력
• 3연: 도전 끝에 눈이 이룬 결실
• 4연: 봄이 되어 아름답게 피어난 봄꽃

12 박용래, 「연시」

해제 | 이 작품은 하나의 풋과일이었던 감이 한여름 땡볕 속에서 익어 서리 속에서 연시로 성숙하는 과정을 묘사하고 있다. 연시로 익은 후 제상 아래 놓이게 되는 과정을 섬세하게 묘사하여 거대한 시간의 흐름 속에서 진행되는 자연의 오묘한 조화와 인간과 자연의 만남을 아름답게 그리고 있다.

주제 | 감이 연시로 익어 제상 아래 놓이기까지의 오묘한 과정

구성 |

• 1~6행: 여름의 땡볕에 익어 가는 연시
• 7~14행: 서리를 맞으며 익은 후 제상 아래 놓인 연시

1 표현상의 특징 파악 　　　　답 ④

정답이 정답인 이유

④ (가)는 '두드려 보았겠지', '춤추었겠지', '햇솜 같은 마음' 등과 같은 표현을 통해 자연물인 '눈'에 인격을 부여하여 첫사랑이라는 시적 의미를 형상화하고 있다. (나)는 '연시'라는 자연물의 모습을 '한쪽 볼 / 서리에 묻고', '깊은 잠 자다' 등으로 나타내고 있는데, 이 역시 자연물에 인격을 부여한 표현을 활용해 성숙이라는 시적 의미를 형상화한 것으로 볼 수 있다.

오답이 오답인 이유

① (가)에서는 '싸그락 싸그락', '난분분 난분분', '미끄러지고 미끄러지길'에서 동일하거나 유사한 시어를 반복적으로 제시하고 있으나, (나)에서는 유사한 시어나 시구의 반복을 찾을 수 없다.

② (가)에서는 '~ 도전을 멈추지 않았으랴'에서 설의적 표현을 활용하고 있지만, (나)에서는 설의적 표현을 활용하고 있지 않다.

③ (가)에서는 3연의 '저 황홀 보아라'에서 명령형 어조가 활용되고 있으나, (나)에서는 명령형 어조가 활용되고 있지 않다.

⑤ (가)에서는 하강의 이미지가 상승의 이미지로 전환되는 부분이 나타나지 않는나. (나)에서는 '깊은 잠 자다'에서의 하강의 이미지가 '깨어나'에서 상승의 이미지로 전환되고 있나고 볼 수 있지만 연시를 움직임이 있는 대상으로 그리고 있지 않기 때문에 역동성이 부여되고 있다는 설명은 적절하지 않다.

2 시상 전개 방식 파악 　　　　답 ④

정답이 정답인 이유

④ 3연에서는 아름답게 피어난 눈꽃을 보면서 감탄하는 화자의 모습을 제시하고 있으므로 화자가 자연물에 대해 거리감을 가지고 있다는 설명은 적절하지 않다. 따라서 4연에서 거리감이 극복된다는 설명도 적절하지 않다.

오답이 오답인 이유

① 1연의 '나뭇가지'의 '흔들'림은 2연의 '눈'이 나뭇가지 위에 내려앉지 못하고 수백 번 '미끄러지고 미끄러지'는 이유가 된다.

② 1연의 눈이 나뭇가지 위에 내려앉기 위한 '도전'을 2연에서 '두드려 보았겠지'와 '춤추었겠지'로 구체화하고 있다.

③ 1연에서는 눈이 나뭇가지에 '꽃'을 피우기 위해서 '도전'을 멈추지 않았다고 하였으며, 4연에서는 '봄'이라는 시간 배경과 '터뜨린

다'라는 서술어를 제시했다. 이로 보아 '아름다운 상처'는 나뭇가지 위에 핀 봄꽃을 의미한다고 볼 수 있다.

⑤ 1연에서 4연으로 시상이 전개되면서 겨울에서 봄으로의 계절의 흐름이 드러난다. 이러한 계절의 흐름에 따라 나뭇가지 위에 눈이 내려앉는 모습에서 봄에 꽃이 피는 모습까지를 그려 내고 있다.

3 외적 준거에 따른 작품 감상 답 ②

정답이 정답인 이유

② 학생 1: 〈보기〉에 제시된 바와 같이 '땡볕'과 '연시'는 각자 부분적 독자성을 지니고 있는 자연물이지만 서로 간의 연관 관계 속에 교감하는 존재들로 볼 수 있다.

학생 3: 감이 한여름 땡볕에 익고, 서리 속에서 연시로 완숙되어 눈이 오는 겨울에 제상 아래 놓이게 되는 것은 '땡볕'이 내리쬐는 여름과 '서리'가 상징하는 가을, '눈'이 상징하는 겨울을 거쳐 생명체 간의 교감이 이루어지는 것으로 이해할 수 있다.

오답이 오답인 이유

학생 2: '비름잎'은 땡볕이 꽂히는 곳으로 묘사되고 있지만, '이웃 마을'은 작품에서 큰 의미가 부여된 공간은 아니다. 따라서 비름잎과 이웃 마을이 연시가 익어 가는 과정에서 서로 교감한다는 설명은 적절하지 않으며, 이 둘이 유기적으로 연관 관계를 가진다는 설명 역시 적절하지 않다.

학생 4: '돌담 위'는 연시가 익어 가는 공간이고, '제상 아래'는 서리 속에서 성숙한 연시가 제사 음식으로 올라온 공간이다. '제상 아래'와 달리 '돌담 위'는 화자의 외경이 형성되는 공간으로 판단할 근거가 없으며, 감이 여름 땡볕을 받아 익어 가다가 연시가 되는 것으로 제시되고 있으므로 '돌담 위'를 생명체 간의 교감이 '한순간'에 일어나는 곳으로 해석하는 것은 적절하지 않다.

4 소재의 기능 파악 답 ④

정답이 정답인 이유

④ (가)에서 눈은 바람으로 인해 나뭇가지에 앉으려는 시도가 좌절되거나 이미 앉은 이후에도 바람에 날려 나뭇가지로부터 떨어지게 되므로, '바람'은 눈에게 시련을 주는 존재라 할 수 있다. (나)에서 연시는 서리 속에서 익어 가므로 '서리'는 연시의 성숙을 이끄는 존재로 볼 수 있다.

오답이 오답인 이유

① (가)의 화자는 바람이 불면 나뭇가지 위에 있던 눈이 날아간다고 말하고 있으므로 화자는 '바람'을 '눈'에게 시련을 주는 부정적 존재로 인식하고 있음을 알 수 있다. 하지만 (나)에서 화자는 서리에 한쪽 볼을 묻고 연시가 익어 간다고 말하고 있으므로 (나)의 화자가 '서리'를 부정적으로 인식하는 것은 아니다.

② (가)의 화자나 (나)의 화자는 모두 작품에서 대상에 대한 태도가 바뀌지 않고 있으므로 '바람'과 '서리'가 화자의 태도가 바뀌는 계기로 작용한다는 설명은 적절하지 않다.

③ (가)의 화자가 자신의 삶과 대비되는 존재로 '바람'을 설정했다거나, (나)의 화자가 자신의 삶이 투영된 존재로 '서리'를 설정했다는 설명은 모두 적절하지 않다.

⑤ (가)의 '바람'은 눈을 날려 나뭇가지에서 떨어지게 하므로 눈의 아픔을 심화하는 존재로 볼 수 있지만, (나)의 '서리'는 연시의 성숙을 이끄는 존재이므로 연시의 아픔을 해소하는 존재라고 보는 것은 적절하지 않다.

[5~8] 인문

행동주의 심리학의 강화와 벌

해제 | 이 글은 행동주의 심리학의 개념인 강화와 벌에 대해 설명하고 있다. 강화는 보상을 통해 특정 행동의 발생 빈도를 증가시키는 것을 의미하며, 정적 강화와 부적 강화로 나눌 수 있다. 학습된 행동이 소거되지 않도록 하기 위해서는 강화 계획이 필요한데, 강화 계획은 지속적 강화 계획과 간헐적 강화 계획으로 나눌 수 있으며, 간헐적 강화 계획은 고정 간격 계획, 변동 간격 계획, 고정 비율 계획, 변동 비율 계획으로 나눌 수 있다. 벌은 특정 행동을 약화시키거나 감소시키기 위한 것이며, 수여성 벌과 제거성 벌로 나눌 수 있다.

주제 | 행동주의 심리학의 강화와 벌의 특징과 종류

구성 |

- 1문단: 행동주의 심리학에 대한 설명과 핵심 개념
- 2문단: 정적 강화와 부적 강화의 개념
- 3문단: 학습된 행동의 소거를 막기 위한 강화 계획
- 4문단: 강화 계획의 종류
- 5문단: 강화 계획의 종류에 따른 장단점
- 6문단: 벌의 개념과 종류

5 글의 구조와 전개 방식 답 ③

정답이 정답인 이유

③ 행동주의 심리학에서 다루는 강화, 소거, 강화 계획, 벌 등의 개념을 정의하고 있으며, 강화 계획 중 간헐적 강화 계획은 보상이 제시되는 간격과 비율이라는 특정한 기준에 따라 네 가지로 분류하여 설명하고 있다.

오답이 오답인 이유

① 행동주의 심리학의 이론을 설명하고 있지만, 해당 이론의 원리를 반박할 수 있는 다른 이론을 제시하고 있지는 않다.

② 행동주의 심리학을 적용한 사례인 스키너의 조작적 조건화를 설명하고 있지만, 다른 심리학을 적용한 사례와 비교하여 행동주의 심리학의 장점을 제시하고 있지는 않다.

④ 심리학에서 일반적으로 다루는 영역이 인간의 내면 의식과 정신이라고 언급하고 있지만, 이것의 문제점을 지적하고 있지는 않다.

⑤ 행동주의 심리학이 등장한 배경이나 행동주의 심리학의 발달 과정이 언급되어 있지는 않다.

6 세부 내용 파악 답 ②

정답이 정답인 이유

② 2문단에서 ㉠은 특정 행동을 한 주체에게 그가 바라지 않는 어떤 것을 제거해 줌으로써 그 행동의 강도와 빈도를 증가시키는 것이라고 하였으며, 6문단에서 ㉡은 특정 행동을 약화하거나 감소시키기 위해 행동의 주체에게 긍정적인 것을 제거하는 것이라고 하였다.

오답이 오답인 이유

① ㉠은 대상에게 특정한 행동의 발생 빈도를 증가시키기 위한 것이지만, ㉡은 대상에게 특정 행동을 약화하거나 감소시키기 위한 것이다.
③ ㉠은 특정 행동을 한 주체에게 그가 바라지 않는 어떤 것을 제거하는 것이고, ㉡은 행동의 주체에게 긍정적인 것을 제거하는 것이다.
④ ㉠은 대상에게 새로운 행동을 학습시키는 것이며, ㉡은 대상이 이미 행하는 행동을 하지 않게 하는 것이다.
⑤ ㉡이 특정한 행동을 점차 사라지게 만드는 것은 맞지만 보상을 통해 이루어지는 것은 아니다.

7 세부 내용 파악 답 ⑤

정답이 정답인 이유

⑤ 대상이 강화를 언제 받는지 예측할 수 있는 것은 고정 간격 계획과 고정 비율 계획이며, 예측하지 못하는 것은 변동 간격 계획과 변동 비율 계획이다. 〈보기〉의 그래프를 보면 고정 간격 계획과 고정 비율 계획보다는 변동 간격 계획과 변동 비율 계획일 때 시간에 따른 누적 행동의 빈도가 더 일관되게 증가한다는 것을 알 수 있다. 고정 간격 계획과 고정 비율 계획은 강화를 받은 직후 행동의 빈도가 줄어든다.

오답이 오답인 이유

① 강화를 받는 시간 간격이 일정하다는 것은 고정 간격 계획을 의미한다. 〈보기〉의 그래프를 보면 고정 간격 계획은 강화를 받은 직후에 행동의 빈도가 감소하였다가 다음 강화를 받을 때까지 점차 행동의 빈도가 증가한다는 것을 알 수 있다.
② 정해진 횟수의 행동 후에 보상을 제시하는 것은 고정 비율 계획을 의미한다. 〈보기〉의 그래프를 보면 고정 비율 계획은 보상을 제시한 직후에 행동의 빈도가 줄어든다는 것을 알 수 있다.
③ 대상이 예측하지 못하는 시간마다 행동에 대한 보상을 제시하는 것은 변동 간격 계획을 의미한다. 〈보기〉의 그래프를 보면 변동 간격 계획은 기울기가 일정하므로, 행동의 빈도가 시간의 흐름에 따라 일정하게 나타난다는 것을 알 수 있다.
④ 강화를 받기 위해 필요한 행동의 수가 일정하지 않은 것은 변동 비율 계획을 의미한다. 〈보기〉의 그래프에서 변동 비율 계획은 보상을 제시한 직후에도 꾸준히 행동이 나타난다.

8 구체적 사례 적용 답 ④

정답이 정답인 이유

④ 4문단에서 일정하지 않은 행동 횟수마다 보상이 주어지는 것은 변동 비율 계획이라 하였다. 제과 회사에서 사람들이 구매한 과자에 있는 추첨권을 통해 선물을 제공하는 것은, 사람들의 일정하지 않은 과자 구매 행동 횟수마다 보상을 제공하는 변동 비율 계획을 사용한 것이다. 과자의 구매 횟수가 많을수록 당첨 확률은 높아지지만, 정해진 구매 횟수마다 당첨이 되는 것은 아니기 때문이다. 추첨 번호를 매주 정해진 시간에 올리더라도 매주 항상 추첨이 되어 보상을 받는 것은 아니므로 고정 간격 계획을 사용한 것은 아니다.

오답이 오답인 이유

① 아이가 도서관을 싫어한다면 도서관 밖으로 나가는 것이 아이에게 보상이 될 수 있으므로 오히려 문제 행동을 강화할 수 있다.
② 4문단에서 고정 비율 계획은 정해진 횟수의 행동이 일어날 때 보상이 주어지는 것이라 하였다. 고객이 후기 열 개를 작성할 때마다 인터넷 쇼핑몰이 포인트를 지급하는 것은 고정 비율 계획을 사용한 것이다.
③ 6문단에서 수여성 벌은 행동의 주체에게 부정적인 것을 제공하는 것이라 하였다. 학생이 독서를 싫어한다면 학생이 수업 시간에 소란스러운 행동을 할 때마다 교사가 학생에게 독서 과제를 제시하는 것은 수여성 벌에 해당한다.
⑤ 3문단에서 강화에 의해 특정 행동이 학습되었더라도, 그 행동에 대해 더 이상 보상을 제공하지 않으면 학습된 행동이 점차 사라지는 것을 소거라고 하였다. 아이의 소리를 지르는 행동이 부모의 관심으로 인해 강화되었다면, 아이가 소리를 지를 때 부모가 관심을 보이지 않으면 아이의 소리를 지르는 행동이 점차 소거될 것이다.

04회 미니모의고사 본문 15~19쪽

| 1 ③ | 2 ② | 3 ④ | 4 ② |
| 5 ② | 6 ③ | 7 ② | 8 ③ |

[1~3] 현대 소설

이광수, 「무정」

해제 | 이 작품은 『매일신보』에 연재되어 당대 독자들의 성원을 받는 한편 사회적 논란을 일으킨 최초의 근대 장편 소설이다. 이 작품은 선각자적 지성과 계몽 의식을 지닌 형식, 봉건적 가치를 지향하는 전형적 여성이었다가 근대적 가치를 자각하게 되는 영채, 개화기 신여성인 선형, 진취적이고 이성적인 인물인 병욱 등의 젊은 주인공들을 내세워 계몽주의 사상과 자유연애의 모습을 형상화하고 있다.

주제 | 교육을 통한 민족의 계몽

전체 줄거리 | 이형식은 경성학교의 영어 교사로, 김 장로의 딸인 선형을 지도하게 된다. 형식은 선형에게 호감을 가지게 되지만 어린 시절 자신의 은인인 박 진사의 딸, 영채를 다시 만나면서 영채와의 관계를 고민한다. 한편 누명을 쓴 아버지를 구하기 위해 기생이 된 영채는 경성학교의 배 학감에게 순결을 빼앗기게 되자 절망한다. 하지만 영채는 우연히 동경에 유학 중인 병욱을 만나면서 마음을 바꾸어 유학을 결심한다. 형식은 선형과 약혼하면서 미국 유학길에

오르고 기차에서 영채와 병욱을 만난다. 그들은 곤경에 처한 수재민을 구호한 후 함께 교육으로 민족을 계몽할 것을 다짐한다.

1 서술상의 특징 파악 답 ③

정답이 정답인 이유

③ '사랑하느냐 하는 말에 ~ 알 수가 없다.' 등을 보면 이 글에서는 기본적으로 전지적 시점을 사용하고 있으며, 영채와 여학생의 대화가 펼쳐지는 가운데 상황에 대한 영채의 판단과 심리를 구체적으로 서술하고 있다.

오답이 오답인 이유

① 이 글의 서술자는 하나이므로, 서술자를 교체하였다는 진술은 적절하지 않다.
② 이 글의 서술자는 이야기 밖에 있기 때문에, 서술자가 자신의 과거 사건을 회상하고 있다는 진술은 적절하지 않다.
④ 이 글의 서술자는 이야기 안의 인물이 아니므로, 신빙성이 부족한 인물을 서술자로 내세웠다는 진술은 적절하지 않다.
⑤ 이 글의 서술자는 이야기 밖에 있지만 인물의 심리를 구체적으로 전한다는 점에서, 인물 간의 대화만을 전하고 있다는 진술은 적절하지 않다.

2 외적 준거에 따른 작품 감상 답 ②

정답이 정답인 이유

② 영채가 '죽을 결심'을 했던 것은 근대적 가치에 눈뜨지 못한 상황에서 정절이라는 봉건적 가치를 잃어버렸다고 생각했기 때문이다. 따라서 근대적 가치를 추구할 수 없는 현실에 절망했기 때문에 영채가 '죽을 결심'을 했다고 판단하는 것은 적절하지 않다.

오답이 오답인 이유

① 영채는 부친의 말씀을 좇아 형식을 '섬겨야 할 사람'으로 알았는데, 이는 삼종지도(三從之道)라는 봉건적 가치를 따른 것이다.
③ '고성의 교훈'은 옛 성인의 교훈으로, 여학생이 말한 것처럼 '낡은 사상'이라는 점에서 봉건적 가치에 해당한다.
④ 영채는 여학생의 말을 듣고 형식에 대한 기존의 생각이 잘못된 것임을 깨닫는데, 이는 자신이 형식을 정말 사랑하였는지의 여부, 더 나아가 〈보기〉에서 언급한 사랑의 진정한 의미를 고민하는 과정이라고 볼 수 있다.
⑤ 영채가 바라고 여학생이 강조하는 '참생활'은 봉건적 가치에 얽매이지 않는 생활, 그 속박을 끊고 자유를 얻는 생활이라는 점에서 개인의 자율성과 선택을 중시하는 근대적 삶이라고 볼 수 있다.

3 외적 준거에 따른 작품 감상 답 ④

정답이 정답인 이유

④ ㉣의 '그 사람'은 '허깨비로 제 마음에 드는 사람'이라는 점에서 '관념 속의 형식'이다.

오답이 오답인 이유

① ㉠의 '자기가 찾아야 할 사람'은 영채가 마음속에서 재회하기를 소망하는 형식이라는 점에서 '관념 속의 형식'이다.
② ㉡의 '기다리고 바라던 그 사람'은 영채가 마음속에서 그리던 이상적인 형식의 모습이라는 점에서 '관념 속의 형식'이다.
③ ㉢의 '그이'는 '마음속에 그려 오던 사람과는 딴사람'이자 영채를 반가워하지 않는 형식이라는 점에서 '현실 속의 형식'이다.
⑤ ㉤의 '이형식'은 영채가 본 후에 '그 사람이 아닌 줄을 깨닫고 실망하'는 대상이라는 점에서 '관념 속의 형식'과 대립하는 '현실 속의 형식'이다.

[4~8] 예술

영화 음향의 다양한 차원

해제 | 이 글은 영화의 음향에 대해 설명하고 있다. 음향은 영화에서 충실도, 공간, 시간 등의 요소와 관계를 맺으며 다양한 차원을 구축한다. 관객이 지각하는 음향이 그 음원에 충실한지의 여부를 가리키는 충실도는 관객의 관습적 기대와 관련이 있다. 감독은 충실도를 조절하여 다양한 효과를 나타낸다. 음향은 음원이 작품의 줄거리 밖에 있는 외재 음향과 안에 있는 내재 음향으로 구분되는데, 내재 음향은 내적 내재 음향과 외적 내재 음향으로 다시 구분된다. 음향은 내화면 음향과 외화면 음향으로 나뉘기도 한다. 음향은 영상과 시간적으로도 관계를 맺는데, 영상과 음향의 시제가 동일한 동시 음향, 영상에 나오는 사건의 과거나 미래에 발생한 음향인 비동시 음향으로 구분된다. 비동시 음향의 예로 회상 음향, 상상 음향, 사이 음향이 있다. 음향은 여러 요소를 활용하여 관객들에게 특정한 의미를 전달하고 정서를 유발하며, 영화를 더 효과적으로 감상할 수 있게 한다.

주제 | 영화의 음향과 관련을 맺는 요소들

구성 |
• 1문단: 영화 음향의 충실도
• 2문단: 영화 음향과 공간
• 3문단: 외재 음향과 내재 음향의 구분
• 4문단: 영화 음향과 시간
• 5문단: 영화 음향의 의의

4 글의 구조와 전개 방식 답 ②

정답이 정답인 이유

② 이 글은 영화의 음향이 관련을 맺고 있는 요소들인 충실도, 공간, 시간과 관련지어 음향을 분류하고 있다.

오답이 오답인 이유

① 이 글은 영화의 음향과 관련을 맺는 요소들을 설명하고 있을 뿐, 음향이 영화에 미치는 영향에 대한 여러 견해를 비교하고 있지 않다.
③ 이 글은 다양한 영화 음향의 종류에 대해 설명하고 있을 뿐, 관객이 음향을 감상하는 방식이나 그 장단점에 대해 분석하고 있지 않다.
④ 이 글은 영화의 음향이 어떠한 효과를 드러낼 수 있는지 설명하고 있으므로 의의나 가치를 드러내고 있다고 할 수 있지만, 개선해야 할 점에 대해서는 지적하고 있지 않다.

⑤ 이 글은 영화감독이 여러 음향을 사용하는 이유에 대해 설명하고 있으나, 이에 대한 전문가의 주장을 제시하고 있지 않다.

5 세부 내용 파악   답 ②

정답이 정답인 이유

② 동조화는 음향과 영상의 시간을 일치시키는 것이다. 따라서 영상에 나오는 사건의 과거나 미래에 발생한 음향인 비동시 음향이 사용될 때는 동조화가 이루어지지 않는다.

오답이 오답인 이유

①, ③ 1문단에서 음향의 충실도는 녹음의 질적인 측면이 아니라 음향의 음원에 대한 경험을 바탕으로 한 관객의 관습적 기대와 관련이 있다고 하였다.

④ 2문단에서 외적 내재 음향은 내적 내재 음향과 달리 관객이 장면 내에서 물리적인 음원을 확인할 수 있다고 하였다.

⑤ 1문단에서 음향이 실제로 영상에 보이는 대상에서 나온 것이 아니더라도 관객이 알아차리지 못한다면 충실도가 결여된 것이 아니라고 하였다.

6 중심 내용 파악   답 ③

정답이 정답인 이유

③ 3문단에서 내재 음향과 외재 음향의 구분은 영화를 감상하는 관객의 관습적인 기대에 달려 있다고 하며 감독이 특정한 목적을 위해 관객이 음향의 종류를 잘못 판단하게 만들기도 한다고 하였다. 「불타는 안장」에서 감독은 관객들이 오케스트라 음악을 외재 음향인 배경 음악이라고 생각하게 한 뒤, 실제로는 내재 음향임을 드러내는데, 이는 음향에 대해 갖고 있던 관객들의 관습적인 생각을 깨트리는 것이라 할 수 있다.

오답이 오답인 이유

① ㉠이 사용된 장면에는 배경 음악이 사용된 것이 아니라 배경 음악처럼 들리는 내재 음향이 사용되었다.

② ㉠은 음향이 공간과 관련을 맺는 방식에 따라 구분되는 내재 음향과 외재 음향에 대해 나타내기 위해 사용된 것이다.

④ ㉠은 관객의 관습적인 기대가 틀릴 수 있음을 보여 주는 것이므로 음향이 음원에 충실한지 파악하면서 감상하는 것과는 관련이 없다.

⑤ 음원이 인물의 마음속에 있는 음향은 내적 내재 음향이고, 음원이 외부 세계에 있어 물리적으로 확인할 수 있는 음향은 외적 내재 음향이다. 배경 음악은 외재 음향이고, ㉠에서 영상에 나오는 음악은 내재 음향이므로 음원이 인물의 마음속과 외부 세계 중 어디에 있는지 판단하는 것과 관련이 없다.

7 구체적 사례 적용   답 ②

정답이 정답인 이유

② 사형수는 작품의 줄거리 안의 존재이고, 논평은 영상보다 미래의 시점에 발생한 음향이므로 사형수의 논평은 외재 음향이 아니라 치환 내재 음향 중 상상 음향이다. 또한 탈출 계획 장면에서 음향들

이 상호 작용하고 있지도 않다. 외재 음향과 내재 음향이 상호 작용하는 예로 작품의 줄거리 밖에 있는 외부 해설자가 인물에게 말을 걸고, 장면 속의 인물이 이에 대답하는 것을 들 수 있다.

오답이 오답인 이유

① 〈보기〉에서 탈출 장면은 영상이 너무 어두워 관객들이 그의 논평을 통해 사건의 전개를 이해하게 된다고 하였다. 미래의 시점에서 제시되는 그의 논평은 화면 밖의 음향이므로, 관객들은 외화면 음향을 통해 현재 벌어지는 사건을 알게 된다고 할 수 있다.

③ 〈보기〉에서 사형수의 논평이 인물이 마음속으로 생각하는 내적 내재 음향인지, 다른 인물에게 이야기하는 외적 내재 음향인지 명확하게 드러나지 않는다고 하였다. 따라서 사형수의 논평이 무슨 음향인지에 대해 관객들은 다르게 판단할 수 있을 것임을 알 수 있다.

④ 감독은 천을 찢는 소리, 지푸라기가 흩날리는 소리 등을 의도적으로 실제 소리보다 크게 나타내어 충실도를 결여시킴으로써 관객들의 주의를 집중시키고 상황의 긴박감을 조성하였다.

⑤ 감독은 인물이 기차에서 뛰어내리는 장면에서 외적 내재 음향인 기차의 소음을 제거하여 관객들이 다른 외적 내재 음향인 인물의 발소리와 총소리에만 집중하게 하였다.

8 구체적 사례 적용   답 ③

정답이 정답인 이유

③ ⓐ는 영상의 시간보다 미래에 발생할 사고로 인한 음향이므로 상상 음향이고, ⓑ는 영상의 시간보다 과거에 발생한 편지를 읽었던 행위로 인한 음향이므로 회상 음향이며, ⓒ는 한 장면의 음향이 다른 장면 위로 잠시 이어지는 것이므로 사이 음향이다.

05회 미니모의고사   본문 20~24쪽

| 1 ① | 2 ④ | 3 ② | 4 ③ |
| 5 ① | 6 ⑤ | 7 ② | 8 ② |

[1~4] 현대 소설

이무영, 「제1과 제1장」

해제 | 이 작품은 1939년에 발표된 단편 소설이다. 지식인이자 신문 기자였던 수택이 농촌으로 귀향하여 진정한 농민이 되어 가는 과정을 형상화하고 있다. 불분명한 귀향 동기, 다소 낭만적인 농촌 현실에 대한 묘사 등으로 인해 당대의 농촌 현실에 대한 문제를 드러내는 데에는 한계를 지니지만, 한국 농촌의 전통적 윤리관을 부각하고 있다는 점에서 문학사적 의의를 갖는다.

주제 | 농촌 생활에 대한 향수와 애정

전체 줄거리 | 수택은 가족과 함께 농촌인 고향으로 귀향을 한다. 그런데 수택에 대한 고향 집 아버지의 시선은 우호적이지 않았다. 타지에서 생활하던 수택이 설을 쇤다고 고향에 왔을 때, 고향 집에 도둑이 든 일이 있었다. 수택이 유

도 실력으로 도둑을 잡았지만, 아버지는 오히려 몰인정하다며 수택을 책망한 적이 있다. 수택은 그런 아버지의 행위를 이해하지 못했었다. 그러던 수택이 동경으로 유학을 다녀온 뒤 신문사 기자 생활을 하다가 생활에 회의를 느껴 귀향을 결심하게 된 것이다. 농촌 생활에 쉽게 적응하지 못하자 수택은 아버지의 꾸지람을 듣게 될 뿐이다. 또한 스스로 패배자라고 자학을 하기도 한다. 하지만 농사일에 점차 익숙해지면서, 흙냄새의 의미를 알아 나간다. 수택은 가을 추수를 마친 후 농사일에 대한 보람을 느끼지만, 정작 소작료와 비료대와 지세(地稅)를 제하자 허망함을 느낀다. 이에 아버지가 거친 목소리로 지게를 지라고 호통을 친다. 아버지의 호통에 수택은 눈과 콧속이 화끈해지며 넘어진다. 그리고 수택은 일어나 코피를 흘리며 걸어간다.

---

1 인물의 심리, 태도 파악   답 ①

정답이 정답인 이유

① '그는 겉으로는 하도 오래간만이니 집에 와서 과세를 한다고 꾸몄지만 기실은 근방 읍에까지 출장이 있어서 온 김에 들른 것이었다.'에서 알 수 있듯이, 수택은 고향 집에서 과세를 하는 것이 목적이었던 것이 아니라 마침 출장을 온 김에 집에 들른 것이다.

오답이 오답인 이유

② '세상이란 모두 거꾸루 봐야 하는 게다. 경치 경치 하지만 제대루 볼 땐 보잘것없던 것이 가랑이 밑으로 보니까 희한하잖으냐. ~ 거꾸루 봐야지! 너들 눈엔 우리가 이러구 사는 게 개돼지같이 뵈겠지만서두 알구 보면 신선야. 신선. 너들 월급쟁이에다 대?'에서 알 수 있듯이, 김 영감은 수택에게 농촌의 생활이 도시보다 더 낫다는 것을 주장하고 있다.

③ '하면 되리라고 생각한 낫질이 그 좁은 원고지 칸에 글자를 써넣기보다 이렇게 어려우리라고 생각지 못했던 것이었다.'에서 알 수 있듯이, 수택은 자신이 그간 해 온 글쓰기보다 농사일이 힘들다는 사실을 깨닫는다.

④ '"에이끼, 미련한 것! 배추밭 매는 걸 밥 먹듯 하는구나. 밥 한술 떠 넣구 반찬 한 가지 집어 먹구— 그 식이 아니냐. 아, 이쪽으룬 흙을 이렇게 일으키면서 왼손으룬 풀을 집어내야지, 그걸 어떻게 따루따루……." / "아직 손에 안 익어 그렇습니다, 아버지." / 수택은 이렇게 변명을 하는 도리밖에 없었다.'에서 알 수 있듯이, 김 노인의 핀잔에 수택은 변명을 하고 있다.

⑤ '수택은 빨래 자리로 놓은 돌 위에 쪼그리고 앉아서 양치를 쳤다. 아침저녁으로 반죽한 치분으로만 닦아 온 이가 물로만 웅얼웅얼해 뱉어도 입안이 환한 것이 이상할 정도다.'에서 알 수 있듯이, 수택은 물로만 양치를 해도 입안의 느낌이 좋아진다는 것을 알게 된다.

2 구절의 의미 이해   답 ④

정답이 정답인 이유

④ '일테면 말이다. 내가 네 발등을 잘못해 밟았다고 치자꾸나. 그러면 넌 발끈할 게다. 허지만 우리 시골 사람들은 잘못해 밟았나 보다 하군 그만이거든.'에서 알 수 있듯이 ⓒ에 대해 김 노인은 사례를

들어 정당성을 입증하려 하고 있다. 또한 '산이 없냐 물이 없냐. 숲이 있겠나, 십 리만 나가면 수리 조합 보가 있겠다……'에서 알 수 있듯이 ⓒ에 대해 김 노인은 예를 들어 수택을 비판하고 있다.

오답이 오답인 이유

① '이 많은 인총에 정오만 가지고 살려구 들어?'라는 김 노인의 말에서 알 수 있듯이, 김 노인은 ㉠을 통해 도시인들이 중시하는 삶의 원칙에 대해 부정적인 태도를 보인다.

② "그래, 여기 경치가 서울만 못하단 말이냐."와 '경치 경치 하지만 제대루 볼 땐 보잘것없던 것이 가랑이 밑으로 보니까 희한하잖으냐. 사람 산다는 것두 그러니라. 너들 눈엔 여기 사람들 사는 게 우습지? 허지만 여기 사람들은 상팔자야.'와 같은 김 노인의 말에서 알 수 있듯이, 김 노인은 도시인의 면모에서 벗어나지 못한 수택의 사고를 비판하고 있다. 따라서 도시인의 면모에서 벗어난 수택을 이해하려는 태도를 보인다는 진술은 타당하지 않다.

③ '정오로 친다면야 남의 발을 밟은 사람이 글치. 그래, 이 많은 인총에 정오만 가지고 살려구 들어?'에서 알 수 있듯이, ㉠은 수택의 태도를 꾸짖기 위한 말이다.

⑤ '도회 물을 먹은 아들은 물론 코웃음을 쳤다.'와 '수택은 아버지가 너무 흥분이 돼서 서두는 통에 어리둥절하고만 있었다.'에서 알 수 있듯이, 수택은 ㉠과 ⓒ으로 인해 자신의 행위를 반성하고 있지 않다.

3 서술자의 태도 파악   답 ②

정답이 정답인 이유

② "아무것두 없으니 나오! 나오."와 "나갈 길을 좀 틔워 주서유!" 그리고 김 노인이 수택에게 하는 말은, 의도를 숨기는 것이 아니라 자신들의 분명한 입장을 나타내고 있다.

오답이 오답인 이유

① '벽에서 나는 황토 냄새와 그야말로 된장 내처럼 퀴퀴한 냄새로 잠을 못 이루고 있을 때'에서 알 수 있듯이, 수택은 퀴퀴한 냄새로 인해 잠을 이룰 수 없는 공간에 대해 불쾌감을 드러내고 있다.

③ '손에 흉기 하나 들지 않은 좀도적임을 발견한 그는 '억' 소리와 함께 덮치어 잡아눴다. 그는 학생 시절에 배운 유도로 도적을 메다치고는 제 허리끈으로 두 팔을 꽁꽁 묶었다.'와 '김 노인의 작대기는 재차 아들에게로 향하고 겨누어졌다.'에서 알 수 있듯이, 대결의 상대가 수택과 도적에서 김 노인과 수택으로 변화하고 있다. 이를 통해 대결하는 상대가 달라짐에 따라 인물 간의 대립 관계가 변화하는 양상을 확인할 수 있다.

④ '법으루만 산다면야 법에 안 걸릴 놈이 또 어딨단 말이냐. 넌 법에 안 걸리는 일만 하고 사는 상싶지? 그런 게 아니니라. 올 갈에두 면소 뒤 과수원에서 사꽈 하나 따 먹다가 징역을 갔느니라.'에서 알 수 있듯이, 김 노인은 자신의 경험을 통해 얻은 지식을 바탕으로 수택을 비판하고 있다.

⑤ '도적놈도 그랬고 수택이도 그랬고 온 집안사람들도 다 그렇게 생각했다. 몽둥이에 맞을 사람은 그 도적이리라고—. / 그러나 아니

었다. 지겟작대기에 아랫종아리를 얻어맞은 것은 아들이었다.'에서 알 수 있듯이, 몽둥이에 맞을 사람이 도적일 것이라는 예상과 달리 수택이 몽둥이에 맞게 됨에 따라 의외성이 부각되고 있다.

4 외적 준거에 따른 새로운 가치 발견   답 ③

정답이 정답인 이유

③ '그들은 동리 사람들의 이런 경이의 시선을 등 뒤에 느끼며 일을 했다. 이런 것이 그들에게 있어서 심지어 위안이기도 했다. 지금의 그들에게는 잘하는 것이 자랑도 되었지마는 못하는 것도 부끄럼이 되지 않는 유리한 조건이 있었던 것이다.'에서 알 수 있듯이, 수택이 '헌 양복 조각을 입고 밭을 매는 것'을 동리 사람들이 경이로운 눈으로 바라본 것은 수택이 농사일에 서툰 것에 대해 동리 사람들이 반감을 드러내지 않은 것을 나타낸다. 그런데 〈보기〉를 참고할 때, 흡수란 '기존의 생활 방식에서 쉽게 벗어나지 못하는 도시인이 기존의 생활 방식을 온전히 버리고 새로운 생활 방식에 동화되'는 것을 의미한다. 따라서 '헌 양복 조각을 입고 밭을 매는' 수택의 행위는 기존의 생활 방식을 온전하게 버리지 못하고 있음을 나타낸다. 따라서 수택이 새로운 생활 방식으로 농촌 문화에 흡수되었음을 드러낸다는 진술은 타당하지 않다.

오답이 오답인 이유

① '당당한 문화인인 아들은 흙투성이인 김 영감을 '내 아버지로라'고 내세우기조차 꺼려 했다.'와 김 노인의 '사람이란 흙내를 맡아야 하느니라. 대처(도회) 사람들이 암만 고량진미로 음식을 만든대도 시골 음식처럼 구수한 맛이 없느니라.'에서 수택과 김 영감 사이의 가치관의 차이를 확인할 수 있다. 또한 수택이 '결혼을 하면서도 자기 아버지를 청하지 않은 것'과 김 영감이 '아, 그 잘난 놈 잔치에 못난 애비가 가?'라고 한 말에서 두 인물이 서로에 대해 느끼는 거부감을 확인할 수 있다.

② '너들 눈엔 우리가 이러구 사는 게 개돼지같이 비겠지만서두 알구 보면 신선야, 신선. 너들 월급쟁이에다 대? 그 연기만 자옥한 돌판에서 사는 서울 사람들에다 대? 보렴, 네. 여기 사람들이 어떻든? 너들처럼 얼굴이 새하얗진 않지? 그게 신선이 아니구 뭐냐?'에서 알 수 있듯이, 김 노인은 수택에게 도시의 삶과 다른 농촌의 생활 방식을 받아들일 것을 요구한다. 이는 〈보기〉의 '도시인이 기존의 생활 방식을 온전히 버리고 새로운 생활 방식에 동화'될 것을 요구하는 것이다.

④ '그들은 동리 사람들의 이런 경이의 시선을 등 뒤에 느끼며 일을 했다. 이런 것이 그들에게 있어서 심지어 위안이기도 했다. 지금의 그들에게는 잘하는 것이 자랑도 되었지마는 못하는 것도 부끄럼이 되지 않는 유리한 조건이 있었던 것이다.'에서 알 수 있듯이, 동리 사람들은 수택이 농사일을 잘하지 못하는 것을 동정의 시선으로 바라본다. 이는 수택이 귀농을 통해 농촌의 삶에 안착하려는 노력들을 긍정적으로 받아들이는 동리 사람들의 태도를 나타낸다. 〈보기〉에서 '새로운 환경에 적응하기 위해 정체성의 변화를 모색하는 도시인에게 반감을 드러내지 않는 농민들의 태도는, 도시인이 농촌

생활에 안착하는 데에 긍정적 영향을 끼친다'고 제시한 점을 고려할 때, 반감을 드러내지 않는 농민들의 태도가 수택이 농촌에 적응하는 데에 긍정적인 영향을 끼치고 있음을 알 수 있다.

⑤ '광대 줄 타듯 하던 논두렁도 어느새 평지처럼 평탄해진 것 같고, 아랫종아리에 차이는 이슬이 생기 있는 감촉을 준다. 아스팔트를 거닐다가 상점에서 뿌린 물이 한 방울만 튀어도 시비를 걸던 일이 마치 옛날 꿈 같았다.'에서 알 수 있듯이, 수택은 점차 농촌의 생활 방식에 익숙해지고 있음을 보여 준다. 〈보기〉에서 적응을 '이질적인 상황에 대처하는' 것이라고 제시한 것을 참고할 때, 수택이 아스팔트에서의 물방울과 논두렁에서의 이슬에 대한 감촉을 다르게 인식하는 것은 수택이 도시의 생활 방식에서 벗어나 농촌 사회의 생활 방식에 적응해 가고 있음을 나타낸다.

[5~8] 예술

개념 미술

해제 | 이 글은 개념 미술의 특성과 형식을 설명하고 그 의의를 서술하고 있다. 개념 미술은 작업 구상을 담은 종이, 작업 스케치, 작품에 대한 설명을 담은 송장 등과 같이 언어를 재료로 하는 미술 형식이라고 할 수 있다. 또한 개념 미술에서는 시각화되지 않은 생각도 완성된 산물 못지않은 작품이다. 개념 미술은 일반적으로 네 가지 형식을 선호하는데, 여기에는 '레디메이드', '개입', '자료화', '언어'가 있다. 이와 같은 특성과 형식을 지닌 개념 미술은 언어를 비롯한 비물질성을 지닌 생각이나 관념도 예술이 될 수 있다는 새로운 인식을 가능하게 하였다.

주제 | 개념 미술의 특성과 형식 및 의의

구성 |

• 1문단: 개념 미술에 대한 플린트의 정의
• 2문단: 예술의 본질에 대한 헤겔의 견해
• 3문단: 시대의 흐름 속에서 예술을 주도한 장르
• 4문단: 멜 보크너의 개념 미술 작품
• 5문단: 개념 미술에 내한 솔 르윗의 견해
• 6문단: 개념 미술이 선호하는 네 가지 형식
• 7문단: 개념 미술을 낳은 미술사적 계보학에 대한 알렉산더 알베로의 견해
• 8문단: 개념 미술의 의의

5 세부 내용 파악   답 ①

정답이 정답인 이유

① 이 글은 1문단과 4~5문단에서 개념 미술의 특성을, 6문단에서 개념 미술의 형식을 설명하고 그 의의를 8문단에서 서술하고 있다.

오답이 오답인 이유

② 이 글은 실제 작품을 예시로 들어 개념 미술의 형식에 대해 설명하고 있지만, 개념 미술을 감상할 때의 주안점은 제시하고 있지 않다.

③ 이 글은 개념 미술의 역사에 대해 일부 언급하고 있지만, 개념 미술의 한계를 규명하고 있지 않다.

④ 이 글은 개념 미술의 재료가 지니고 있는 특성을 언급하였으나 이를 바탕으로 개념 미술에 대한 상반된 견해를 제시하고 있지는

않다.

⑤ 이 글에서는 개념 미술에 대한 평가가 시대에 따라 달라진 이유를 제시하고 있지 않다.

6 세부 내용 파악

답 ⑤

정답이 정답인 이유

⑤ ⓐ는 '20세기 예술의 경향을 보건대, 적어도 예술이 물질을 벗고 정신으로 상승하리라'는 헤겔의 지적이 적중했다는 것이다. 이는 5문단의 '솔 르윗에 따르면 개념 미술에서는 생각이나 관념이 작품의 가장 중요한 측면이 된다.'와 '이렇듯 개념 미술에서는 시각화되지 않은 생각이나 관념도 완성된 산물 못지않은 작품이다.'를 통해 확인할 수 있다.

오답이 오답인 이유

① 이 글에는 예술을 바라보는 미학적 관점이 퇴보했다는 내용이 언급되어 있지 않다.

② 이 글에는 예술 작품을 선호하는 사람들의 취향이 변했다는 내용이 언급되어 있지 않다.

③ 이 글에서는 20세기를 예술의 가치가 중요하지 않은 시대라고 언급하고 있지 않다.

④ 예술 작품을 표현하기 위한 물질적인 재료들이 다양해졌어도, 이는 여전히 예술이 물질성을 지니고 있다는 것으로, 헤겔은 '예술이 물질을 벗고 정신으로 상승하리라'고 지적했기 때문에 적절하지 않다.

7 세부 내용 파악

답 ②

정답이 정답인 이유

② 4문단의 '이렇게 작업 구상을 담은 종이, 작업 스케치, 작품에 대한 설명을 담은 송장 등이 예술이 될 때, 미술은 문학에 가까워진다.'를 통해 멜 보크너는 문학을 미술화한 것이 아니라 미술을 문학화했음을 알 수 있다.

오답이 오답인 이유

① 5문단의 '실제로 솔 르윗은 그의 작품 '벽 드로잉'의 실행을 고용된 인부들에게 위탁했다.'를 통해 확인할 수 있다.

③ 2문단의 '이 때문에 그는 정신과 물질이 어느 쪽에도 치우치지 않고 적절히 조화를 이룬 그리스 조각에서 예술이 정점에 도달했다고 보았다.'를 통해 헤겔은 정신성과 물질성이 적절하게 조화될 때 예술이 정점에 도달한다고 보았음을 알 수 있다.

④ 1문단의 '작품을 전시회에 출품하는 게 아니라 잡지에 기고하는 화가들이 있다.'를 통해 전시회에 가지 않고도 잡지에 기고된 개념 미술 작품을 감상하는 것이 가능하다는 것을 알 수 있다.

⑤ 7문단의 '한편 알렉산더 알베로는 개념 미술을 낳은 다양한 미술사적 계보학에 대해 언급했다. ~ 위에서 언급한 개념 미술의 네 형식은 이 네 가지 궤도가 복잡하게 결합하여 나타난 경향이라고 할 수 있다.'를 통해 확인할 수 있다.

8 구체적 사례 적용

답 ②

정답이 정답인 이유

② 5문단의 '솔 르윗에 따르면 개념 미술에서는 생각이나 관념이 작품의 가장 중요한 측면이 된다. 예술가가 예술에 개념적 형식을 사용한다는 것은 곧 모든 계획과 결정이 미리 만들어지고 실행은 요식 행위가 된다는 것을 의미한다.'를 통해 개념 미술가들은 '제작'의 의무에서 벗어날 수 있었음을 알 수 있다. 또한 같은 문단의 '이렇듯 개념 미술에서는 시각화되지 않은 생각이나 관념도 완성된 산물 못지않은 작품이다.'와 마지막 문단의 '개념 미술은, 예술이 구체적으로 실재하는 작품이라는 전통적인 인식에서 벗어나 언어를 비롯한 비물질성을 지닌 생각이나 관념도 예술이 될 수 있다는 예술에 대한 새로운 인식을 가능하게 하였다.'를 통해 작품은 '재료'의 감옥에서 해방되었음을 알 수 있다. 그리고 4문단의 '멜 보크너'의 '전시회를 찾은 관객들은 작품을 보는 게 아니라 파일을 넘겨 가며 읽어야 했다.'를 통해 감상자들의 입장에서는 예술 작품을 감상하는 데 있어서 기존의 관습적인 감상의 관례에서 벗어나게 되었다고 볼 수 있다.

06회 미니모의고사

본문 25~28쪽

1 ③	2 ④	3 ⑤	4 ②
5 ④	6 ③	7 ③	8 ④

[1~4] 현대 소설

공선옥, 「명랑한 밤길」

해제 | 이 작품은 지방의 작은 도시를 배경으로 어려운 현실을 살아 나가는 어린 가장의 이야기를 명랑하게 다루고 있는 소설이다. 몇 차례 데이트를 했던 남자에게 실연을 당한 '나'는 외국인 이주 노동자들의 사연을 우연히 듣고 그들과 연대 의식을 느낀다. 동명의 소설집 『명랑한 밤길』에서는 주로 여성 주인공들을 내세워 현실의 단면을 보여 준다.

주제 | 실연의 상처를 입은 여주인공이 이주 노동자들에게 느끼는 연대 의식

전체 줄거리 | 지방 중소 도시 작은 병원의 간호사로 근무하며 치매에 걸린 어머니를 모시는 '나'는 외국인 이주 노동자들이 부쩍 늘어났다는 것을 느끼며 단순한 일상에 무료함을 느낀다. 그 즈음 도시에서 이사 온 세련된 남자에게 반하여 그와의 데이트를 즐긴다. '나'는 마당 텃밭에서 채소를 길러 무공해 채소라며 남자에게 선물을 하는 등 정성을 기울이지만 얼마 지나지 않아 남자에게 실연을 당한다. 집으로 돌아오는 길에 외국인 이주 노동자들의 대화를 엿듣게 되고 그들의 아픔에 공감하며 그들과 연대 의식을 느낀다.

1 작품의 내용 파악

답 ③

정답이 정답인 이유

③ '나'는 방앗간 안에 몸을 숨긴 채 싸부딘과 깐쭈의 대화를 듣고

있었으며, 싸부딘과 깐쭈는 '나'의 존재를 알지 못한 채 자신들의
사연을 털어놓고 노래를 부르며 집으로 향했다.

오답이 오답인 이유

① '그 둑방 길을 수아와 내가 걸어가면 젊은 여자가 귀한 이 고장의
젊은 남자들이 눈부시게 우리를 바라볼 것이다.'라는 서술에서 '나'
가 사람들의 시선을 의식하고 있음을 알 수 있다.
② '그 길 너머 그 남자네 집이 보였다. 겨우 가라앉았던 심장이 다
시 격렬하게 요동쳐 오기 시작했다.', '나는 방앗간을 나섰다. 나는
빗속에서 악을 썼다. 눈에서는 눈물이 쏟아졌다. 그러나 나는 노래
불렀다.'라는 내용을 통해 그 남자로 인해 '나'의 감정이 격해졌고
비를 맞으며 방앗간을 나서는 것을 알 수 있다.
④ '여동생이 한국 사람과 결혼했어. 시골이야. 동생이 남편한테 맞
았어. 동생 많이 슬퍼. 형이 한국 여자랑 결혼했어. 형 여자 도망갔
어. 조카 있어. 형이랑 조카 많이 슬퍼.'라는 내용을 통해 싸부딘의
가족이 한국에서 편치 않은 생활을 하고 있음을 알 수 있다.
⑤ '농공 단지 옆에서 만배는 돼지를 한 이백 두쯤 기르다가 불법 하
수 처리 건으로 경찰서에 불려 가네 어쩌네 곤욕을 치른 뒤에 돼지
막을 플라스틱 사출 공장으로 변신시켰다.'라는 내용을 통해 만배가
돼지 농장을 운영하다가 플라스틱 사출 공장을 차렸음을 알 수 있
다. 또한 퇴근길에 만배가 불러서 들어간 플라스틱 공장 안에서 실
제로 노동하고 있는 외국인들을 보았다는 내용을 통해 만배가 외국
인 노동자들을 고용했음을 알 수 있다.

2 서술상의 특징 파악   답 ④

정답이 정답인 이유

④ '나'의 시선을 통해 만배와 외국인 노동자 남자의 대화가 서술되
고 있다. '나'는 '나'를 소재로 이루어지는 이들의 언행이 불쾌하다
고 느끼고 있다.

오답이 오답인 이유

① 서술자인 '나'와 주변 인물의 갈등이 고조되고 있지 않다.
② 상황 전개에 따른 사건 변화의 추이가 드러나고 있지 않다.
③ 서술자인 '나'의 논평이 제시되어 있다고 할 수 있으나, 인물의
긍정적 성격이 부각되지 않는다.
⑤ '나'의 감정이 제시되어 자기 고백적이라 할 수 있으나, 내면적
성찰이 엿보이지 않는다.

3 구절의 의미 이해   답 ⑤

정답이 정답인 이유

⑤ 깐쭈는 사장으로부터 폭언과 욕실을 듣고 슬퍼하고 있다. 싸부
딘은 형과 여동생의 가정 문제로 슬퍼하고 있다. 이들은 이러한 마
음을 노래를 부르며 달래려 하고 있다. '나' 역시 실연의 슬픔을 겪
으며 힘들어하고 있다. '나'는 깐쭈와 싸부딘이 노래를 부르는 것을
보고 자신도 노래를 부르며 '뚜벅뚜벅, 명랑하게' 나아가려고 하고
있다. 이는 각각의 상황에 처한 인물들이 자신의 심경을 달래려는
시도라 할 수 있다.

오답이 오답인 이유

① 깐쭈와 싸부딘은 노래하는 행위를 통해 과거의 기억을 떠올리지
않는다.
② 깐쭈와 '나'의 노래하는 행위는 서로에 대한 오해를 해소하기 위
한 방법이 아니다.
③ 싸부딘과 '나'의 노래하는 행위는 모두 현재의 심경과 관련이 있
으며 가슴속의 응어리를 해소하고자 하는 시도로 볼 수 있다. 따라서
'서로 다른 가치관을 상징하는 행동'이라는 진술은 적절하지 않다.
④ 깐쭈와 싸부딘과 '나'의 노래하는 행위는 특정한 대상을 향해 자
신의 각오를 전달하기 위한 것이 아니다.

4 외적 준거에 따른 작품 감상   답 ②

정답이 정답인 이유

② ㉡에서는 외국인 이주 노동자에 대한 만배의 경멸적인 태도가
드러나고 있다. 사장인 만배는 외국인 이주 노동자들의 행동이나
태도를 이해하지 못한 채 이들에 대한 존중 없이 거친 언행을 보이
고 있다. 따라서 편견을 보이는 것은 만배의 행동이라고 할 수 있다.

오답이 오답인 이유

① '외국인 노동자들이라니.'라는 말투에는 외국인 이주 노동자들을
무시하는 태도가 담겨 있다. 이는 이들에 대한 이해가 부족한 데서
비롯된 편견이라고 할 수 있다.
③ '심장 막 뛰어. 손가락 막 떨려. 눈물 막 흘러.'라는 깐쭈의 말은
우리 공동체 내에서 소수민이 당하는 모욕감과 슬픔을 어눌한 우리
말로 표현한 것이라 할 수 있다.
④ '나'가 깐쭈와 싸부딘의 사연을 듣고 이들의 노래를 따라 부르는
것은 이들의 상황에 공감하며 동질감과 연민을 느끼는 행동이라 할
수 있다.
⑤ 우리 공동체 음식 문화인 '싱추', '고추', '고추장'을 외국인 이주
노동자들 역시 먹고 있다는 것을 암시하는 구절로, 그들이 우리 공
동체 문화에 적응하는 모습이라 할 수 있다.

[5~8] 사회

형법상의 명예에 관한 죄

해제 | 이 글은 형법에 있는 명예에 관한 죄에 대해 설명하고 있다. 명예에 관
한 죄는 사실의 적시가 없이 경멸의 의사를 표시하는 모욕죄와 사실의 적시가
있는 명예 훼손죄가 있다. 명예에 관한 죄가 성립하려면 불특정 또는 다수 앞
에서 행위가 이루어져야 한다는 공연성이 있어야 하며 명예 주체의 명예를 저
하시키는 행위여야 한다. 명예 훼손죄에서 내용상 가중 유형으로는 허위 사실
에 의한 명예 훼손죄가 있고 감경 유형으로는 사자의 명예 훼손죄가 있다. 적
시 방법상 가중 유형으로는 출판물 등에 의한 명예 훼손죄가 있다. 인터넷과
같은 새로운 매체에 대해서는 형법에 규정되어 있지 않기 때문에 형법을 적용
하는 대신 정보 통신망법을 적용한다. 명예 훼손죄는 개인의 명예를 보호할 수
있지만 표현의 자유, 언론의 자유와 같은 헌법상의 가치와 상충될 수가 있다.
그래서 형법에서는 그 내용이 진실하고 오로지 공공의 이익에 관한 때에는 처
벌하지 않는다는 규정을 두고 있다.

주제 | 명예에 관한 죄의 범죄 성립 요건과 유형 및 위법성의 배제

구성 |

• 1문단: 명예에 관한 죄의 개념과 종류

• 2문단: 모욕죄의 성립 요건과 적용

• 3문단: 단순 명예 훼손죄의 성립 요건과 모욕죄와의 차이

• 4문단: 적시 내용에 따른 가중 유형과 감경 유형

• 5문단: 적시 방법에 따른 가중 유형

• 6문단: 명예 훼손죄의 처벌을 받지 않는 경우

---

5 세부 내용 파악 답 ④

정답이 정답인 이유

④ 3문단에서 명예 훼손죄의 명예 주체는 모욕죄와 마찬가지로 자연인과 법인 모두 해당된다고 했다. 자신이 다니는 회사는 법인이기 때문에 명예 주체가 될 수 있다.

오답이 오답인 이유

① 3문단에 따르면 명예 훼손죄는 모욕죄와 달리 명예 주체의 고소가 없어도 공소 제기가 가능하다고 했으므로 명예 훼손의 피해자가 아니더라도 고발할 수 있다.

② 3문단에 따르면 모든 유형의 명예 훼손죄는 명예 주체가 행위자에 대한 처벌을 원하지 않는 경우에는 처벌받지 않는다. 따라서 허위 사실을 유포했다 하더라도 피해자가 처벌을 원하지 않으면 처벌받지 않는다.

③ 학교 누리집 게시판에 글을 올렸다는 것은 불특정 다수에 전파하는 것이므로 공연성이 성립하며, 비하하는 내용은 모욕에 해당하는 것이기 때문에 모욕죄가 성립될 수 있다.

⑤ 2문단에 따르면 경멸의 의사가 없는 단순 불친절에서 오는 불쾌감으로는 모욕죄가 성립하기 어렵다.

6 구체적 사례 적용 답 ③

정답이 정답인 이유

③ ㄱ. 욕설과 조롱을 했다는 것은 모욕죄에 해당하므로 200만 원의 벌금형이 된다.

ㄴ. 허위 사실을 적시했지만 감경 유형인 사자의 명예 훼손죄에 해당된다. 이 경우 500만 원의 벌금형이 된다.

ㄷ. 허위 사실을 적시했으므로 내용상으로 가중되지만 적시 방법으로는 가중되지 않는다. 이 경우 1천만 원의 벌금형이 된다.

ㄹ. 단순 명예 훼손죄에 해당하지만 출판물을 이용했으므로 적시 방법으로 가중된다. 이 경우 700만 원의 벌금형이 된다.

ㅁ. 허위 사실이므로 내용상으로 가중되고 누리 소통망을 이용했으므로 적시 방법으로도 가중된다. 이 경우 정보 통신망법 제70조의 적용을 받으므로 5천만 원의 벌금형이 된다.

→ 그러므로 형량이 가장 높은 것은 ㅁ이고, ㄷ이 그다음이다.

7 세부 내용 파악 답 ③

정답이 정답인 이유

③ ㉡의 적용 범위는 정보 통신망을 이용하여 명예 훼손을 행한 경우이다. 출판물을 이용한 명예 훼손의 경우는 ㉡을 적용하지 않고 ㉠을 적용한다. 그러므로 ㉡의 적용 범위에 ㉠을 위반하는 행위들이 포함되는 것은 아니다.

오답이 오답인 이유

① 형법에서는 유추 해석 금지의 원칙이 적용되는데 ㉠은 형법에 속하는 것이기 때문에 이 원칙이 적용된다.

② ㉠에 해당되는 내용 중에는 단순 명예 훼손죄와 허위 사실에 의한 명예 훼손죄가 있다. ㉢은 위법성이 배제되는 사유에 대해 규정한 것으로 단순 명예 훼손죄의 경우 오로지 공익에 부합할 때에 처벌을 받지 않는다고 했다. 그러므로 ㉠에 해당한다고 하더라도 ㉢에 해당한다고 인정되면 처벌받지 않는다.

④ ㉡은 단순 명예 훼손죄의 경우에도 적용이 된다. 그러므로 적시된 사실이 진실이라고 인정되었을 때도 적용을 할 수 있다.

⑤ ㉢은 단순 명예 훼손죄의 경우 '진실한 사실로서 오로지 공공의 이익에 관한 때'에 적용이 된다. 그러므로 공익성 여부와 상관없이 허위 사실을 적시한 경우에는 적용이 되지 않는다.

8 구체적 사례 적용 답 ④

정답이 정답인 이유

④ '을'이 '병'에게 전달한 내용은 '갑'의 행위를 오해한 데서 비롯된 것이다. 만약 오해한 내용을 진실로 믿었다면 4문단에서 이야기한 바와 같이 형법상 단순 명예 훼손죄에 해당한다. 그렇지만 '병'은 들은 내용을 뉴스 블로그에 올렸기 때문에 형법상 단순 명예 훼손죄의 적용을 받는 것이 아니라 정보 통신망법 제70조의 적용을 받는다.

오답이 오답인 이유

① 1문단에 따르면 명예는 일반적으로 명예 주체에 대한 사회적 평가를 가리킨다. 반듯한 이미지로 인기를 얻던 A에게 비난이 쏟아진다는 것은 사회적 평가가 저하된 것이므로 명예가 훼손된 것이라고 할 수 있다.

② '갑'이 사람들이 잘 다니지 않는 숲을 찾은 것은 불특정 또는 다수의 사람에게 사실을 전파하기 위한 것이 아니었으므로 공연성이 있다고 보기는 어려우며, 내용도 자신에 대해 자책하는 것이었으므로 다른 사람의 명예를 훼손한 행위로 보기 어렵다.

③ 3문단에 따르면 명예 주체가 누구인지 특정할 수 있는 내용이 포함되지 않았을 때는 단순 명예 훼손죄가 성립하지 않는다. '을'이 말한 내용 중에 명예 주체를 특정할 수 있는 내용이 없었다면 '을'에게 책임을 묻기는 어렵다.

⑤ 3문단에 따르면 소수의 특정인에게 사실을 전파한 경우라도 특정인이 전파 가능성이 높은 사람이었다면 공연성이 인정될 수 있다. 그러므로 '병'이 전파 가능성이 높은 인물이라는 것이 입증되면 공연성이 있다고 볼 수 있다.

[1~3] 고전 시가

21 백수 광부의 아내, 「공무도하가」

해제 | 백수 광부(흰머리를 풀어 헤친 미친 사람)의 아내가 지었다고 전해지는 고조선의 노래이다. 원래 노래는 전해지지 않지만, 한역된 시가가 진나라 최표의 『고금주』에 설화와 함께 채록되어 있다. 조선 시대 문인들이 『해동역사』, 『청구시초』 등에 옮겨 전하면서 우리나라에도 널리 알려졌다. '그 물'을 건너지 말라는 아내의 간절한 부탁을 무시하고 '그 물'을 건너다 세상을 떠나 버린 남편에 대한 애절한 마음이 잘 드러난다.

주제 | 임을 잃은 슬픔과 안타까움

구성 |

- 1행: 물을 건너려는 임을 만류함.
- 2행: 물을 건너는 임
- 3행: 물에 빠져 돌아가신 임
- 4행: 사별한 임에 대한 슬픔과 한탄

🎵 견우 노인, 「헌화가」

해제 | 신라 성덕왕 때 지어진 4구체 향가로 당대의 미인으로 유명했던 수로 부인과 관련된 배경 설화와 함께 전해진다. 남편 순정공과 함께 강릉에 가던 수로 부인이 절벽에 핀 예쁜 꽃을 보고 누가 저 꽃을 따 주겠냐고 물었지만 아무도 나서지 않았다. 그때 암소를 끌고 지나가던 노인이 그 꽃을 따 와서 수로 부인에게 바치면서 이 노래를 지어 불렀다고 한다. 향찰로 표기된 작품으로 소박하고 순수한 사랑의 마음이 잘 드러난다. 제시된 지문은 김완진의 향찰 해독을 현대어로 푼 것이다.

주제 | 시모히는 이에게 꽃을 바치고 싶은 마음

구성 |

- 1행: 자줏빛 바위 가에서 사모하는 이와 마주침.
- 2행: 하던 일을 멈추고 사모하는 이의 바람을 이뤄 주고 싶음.
- 3행: 사모하는 이의 반응을 떠올림.
- 4행: 사모하는 이에게 그가 원하는 것을 바치고 싶은 마음을 드러냄.

🎵 을지문덕, 「수나라 장수 우중문에게 보내는 시」

해제 | 국문학사에서 가장 오래된 한시로 오언 고시에 해당하며, 『삼국사기』에 실려 전한다. 612년 수나라가 30만 대군으로 침공하여 왔을 때, 살수까지 진격해 온 적장 우중문을 희롱하기 위하여 지어 보냈다고 한다. 을지문덕 장군이 살수 대첩에서 수나라 대군에 맞서 승리하는 과정과 관련하여 자주 언급되는 작품이다

주제 | 족함을 알고 싸움을 그만둘 것을 권함.

구성 |

- 1행: 신기한 계책을 칭찬함.
- 2행: 묘한 계산을 칭찬함.
- 3행: 전쟁에서 이미 공을 세웠음을 인정함.
- 4행: 족함을 알고 그만둘 것을 권함.

1 작품 간의 공통점, 차이점 파악

답 ①

정답이 정답인 이유

① (가)의 화자는 '임'에게 '그 물을 건너지 마오'라며, (나)의 화자는 청자에게 '꽃을 꺾어 바치오리다'라며, (다)의 화자는 청자에게 '그만두길 바라겠소'라며 자신의 원하는 바를 이야기하고 있다. (가)~(다) 모두 자신의 뜻을 전달하여 바라는 바를 이루고 싶은 화자의 모습이 드러나는 작품이다.

오답이 오답인 이유

② (가)의 경우, '임은 끝내 그 물을 건너셨네'와 같이 청자가 화자의 말을 따르지 않는 상황이 제시되고 있지만, (나)와 (다)의 경우, 자신의 말을 따르지 않는 상황이나 그에 대한 안타까움이 제시되지 않고 있다.

③ (가)의 화자는 '가신 임을 어찌할꼬'와 같이 돌아가신 임에 대한 안타까움을 드러내고 있지만, 그것이 자신이 한 말에 대해 책임을 지지 않으려는 심리를 드러낸 것은 아니다. (나)의 화자는 청자에게 '꽃을 꺾어 바치'겠다고 약속하고 있을 뿐, 책임에 대해서는 말하고 있지 않다.

④ (나)의 화자는 '나를 아니 부끄러워하시면'과 같이 자신의 제안에 대한 청자의 반응을 고려하며 의사를 밝히고 있다. 주변의 반응에 전혀 신경을 쓰지 않는 자기중심적 태도를 지닌 인물이라고 볼 수 없다. (다)의 화자는 청자의 응답을 기대하고 있을 뿐 주변 사람들의 반응을 떠올리고 있지 않다.

⑤ (다)의 화자는 시적 대상을 두고 '싸움에 이겨 공 이미 높'다고 평가하고 있다. 또한 1행의 '계책'과 2행의 '계산'도 대상의 능력을 드러낸 것이다. 하지만 그러한 평가가 대상의 장점이나 대상이 이룬 성취에 대한 화자의 부러움으로 표현되고 있지는 않다. (가)의 화자는 대상의 장점이나 성취에 대해 따로 언급하고 있지 않다.

2 시어, 시구의 의미와 기능 파악

답 ⑤

정답이 정답인 이유

⑤ (나)에서 '암소'는 노인이 끌고 가던 노인의 소유물에 해당한다. 작품 속에서 '암소'는 수로 부인에게 꽃을 바치기 위해 노인이 잠시 놓아둘 수 있는 것으로 제시되고 있다. 한편 (다)에서 화자는 청자에게 '족함을 알' 것과 '그만두'고 포기할 것을 권하고 있지만 (다)의 청자가 '족함'을 이미 충분히 느끼고 있는지 판단할 근거는 부족하다.

오답이 오답인 이유

① (가)의 화자는 청자인 '임'에게 '그 물'을 건너지 말 것을 요청하고 있다. (나)의 화자는 청자를 '자줏빛 바위 가'에서 만나 말을 건네고 있다. 따라서 (가)의 '그 물'과 (나)의 '자줏빛 바위 가'는 화자와 관련된 상황을 구체적으로 드러내는 공간적 배경에 해당한다.

② (가)의 '끝내 그 물을 건너셨네'는 화자의 만류에도 '그 물'을 건너고 있는 청자에 대한 안타까움을 드러내는 말이다. (다)의 '신기한 계책', '묘한 계산'은 수나라 군대를 이끌던 청자에 대한 화자의 평가로 겉으로 드러난 심리는 예찬에 가깝지만, 작품 전체의 맥락에서는 희롱하는 말이 되고 있다.

③ (가)의 화자는 3행에서 '임'이 '물에 빠져 돌아가시'게 되어 결국 임과 이별하였음을 드러내고 있고, (나)의 화자는 '꽃을 꺾어 바치'는 행위를 약속함으로써 대상에 대한 자신의 마음을 드러내고 있다.
④ (나)의 화자는 '꽃'을 꺾어 바치고 싶다고 말하며 청자에게 자신의 마음을 전하고자 한다. 이때 '꽃'은 가치 있고 아름다운 것으로서 청자를 진심으로 위하는 마음을 상징한다. (다)의 화자는 청자를 두고 '싸움에 이겨 공 이미 높'다고 평가하는데, 이때 '공'은 여러 번의 '싸움'에서 승리한 청자가 이미 가진 것이면서 동시에 앞으로의 싸움에서 이겨서 청자가 얻고자 하는 가치를 의미한다.

3   외적 준거에 따른 작품 감상   답 ④

정답이 정답인 이유

④ 배경 설화에 따르면 (가)의 화자는 남편인 백수 광부를 걱정하며 '그 물'을 건너지 말라고 만류하고 있으며, (나)의 화자는 수로 부인을 위해 그 뜻을 이루어 주고자 '꽃을 꺾어 바'칠 것을 제안하고 있다. (가)와 (나)의 화자는 청자가 자신의 진심을 받아들이기를 원하고 있다. (다)의 화자도 겉으로는 상대방을 칭찬하며 상대방에게 조언하고 있다. 그런데 역사적 상황을 고려할 때, (다)의 화자는 청자가 느낄 기분이나 감정을 전쟁에 활용하려는 의도를 지니고 있으므로 ④는 적절하지 않다.

오답이 오답인 이유

① (가)와 (나)는 지은이가 누구인지를 정확히 확정하기 어려운 작품이다. 그래서 배경 설화에 등장하는 인물들과 관련된 상황을 활용하여 '백수 광부의 아내', '견우 노인'과 같이 지은이를 제시한 것으로 볼 수 있다.
② (가)가 백수 광부와 그의 아내 사이에서 벌어진 이별 상황에 대한 아내의 슬프고 괴로운 정서를 드러낸 작품이라면, (다)는 고구려 장수 을지문덕이 수나라 장수 우중문과의 일전을 준비하면서 전쟁의 승기를 잡기 위해 지은 작품이다. (가)와 달리 (다)에는 국가적 차원에서 발생한 사건에 대한 화자의 판단이 나타난다.
③ 배경 설화에 따르면 (가)의 청자는 이미 죽음을 맞이한 상태이고, (가)의 화자는 그에 대한 안타까움을 하소연하고 있다. 그에 비해 (나)와 (다)의 청자는 화자의 바람이나 제안에 대해 나름의 대응을 할 수 있었던 상황이라는 점에서 (가)와 다르다.
⑤ (가)~(다)의 화자와 청자는 모두 배경 설화나 창작 배경 속에 등장하는 인물들이다. 세 작품은 모두 특정한 상황 속에서 청자에 대한 화자의 마음을 드러내는 작품이므로, 화자와 청자 간의 관계를 고려하면서 화자가 청자에게 표현하고 싶은 진심이 무엇인지를 파악하는 것이 중요하다.

[4~8] 사회

리디노미네이션의 의미와 영향

해제 | 리디노미네이션은 통용되는 화폐의 실질 가치는 유지한 채 액면을 특정 비율로 낮추거나 그와 더불어 새로운 화폐 단위를 지정하는 방법을 통해 실행된다. 국가 차원의 리디노미네이션은 한 국가가 지속적인 경제 성장을 통해 화폐의 발행이 증가하고, 물가가 상승하여 화폐에 표시되는 금액의 숫자가 비약적으로 커져서 생기는 여러 불편을 해소하기 위해 실행될 수 있다. 하지만 그 실행에 뒤따르는 사회적 비용 및 부작용을 미리 고려하여 신중히 결정되어야 한다. 국가 차원의 리디노미네이션은 아니지만 일부 소매점에서 사적으로 화폐의 액면 단위를 낮추어 가격 표기를 하는 경우가 있다. 이중 정보 처리 이론에 따르면 실질 가치의 변화 없이 액면의 숫자 단위가 달라지는 것은 소비 활동 과정에서 금액을 지불하는 주체의 의사 결정 과정에 영향을 미칠 수 있다. 따라서 화폐 단위의 액면을 절하하여 표기하는 일부 소매점의 가격 표기 방식은 소비자가 가격 정보를 처리할 때 '빠른 직관'의 영향을 강화하는 방식으로 작용할 수 있다.

주제 | 공적·사적 리디노미네이션 실행의 배경과 영향

구성 |

- 1문단: 리디노미네이션의 개념과 시행 목적
- 2문단: 우리나라에서의 국가적 리디노미네이션에 대한 논의
- 3문단: 국가적 리디노미네이션의 실행에 대한 부정적 측면
- 4문단: 일부 소매점에서 자발적으로 이루어지는 리디노미네이션 표기 사례
- 5문단: 이중 정보 처리 이론의 두 개념, '빠른 직관'과 '느린 이성'
- 6문단: 이중 정보 처리 이론의 관점에서 본 인간의 의사 결정의 특성
- 7문단: 리디노미네이션 표기 방식이 의사 결정 과정에 미칠 수 있는 영향

4   글의 구조와 전개 방식   답 ③

정답이 정답인 이유

③ 이 글에는 이중 정보 처리 이론을 통해 일상 속 리디노미네이션 표기가 소비자의 의사 결정 과정에서 어떤 영향을 미칠 수 있는지를 설명하고 있다.

오답이 오답인 이유

① 이 글에는 모의실험을 통해 공인되지 않은 리디노미네이션 표기의 부적절성을 다루는 부분이 없고, 이중 정보 처리 이론을 바탕으로 일부 소매점에서 이루어지고 있는 가격표상 리디노미네이션 표기가 일상 속 소비자의 의사 결정에 어떤 영향을 미칠 수 있는지를 설명하고 있다.
② 이 글에서는 우리나라에서 1962년에 화폐 개혁이 있었다는 내용을 제시하고 있고 리디노미네이션의 장단점도 확인할 수 있다. 하지만 국가 단위로 리디노미네이션이 실행된 사례를 통해 리디노미네이션의 장단점을 설명하고 있지는 않다.
④ 이 글에서는 리디노미네이션의 개념을 설명하고, 리디노미네이션 표기가 소비자들의 의사 결정에 어떤 영향을 주는지에 주목하고 있다. 하지만 리디노미네이션의 정책적 실행 과정에 대해서는 언급하고 있지 않으므로, 정책의 실행 전에 공적 영역과 사적 영역을 구분해야 할 필요성을 설명한다는 것은 적절하지 않다.
⑤ 이 글에서 국가 차원의 리디노미네이션이라는 정책의 도입과 실행 과정에서 여론의 흐름이 영향을 미친다는 내용은 찾아볼 수 없다.

5   세부 내용 파악   답 ①

정답이 정답인 이유

① 2문단에서 우리나라의 중앙은행인 한국은행에서 리디노미네이

션 실행을 고민해 보아야 한다는 내용을 담은 보고서를 2016년에 발표한 적이 있으나, 현재 국가 차원에서 리디노미네이션을 실행하는 것에 대한 본격적 논의는 이루어지고 있지 않다고 제시하고 있다.

오답이 오답인 이유

② 1문단의 '리디노미네이션은 통용되는 모든 지폐나 동전에 대한 실질 가치는 그대로 둔 채 액면을 특정 비율을 적용하여 낮은 숫자로 변경하거나 그와 더불어 새로운 화폐 단위를 지정하는 방법을 통해 실행된다.'를 통해 알 수 있다.

③ 4문단에서 국가 차원의 리디노미네이션 도입과는 별개로 일부 소매점에서 리디노미네이션 표기가 자발적으로 이루어지고 있는 경우를 소개하고 있다.

④ 6문단을 통해, 이중 정보 처리 이론에서는 인간의 정보 처리 능력에는 한계가 있기에 인간은 빠른 직관과 느린 이성의 협응을 통해 의사 결정을 효율적으로 내리고자 하고, 일상 속 인간은 빠른 직관을 주로 활성화하고자 한다는 사실을 확인할 수 있다.

⑤ 6문단에 소개된 에플리와 길로비치의 연구 결과를 통해, 사람들은 여행지에서 외화로 제품을 구매하는 경우 정확한 환율을 계산하여 구매를 결정하지 않고, 표기된 액면가를 확인하고 그것을 기준으로 하여 어림짐작으로 구매를 결정하는 경향이 있다는 것을 알 수 있다.

6 글의 의도, 목적 추론　　　　　답 ①

정답이 정답인 이유

① 이중 정보 처리 이론에 따르면 인간은 전체적인 인지 과정의 수고를 줄이고 정보의 효율적 처리를 도모하기 위해 빠른 직관을 주로 활성화하고자 한다. 이때 처리 과정을 의식적으로 통제하는 것은 어렵다. 그리고 빠른 직관의 사고 체계 내에서 인간은 종종 부정확한 판단을 하거나 예측이 어긋나는 상황을 접하게 된다. 이중 정보 처리 이론은 기존 경제학적 인간관이 전제하는 합리적 존재로서의 인간이 아닌 일상 속에서 종종 오류를 빚고 비합리적으로 판단하는 인간의 선택을 체계적으로 설명하고자 하는 시도라고 할 수 있다.

오답이 오답인 이유

② 인간이 빠른 직관으로 의사를 결정하는 경우를 설명하는 이중 정보 처리 이론을 통해 인간이 의사 결정 과정을 통해 경제적 이득을 얻고자 하는 존재라는 것을 설명하기는 어렵다.

③ 이중 정보 처리 이론에 따르면 인간은 정보의 효율적 처리를 위해 빠른 직관을 주로 사용하다 보니 종종 비합리적 결과를 도출하는 존재이다. 인간을 합리적 선택과 비합리적 선택 사이에서 갈등하는 존재라고 설명한 부분은 찾아볼 수 없다.

④ 인간이 느린 이성에 의해 비중 있는 일을 처리하는 과정에서 심사숙고를 통해 정확성을 제고할 수 있으나, 그것이 정확성을 제고하는 여러 방법에 대한 설명은 아니며 그것을 실생활에 적용하여 설명하려는 내용도 찾을 수 없다.

⑤ 이중 정보 처리 이론은 인간이 효율적 의사 결정을 위해 주로 빠

른 직관의 관장 아래 비합리적으로 의사를 결정하는 경우가 잦다는 것을 설명하는 이론이다. 빠른 직관과 대응되는 느린 이성의 작용에 대한 설명이 있기는 하나, 이중 정보 처리 이론에서의 느린 이성이라는 개념을 합리적으로 행동하기 위해 필요한 요소라고 설명하고 있지는 않다.

7 구체적 사례 적용　　　　　답 ④

정답이 정답인 이유

④ ㄴ. (b)와 (d)는 둘 다 리디노미네이션 표기 방식의 메뉴판을 보았을 때의 의사 결정에 대한 것이지만 (d)는 주문 금액의 평균값이 가장 작고 (b)는 평균값이 가장 크다. (b)의 경우 의사 결정에서 시간의 제약이 커서 빠른 직관의 영향을 주로 받을 수밖에 없고 자릿수 역시 적어서 원래의 원화 표기 방식에 비해 가격이 저렴하다고 여기게 되어 많은 금액을 지출했을 것이라고 볼 수 있다.

ㄷ. (c)와 (d)는 모두 시간 여유가 상대적으로 많은 경우이고, (c)는 원화 표기 방식, (d)는 리디노미네이션 표기 방식의 메뉴판을 제시받았다는 데에 차이가 있다. (c), (d) 모두 시간 여유가 많아 느린 이성이 개입하기에 용이한 편이나 (c)의 경우에는 자릿수가 많은 만큼 인지적 부담도 크기에 (d)만큼 경제적인 선택을 하지는 못한 것으로 볼 수 있다. 즉 (d)의 주문 금액 평균값이 전체 중 가장 작은 것은 느린 이성이 작용하기에 용이한 조건에서 인지적 부담도 적었기 때문에 오류가 최소화된 것으로 볼 수 있다.

ㄹ. (d)는 리디노미네이션 표기 방식의 메뉴판을 보고 상대적으로 긴 시간의 의사 결정 과정을 거쳐 주문을 한 경우이다. (b)와 (d)를 비교하였을 때에는 (d)의 평균값이 작다는 데서 시간 여유가 많은 경우에 느린 이성이 활성화되는 데에 도움을 준다는 것을 알 수 있고, (c)와 (d)를 비교하였을 때에는 (d)의 평균값이 작은 것에서 시간 여유가 많으면 자릿수가 적을 때 느린 이성이 활성화될 수 있다는 것을 확인할 수 있다.

오답이 오답인 이유

ㄱ. 시간적 여유가 많으면 빠른 직관의 처리 과정 중에 느린 이성이 개입하기 쉽다는 말은 적절하다. 그러나 (a)와 (b)는 표시된 자릿수가 다르지만 메뉴 선택 시간이 5초로서 같다. 시간적 여유에 따른 주문 금액의 평균값을 비교하기 위해서는 금액 표기 방식이 같은 (a)와 (c), (b)와 (d)를 서로 비교하는 것이 적절하다.

8 중심 내용 파악　　　　　답 ②

정답이 정답인 이유

② 2문단에서 리디노미네이션 실행의 장점으로서 화폐의 자릿수를 줄이는 것이 자국 통화의 대외적 위상을 높이는 일이라는 의견이 있다고 제시하고 있다. 따라서 화폐의 자릿수와 대외적 위상이 비례한다는 말은 제시된 내용에 비추어 적절하지 않다.

오답이 오답인 이유

① 3문단을 통해 리디노미네이션이 우리나라에서 실행된다면 상인

은 기존의 19,000원짜리 물건을 19원이 아니라 20원으로 올려서 판매할 가능성이 크며 이에 따라 물가 상승 및 불안이 야기될 수 있음을 확인할 수 있다.

③ 2문단을 통해 리디노미네이션을 실행할 경우 새로운 화폐에 대한 제작 비용과 더불어 화폐 관련 기계나 프로그램 등을 교체하고 수정하는 데 들어갈 사회적 비용을 고려해야 함을 확인할 수 있다.

④ 2문단을 통해 국가 경제 규모가 비약적으로 커져 통용되는 화폐의 자릿수가 늘어난 우리나라의 상황을 고려하여 계산과 지급상의 편의를 도모해야 하기 위해 리디노미네이션이 필요하다는 의견을 확인할 수 있다.

⑤ 1, 2문단을 통해 리디노미네이션을 실행하여 국제 무역에서 편의를 도모하고 장부 기재 및 계산과 지급상의 편의를 도모하는 것이 필요하다며 리디노미네이션 실행에 대해 찬성하는 입장의 의견을 확인할 수 있다.

08회 미니모의고사

본문 34~37쪽

| 1 ④ | 2 ② | 3 ⑤ | 4 ④ |
| 5 ⑤ | 6 ② | 7 ⑤ | 8 ② |

[1~3] 고전 시가

가 작자 미상, 「말은 가자 울고 ~」

해제 | 이 작품은 임과 이별하는 아쉬움을 드러낸 평시조로, 화자가 타고 있는 말을 붙잡는 임의 모습과 이러한 임을 향해 자신이 아닌, 지는 해를 붙잡으라고 말하는 화자의 모습을 통해 이별 상황에 대한 안타까움을 드러내고 있다.

주제 | 임과의 이별에 대한 아쉬움

구성 |

- 초장: 이별을 재촉하는 말과 이별을 거부하는 임
- 중장: 시간은 흘러가고 갈 길은 먼 화자의 상황
- 종장: 자신이 아닌, 지는 해를 잡으라는 화자의 말

나 안민영, 「임 이별 하올 적에 ~」

해제 | 이 작품은 임과의 이별 상황에 대한 슬픔과 아쉬움을 드러낸 평시조이다. 이 시조에서 화자는 다리를 저는 나귀를 이별을 재촉하는 원망의 대상이 아니라, 저는 걸음으로 인해 상대의 얼굴을 자세히 볼 수 있게 하는 존재라는 점에서 이별을 지연시키는 존재로 인식하고 있는데, 저는 나귀에 대한 이러한 화자의 인식은 오히려 임과의 이별로 인한 슬픔의 정서를 부각하는 역할을 하고 있다.

주제 | 이별 상황에 대한 슬픔과 아쉬움

구성 |

- 초장: 이별 상황에서 저는 나귀를 탓하지 말아 달라고 당부함.
- 중장: 저는 나귀를 타고 임과 이별하는 상황
- 종장: 저는 나귀로 인해 이별하는 상대의 얼굴을 자세히 볼 수 있음.

다 작자 미상, 「뒤뜰에 봄이 깊으니 ~」

해제 | 이 작품은 봄날이 되어 꽃이 만발하고 꾀꼬리가 쌍쌍이 날아다니는 모습을 보며 임에 대한 그리움과 임과 이별한 자신의 처지를 한탄하는 사설시조이다. 화자는 봄이 왔음에도 불구하고 임과 이별하였기에 아름다운 자연을 즐

길 수 없으며, 오히려 정답게 지저귀는 새들이 자신의 처지와 다르다는 점에서 자신이 새들보다 못한 존재라고 한탄하고 있다. 이러한 화자의 모습은 화자가 임을 얼마나 그리워하고 있는지를 잘 보여 준다.

주제 | 임에 대한 그리움과 자신의 처지에 대한 한탄

구성 |

- 초장: 뒤뜰에 봄이 깊어 심회가 깊어짐.
- 중장: 난만한 꽃과 쌍쌍이 날며 정답게 지저귀는 꾀꼬리 소리
- 종장: 새보다 못한 자신의 처지를 한탄함.

라 작자 미상, 「청천에 떠서 울고 가는 ~」

해제 | 이 작품은 화자와 기러기의 대화 형식을 통해 만날 수 없는 임에 대한 그리움을 노래한 사설시조이다. 임을 보러 날아가는 기러기와 달리, 화자는 임의 소식을 알 수도 없고, 임을 만날 수도 없는 처지에 놓여 있는데, 임에게 자신의 소식을 전해 달라는 화자의 부탁을 기러기가 그럴 시간이 있을지 모르겠다고 말하는 모습에서 임을 그리워하는 화자의 안타까움이 부각되고 있다.

주제 | 임을 만날 수 없는 안타까움

구성 |

- 초장: 하늘을 날아가는 기러기에게 말을 건넴.
- 중장: 자신에 대한 소식을 임에게 전해 달라는 화자의 부탁
- 종장: 화자의 부탁을 들어줄 수 있을지 모르겠다는 기러기의 대답

---

1 작품 간의 공통점, 차이점 파악   답 ④

정답이 정답인 이유

④ (나)는 '~ 어찌 자세히 보리오'라는 물음을 통해 다리를 저는 나귀로 인해 이별 상황이 지연된다는 점에서 나귀를 원망할 필요가 없다는 화자의 인식을 부각하고 있다. (다)는 '~ 저 새만도 못하느냐'라는 물음을 통해 자신의 처지가 꾀꼬리만도 못하다는 화자의 인식을 부각하고 있다.

오답이 오답인 이유

① (가)에서는 '석양은 재를 넘고'라는 구절을 통해 시간의 경과를 확인할 수 있으나 화자의 외양 변화는 나타나지 않는다. (나)에서는 시간의 경과를 확인할 수 있는 시어가 나타나지 않으며, 화자의 외양 변화 역시 나타나지 않는다.

② (가)에서는 '울고'라는 시어를 반복하여 이별 상황에 대해 안타까워하는 화자의 정서를 강조하고 있다. (다)에서는 '어찌하여', '어찌타'와 같은 시어를 통해 자신의 신세에 대한 한탄을 드러내고 있을 뿐, 동일한 시어가 반복되고 있지 않다.

③ (나)는 '한치 마시오'라는 명령형 표현을 통해 저는 나귀에 대한 생각을 바꿀 것을 말하고 있을 뿐, 화자의 다짐을 직접적으로 드러내고 있지는 않다. (라)에서는 '전하여 주렴'이라는 명령형 표현을 통해 기러기에게 자신의 소식을 임에게 전해 줄 것을 부탁하고 있을 뿐, 자신의 다짐을 직접적으로 드러내고 있지는 않다.

⑤ (라)는 '청천에 떠서 울고 가는 외기러기'에게 말을 건네는 방식을 활용하여 임을 그리워하는 화자의 처지를 드러내고 있다. 그러나 (다)는 물음의 방식을 통해 독백조로 자신의 신세를 한탄하고 있을 뿐, 대상에게 말을 건네고 있지는 않다.

2 배경 및 소재의 기능 파악　　　　　　　　답 ②

정답이 정답인 이유

② (나)의 화자는 저는 나귀로 인해 꽃 아래에서 눈물을 흘리는 모습을 자세히 볼 수 있다고 말하고 있다. 따라서 '꽃 아래'가 이별하는 이들이 서로의 모습을 확인할 수 없는 공간이라는 설명은 적절하지 않다.

오답이 오답인 이유

① (가)의 화자는 석양이 넘어가는 재를 바라보며 갈 길은 천리라고 말하면서, 임에게 말이 아닌 지는 해를 잡으라고 말하고 있다. 따라서 '재'는 임과 헤어지는 것을 아쉬워하는 화자의 인식을 환기하는 공간이라 할 수 있다.

③ (다)의 화자는 '뒤뜰'에서 만발한 꽃들과 버들 위의 꾀꼬리와 같이 계절감을 느끼게 하는 풍경들을 바라보며 임과 헤어진 자신의 처지가 새들보다 못하다고 생각하고 있다.

④ (라)의 화자는 기러기에게 한양성 안에 잠깐 들러 자신이 임을 그리워하고 있음을 전해 달라고 부탁하고 있다. 이를 통해 '한양성 안'은 화자가 그리워하는 임이 있는 곳으로, 화자가 자신의 소식을 전하고 싶어 하는 공간이라 할 수 있다.

⑤ (라)의 화자는 '빈방'에 앉아 '한양성 안'에 있는 임에 대한 그리움 때문에 못 살겠다고 말하며 홀로 지내는 어려움을 토로하고 있다.

3 외적 준거에 따른 작품 감상　　　　　　　　답 ⑤

정답이 정답인 이유

⑤ (다)의 화자는 임과 이별한 자신이 쌍쌍이 비껴 날아다니는 '꾀꼬리'보다 못하다며 한탄하고 있다는 점에서, '꾀꼬리'는 임과 이별한 화자의 처지를 환기하는 대상이라 할 수 있다. 그러나 화자가 임과 떨어져 있는 부정적 상황이 '꾀꼬리'로 인해 악화되고 있지는 않다. (라)의 화자는 '외기러기'에게 사신의 소식을 임에게 전해 달라고 부탁하지만, '외기러기'는 임을 보러 비삐 기는 길이라 그 말을 전할 수 있을지 모르겠다고 말하고 있다. 따라서 '외기러기'는 임에게 자신의 소식을 전할 수 없는 화자의 처지와 대비된다는 점에서, '외기러기' 역시 임과 이별한 화자의 처지를 환기하는 대상이라 할 수 있다. 그러나 화자가 임과 떨어져 있는 부정적 상황이 '외기러기'로 인해 악화되고 있지는 않다.

오답이 오답인 이유

① (나)의 화자는 '나귀'의 저는 걸음으로 인해 임과 천천히 이별할 수 있어 꽃 아래에서 눈물을 흘리는 모습을 자세히 볼 수 있다고 말하고 있다. 따라서 '나귀'는 임과의 이별 상황을 지연시키는 자연물이라 볼 수 있다.

② (다)의 화자는 버들 위에서 쌍쌍이 날고 있는 '꾀꼬리'의 울음소리가 자신의 귀에는 정이 있게 들린다고 말하고 있다. 따라서 '꾀꼬리'는 임을 그리워하는 화자의 감정이 투영된 객관적 상관물이라 할 수 있다.

③ (라)의 화자는 하늘을 날아가는 '외기러기'를 향해 한양성 안에 있는 임에게 자신의 소식을 전해 줄 수 있는지를 묻고 있다. 이는 화

자가 '외기러기'를 임에게 자신의 말을 전할 수 있는 존재라고 생각하기 때문이다. 따라서 '외기러기'는 임에게 자신의 소식을 전할 수 없는 화자의 문제 상황을 해결해 줄 수 있는 자연물이라 볼 수 있다.

④ (가)의 화자는 '말'의 울음소리를 '가자'는 말로 생각하고 있는데, 이는 '말'을 임과의 이별이라는 부정적 상황을 수행하는 대상이라 생각했기 때문이다. (나)의 화자는 임과 이별할 때 '저는 나귀'를 탓하지 말라고 말하고 있는데, 이때 '나귀'를 탓하는 타인의 생각은 '나귀'를 임과의 이별이라는 부정적 상황을 수행하는 대상으로 인식했기 때문이라 볼 수 있다.

[4~8] 사회

정당 정치와 국고 보조금

해제 | 이 글은 현대 대의 민주주의 제도에서 각 정당에 지급되는 국고 보조금에 대해 설명하고 있다. 현대 대의 민주주의 제도에서 정당은 민주 정치를 구현하는 데 필수적이다. 따라서 우리 헌법에서는 정당의 자유로운 설립과 운영을 보장하고 있으며 정당에 필요한 자금을 국고 보조금의 형식으로 지원하고 있다. 국고 보조금은 경상 보조금과 선거 보조금으로 나뉘며, 2021년 기준 각각 462억 원씩 책정되었다. 현재 우리나라의 국고 보조금은 국회 의원 의석수와 득표율 등에 따라 차등 지급되고 있는데, 국고 보조금의 지급 방법에 대해서는 여러 의견이 존재한다.

주제 | 정당 정치와 국고 보조금 제도

구성 |
- 1문단: 정당의 기능과 역할
- 2문단: 정치 자금의 구분과 관련 법률
- 3문단: 정당의 정치 자금 조달 방법
- 4문단: 국고 보조금의 구분과 지급
- 5문단: 국고 보조금을 배분하는 방법과 이유
- 6문단: 국고 보조금 배분의 문제점과 그 대인

4 중심 내용 파악　　　　　　　　답 ④

정답이 정답인 이유

④ 국고 보조금 사용의 투명성과 관련된 정보는 제시되어 있지 않다.

오답이 오답인 이유

① 1문단에서 정당은 사회 문제의 중요도에 따라 문제를 제기해 사회 내 일정 집단의 요구를 정치적으로 대변하고, 그 문제를 해결하기 위한 정책적 대안을 제시해 유권자들이 의미 있는 정치적 선택을 할 수 있도록 돕는다고 하였다.

② 3문단에서 정당은 당원이 내는 당비, 후원회 후원금, 개인이나 단체가 선거 관리 위원회에 기탁하는 기탁금, 국가가 정당에 지급하는 보조금, 정당의 부대 수입을 통해 정치 자금을 조달할 수 있도록 하고 있다고 하였다.

③ 1문단에서 현대 대의 민주주의에서 정당과 정당 정치는 대의제의 본질을 구성하는 데 필수 불가결하기 때문에 헌법 제8조에서 정당 설립의 자유와 정당 운영에 대한 지원을 보장하고 있다고 하였다.

⑤ 3문단에서 정당이 경제 활동을 통해 자금을 조달할 수 없는데, 이는 돈에 의해 대의 민주주의 원칙이 훼손될 수 있기 때문이라고 하였다.

5 구체적 사례 적용 답 ⑤

정답이 정답인 이유

⑤ 〈보기〉에 따르면, 원내 교섭 단체를 구성한 정당에 국고 보조금 총액의 50%가 정당별로 균등 배분되고, 원내 교섭 단체를 구성하지 못한 5석 이상 20석 미만 의석 정당에는 총액의 5%씩을 배분한다. 그리고 0~4석인 정당인 경우 중 최근 국회 의원 선거에서 2% 이상을 득표한 정당에 총액의 2%, 광역 의회 의원이나 자치 단체장 선거에서 0.5% 이상 득표한 정당에 총액의 2%, 국회 의원 선거에 참여하지 않았지만 광역 의회 의원이나 자치 단체장 선거에서 2% 이상 득표한 정당에 총액의 2%를 배분한다고 하였다. 그리고 남은 금액 중 50%를 의석수의 비율에 따라 배분하고 잔여분을 총선 득표수 비율에 따라 배분하는 것이다. 이렇게 잔여분을 총선 득표율에 따라 배분하는 것은 원내 의석을 갖지 못한 정당이라 하더라도 국고 보조금을 받을 수 있도록 하기 위해서이다. 이는 사적 기부금 제도의 건전한 발전을 유도하기 위한 것이라고 할 수 없다.

오답이 오답인 이유

① 20석 이상의 의석수로 원내 교섭 단체를 구성한 정당들에 국고 보조금 총액의 50%를 균등 분배하는 것은 유권자들의 정치적 지지를 반영하여 의석수가 많은 정당에 많은 국고 보조금을 지급하는 것이다.

② 원내 교섭 단체를 구성하지 못한 5석 이상 20석 미만 의석의 정당에 국고 보조금을 배분하는 것은 국고 보조금을 지원하여 의석수가 상대적으로 적은 정당을 보호하고 육성하려는 취지를 담고 있다.

③ 의석이 없거나 5석 미만인 정당이더라도 국회 의원 선거에서 2% 이상을 득표한 정당에 국고 보조금을 지급하는 것은 이 정당을 지지하는 유권자들의 정치적 의사를 존중하는 것이다.

④ 최근 국회 의원 선거에 참여하지 않았더라도 광역 의회 의원이나 자치 단체장 선거에서 2% 이상을 득표한 정당에 국고 보조금을 지급하는 것은 득표율로 유권자들의 정치적 지지가 확인된다고 판단하여 국고 보조금을 지급하려는 것이다.

6 생략된 내용 추론 답 ②

정답이 정답인 이유

② 1문단에서 정당의 기능과 역할을 고려할 때 선거는 정당의 존속을 결정짓는 핵심적인 의미를 지닌다고 하였고, 4문단에서 선거 시기가 되면 정당은 후보자 공천 심사, 정강 정책 홍보 등의 비용이 필요하다고 하였다. 이를 바탕으로 선거에 드는 비용은 정당의 존속을 결정짓는 핵심적인 의미와 직결된다고 할 수 있으므로 경상 보조금과 구분하여 추가적으로 선거 보조금을 지급한다고 이해할

수 있다. 즉 정당의 존속에 결정적인 영향을 미치는 선거를 치르는 것을 보조하기 위하여 추가적으로 선거 보조금을 지급한다고 이해할 수 있다.

오답이 오답인 이유

① 선거 보조금을 추가적으로 지급하는 것이 개인이 내는 후원금이나 기탁금을 장려하는 것은 아니다.

③ 전국 단위의 선거가 있는 해에 선거 보조금을 지급하는 것은 선거에 참여하는 정당의 수를 늘려 유권자들의 선호를 반영하는 것과 관련이 없다.

④ 정치 자금은 정치 자금법과 공직 선거법에 의해 규제되는 이원적 구조를 가지고 있는데, 선거 보조금은 공직 선거법에 관한 법률에 의해 규제된다. 그러나 이런 이원적 구조가 불합리하다는 언급은 제시되어 있지 않으며, 선거 보조금을 추가적으로 지급하는 것도 이와 관련이 없다.

⑤ 경상 보조금은 정당의 일반적인 운영과 관련되어 쓰이는 국고 보조금으로 정당이 존속하는 한 매년 지급된다고 하였으므로, 전국 단위의 선거가 있는 해라고 해서 각 정당이 추가적으로 경상 보조금을 요구할 수 있다는 진술은 적절하지 않다.

7 세부 내용 파악 답 ⑤

정답이 정답인 이유

⑤ 원내 의석수를 기준으로 국고 보조금을 배분하는 방식과 달리, 정당의 득표율에 따라 국고 보조금을 배분하는 방식과 최소 수혜자 원칙에 따라 배분하는 방식에서는 정당이 의원을 배출하지 못하더라도 국고 보조금을 배분받을 수 있다. 따라서 소수 유권자의 의견을 반영하는 소수 정당에도 국고 보조금이 지급될 수 있어 소수 정당을 보호 육성한다는 취지를 담고 있다고 할 수 있다.

오답이 오답인 이유

① 원내 의석수를 기준으로 국고 보조금을 배분하는 것은 국고 보조금을 차등적으로 지급하는 것이다. 그러나 이를 통해 선거구 간의 유권자 편차를 해소할 수는 없다.

② 정당이 얻은 득표율만을 고려하여 국고 보조금을 배분하는 것은 국고 보조금을 균등하게 지급하는 것이 아니다.

③ 최소 수혜자 원칙에 따라 국고 보조금을 지급하는 것은 소수 정당이나 신생 정당에 일정한 액수의 국고 보조금을 지급하자는 것이므로 대통령이 소속된 집권당을 우선적으로 배려하려는 의도를 담고 있는 것이 아니다.

④ 원내 의석수나 정당이 얻은 득표율만을 기준으로 국고 보조금을 배분하는 것은 선거 결과에 따른 배분이므로 환경 문제와 같은 새로운 사회적 쟁점을 내거는 정당을 우선시하는 것이 아니다.

8 단어의 의미 파악 답 ②

정답이 정답인 이유

② '규율(規律)'은 '질서나 제도를 좇아 다스림.'을 의미한다. '어떤 사실을 자세히 따져서 바로 밝힘.'을 뜻하는 말은 '규명(糾明)'이다.

③ [A]의 '쪽잎의 푸른 물이 쪽빛보다 푸르단 말 이 아니 옳은손가', [B]의 '눈썹 속에 숨었는가 눈알로 솟아 온가'에서 알 수 있다.

④ [A]의 '손으로 잡으려니 분분이 흩어지고 / 입으로 불랴 하니 섞인 안개 가리웠다', [B]의 '눈썹 속에 숨었는가 눈알로 솟아 온가' 등에서 알 수 있다.

09회 미니모의고사

1 ⑤	2 ①	3 ②	4 ②
5 ③	6 ④	7 ④	8 ⑤

[1~4] 고전 시가

가 작자 미상, 「봉선화가」

해제 | 필사본인 『정일당잡지』에 수록되어 있는 규방 가사이다. 작품의 내용은 화자가 봉선화를 대하게 된 연유와 봉선화라는 이름의 유래, 봉선화의 아름다움과 향기 없음, 춘삼월에 봉선화를 심는 일 등 봉선화라는 제재의 주변적 사실로부터 시작된다. 이 작품은 깊은 규중에서 화초를 벗 삼아 지내던 여인의 섬세한 감정을 일인칭 시점의 독백체 서술로 잘 나타내고 있다. 전반적으로 밝고 경쾌한 분위기를 띠고 있어 여인의 고뇌를 세밀하게 표현한 다른 규방 가사와 비교할 때 색다른 느낌을 준다. 색채 이미지의 활용이 뛰어나며 비유적 표현을 통해 손톱에 봉선화 물을 들이는 과정과 꿈속에서 의인화한 봉선화를 만나는 장면 등은 매우 인상적이다.

주제 | 봉선화에 대한 여인의 깊은 정감

구성 |

- 서사(1~6행): 백화보에 실린 봉선화 이름의 유래
- 본사 1(7~10행): 봉선화의 정숙한 기상에 대한 칭찬
- 본사 2(11~22행): 봉선화 꽃잎으로 손톱에 물들이는 과정
- 본사 3(23~30행): 봉선화로 물든 손톱의 아름다움
- 결사(31~45행): 봉선화의 낙화와 손톱에 남은 인연

나 작자 미상, 「잠노래」

해제 | 이 작품은 주로 부녀자들이 밤을 새워 일을 할 때 잠을 쫓으며 부른 부요(婦謠)이자 노동요이다. 잠을 의인화하여 작중 청자로 설정하고 염치없이 자신을 찾아와 괴롭히는 것에 대해 원망의 넋두리를 늘어놓는 형식을 취하고 있다. 잠을 참으며 일해야 하는 삶의 고달픔을 해학을 통해 풀어내어 비탄과 좌절에 빠져들지 않으려고 노력했던 민중의 삶의 모습을 발견할 수 있다.

주제 | 밤낮으로 일해야 하는 부녀자의 고달픈 삶

구성 |

- 1~3행: 염치없이 찾아드는 잠
- 4~10행: 자신을 찾아오는 잠에 대한 원망
- 11~16행: 저녁을 먹고 바느질을 하자마자 찾아드는 잠
- 17~19행: 잠으로 인해 희미해진 시야

1 표현상의 특징 파악

답 ⑤

정답이 정답인 이유

⑤ [A]에 반어적 표현이나 현실에 대한 불만은 나타나지 않는다. [B]에 현실에 대한 불만의 심성이 담겨 있다고 볼 여지는 있으나 반어적 표현은 사용되지 않았다.

오답이 오답인 이유

① [A]에서는 '붉은'이라는 색채어를 사용하여 손톱에 물들인 봉선화에 대한 인상을 감각적으로 전달하고 있다.

② [B]는 저녁을 먹고 바느질을 하는데 잠이 쏟아지는 상황을 시간

2 외적 준거에 따른 작품 감상

답 ①

정답이 정답인 이유

① (가)의 '웃는 듯 찡기는 듯 사례는 듯 하직는 듯'의 주체는 '녹의홍상 일여자'이다. 이는 봉선화를 의인화한 것으로, 여자가 하직 인사를 하는 모습을 통해 봉선화가 지는 상황을 암시한 것이다. 여인들이 집안일이나 시집살이에 대해 대화하는 상황은 아니다.

오답이 오답인 이유

② '그대 자취'는 봉선화를 손톱에 붉게 물들인 것을 의미한다. '내 손에 머물렀지'는 손톱에 물들인 봉선화에 애착을 느끼는 화자의 섬세한 정서를 표현한 것으로 볼 수 있다.

③ '원치 않는 이내 눈에 이렇듯이 자심하뇨'는 잠을 참으며 일해야 하는데 잠이 쏟아지는 상황을 표현한 것으로, 밤새워 바느질을 해야 하는 삶의 고달픔을 드러낸 것으로 볼 수 있다.

④ '여공'은 부녀자들이 하던 바느질을, '낮에 못 한 남은 일'은 가사 노동을 의미하므로, 화자들이 규중에서 일을 하고 있음을 알려 주는 것으로 볼 수 있다.

⑤ '그대'는 봉선화를, '이 눈 저 눈 왕래하며 무삼 요수'를 피우는 주체는 잠을 의인화한 것으로 볼 수 있다.

3 시상 전개 방식 파악

답 ②

정답이 정답인 이유

② 화자는 봉선화를 심은 후 봉선화가 취한 나비아 미친 벌(경박한 남자들)을 가까이하지 않기 위해 향기가 없고, 정숙하고 조용한 기상을 지니고 있다고 언급하고 있다. 즉 ⓐ를 실행한 후 봉선화의 장점을 예찬하고 있는 것이지 단점을 언급한 것은 아니다.

오답이 오답인 이유

① '향규의 일이 없어 백화보를 펼쳐 보니 / 봉선화 이 이름을 뉘라서 지어낸고'에서 화자가 책에서 봉선화라는 이름을 본 것을 계기로 하여 봉선화라는 이름의 유래를 생각하게 되었음을 알 수 있다.

③ '섬섬한 십지상에 수실로 감아 내니 ~ 단단히 봉한 모양 춘나옥자일봉서를 왕모에게 부쳤는 듯'에서 화자가 봉선화를 손톱에 물들이기 위해 자신의 손가락들을 수실로 감는 과정을 거쳤음을 알 수 있다.

④ '녹의홍상 일여자가 표연이 앞에 와서 ~ 땅 위에 붉은 꽃이 가득히 수놓았다'에서 화자가 꿈속에서 특정한 대상을 본 후 봉선화의 낙화(땅 위에 떨어짐)을 예감하고 있음을 알 수 있다.

⑤ '하물며 그대 자취 내 손에 머물렀지 ~ 규중에 남은 인연 그대 한 몸뿐이로세'에서 화자가 봄바람에 떨어지는 꽃들과 봉선화 물들

인 것을 비교하며 봉선화와의 인연이 지속된다고 여기고 있음을 알 수 있다.

4 화자의 태도 및 어조, 정서 파악   답 ②

정답이 정답인 이유

② '주야에 한가하여 월명 동창 혼자 앉아 / 삼사경 깊은 밤을 허도이 보내면서 / 잠 못 들어 한하는데 그런 사람 있건마는 / 무상불청 원망 소래 온 때마다 듣난고니'는 한가하게 지내면서 잠이 오지 않는다고 불평하는 사람을 떠올리면서 화자가 잠을 참으며 일해야 하는 자신의 처지를 한탄하는 내용으로 이해할 수 있다.

오답이 오답인 이유

① 화자가 과거를 그리워하는 내용은 나타나지 않는다.

③ 화자의 가족에 대한 애정은 나타나지 않는다.

④ 화자가 과도한 노동에 시달린다고 볼 수 있으나, 경제적 보상을 얻은 것은 아니며, 미래에 대한 희망도 나타나지 않는다.

⑤ 생활 속에 접하는 사물들은 찾을 수 있으나, 그것들의 긍정적인 속성을 떠올리며 삶의 고뇌를 해소하는 것은 아니다.

[5~8] 과학

소독약의 화학적 원리

해제 | 이 글은 소독약을 상처에 발랐을 때 일어나는 화학 작용과 그 원리에 대해 소개하고 있다. 대표적인 소독약인 과산화 수소와 포비돈 아이오딘의 상처 소독 과정을 서술하고 그 특징과 사용할 때의 유의점을 살펴보고 있다. 과산화 수소는 물 분자와 산소 원자로 분해되는 과정에서 발생하는 활성 산소가 병원균을 파괴하는 방식으로 상처를 소독한다. 하지만 상처가 깊거나 넓은 부위에는 사용하지 말아야 한다는 유의점이 있다. 포비돈 아이오딘은 아이오딘의 강력한 산화력을 이용해 병원균의 단백질과 지방산 등을 산화시키는 방식으로 상처를 치료한다. 하지만 아이오딘 역시 지나치게 많이 사용해서는 안 되고, 신체 기능에 영향을 줄 수 있는 경우에는 사용하지 말아야 한다는 유의점이 있다.

주제 | 소독약인 과산화 수소와 포비돈 아이오딘의 화학적 원리와 사용할 때의 유의점

구성 |
- 1문단: 대표적인 소독약인 과산화 수소와 포비돈 아이오딘
- 2문단: 과산화 수소의 화학 작용과 사용할 때의 유의점
- 3문단: 포비돈 아이오딘에서 아이오딘의 특징
- 4문단: 아이오딘이 병원균을 파괴하는 원리
- 5문단: 포비돈 아이오딘을 사용할 때의 유의점

5 세부 내용 파악   답 ③

정답이 정답인 이유

③ 4문단에서 아미노산의 종류는 곁사슬이 어떤 결합 구조를 이루고 있느냐에 따라 결정된다는 것을 알 수 있으므로 적절하지 않다.

오답이 오답인 이유

① 1문단에서 과산화 수소와 포비돈 아이오딘은 각각을 구성하는

화학 물질의 특성에 따라 상처가 소독되는 원리가 다름을 알 수 있으므로 적절하다.

② 2문단에서 과산화 수소를 상처 부위에 바르면 카탈레이스 효소의 작용으로 과산화 수소가 물 분자와 산소 원자로 분해되고, 이때 분해된 산소 원자는 활성 산소가 된다는 것을 알 수 있으므로 적절하다.

④ 5문단에서 신장 기능이 약하면 아이오딘의 배설이 원활하지 못하고, 임신한 경우 태반을 통해 아이오딘이 태아의 갑상샘에 전달되어 영향을 줄 수 있어 사용하지 않는 것이 좋음을 알 수 있으므로 적절하다.

⑤ 3문단에서 포비돈 아이오딘은 아이오딘의 특성을 이용해 상처를 소독함을 알 수 있고, 아이오딘은 전기 음성도가 높은 원소이기 때문에 산화력이 강하다는 것을 알 수 있다. 이를 통해 전기 음성도가 높아서 지니고 있는 아이오딘의 특성은 상처를 소독할 때 활용됨을 알 수 있으므로 적절하다.

6 구체적 사례 적용   답 ④

정답이 정답인 이유

④ 〈보기〉에서 갑이 과산화 수소를 상처 부위에 부었지만, 상처가 깊고 넓은 데다가 소독약의 사용량이 많았기 때문에 상처 부위가 곪았음을 알 수 있다. 이는 2문단에서 과산화 수소로부터 떨어져 나온 산소 원자가 활성 산소가 되는데, 활성 산소는 강한 반응성을 지니고 있어서 상처가 깊거나 넓은 경우에 사용하면 활성 산소가 늘어나 우리 몸의 세포가 활성 산소의 공격을 모두 막아 내지 못한다는 내용을 통해 알 수 있으므로 적절하다.

오답이 오답인 이유

① 2문단에서 과산화 수소는 카탈레이스 효소가 작용하면 물 분자와 산소 원자로 분해되면서 거품이 일어남을 알 수 있다. 〈보기〉에서 갑이 상처 부위에 과산화 수소를 부었을 때 거품이 일어났으므로 분해하는 효소가 부족했다고 보기 어려우므로 적절하지 않다.

② 5문단에서 갑상샘 호르몬에 직접적으로 영향을 주는 것은 아이오딘에 대한 설명이므로 적절하지 않다.

③ 2문단에서 과산화 수소를 상처 부위에 바르면 카탈레이스라는 효소가 작용하여 과산화 수소가 물 분자와 산소 원자로 분해되고, 분해된 산소 원자는 활성 산소가 된다는 것을 알 수 있다. 그리고 활성 산소가 병원균을 파괴할 때, 우리 몸의 세포는 슈퍼옥사이드 디스뮤테이즈라는 방어 효소가 작용하기 때문에 파괴되지 않지만 상처가 깊고 넓은 경우에는 슈퍼옥사이드 디스뮤테이즈가 활성 산소의 공격을 모두 막아 내지 못한다는 것을 알 수 있다. 따라서 갑의 상처가 곪은 것은 카탈레이스 효소가 부족했기 때문이 아니라 활성 산소의 공격을 슈퍼옥사이드 디스뮤테이즈가 모두 막아 내지 못했기 때문이므로 적절하지 않다.

⑤ 4문단에서 병원균의 구조 단백질이 일부 파괴되면서 병원균의 파괴가 이루어지는 것은 아이오딘에 대한 설명이므로 적절하지 않다.

7 세부 내용 파악

답 ④

정답이 정답인 이유

④ 4문단에서 ㉠에서는 아미노기의 질소와 수소 결합을 깨뜨리는 방식으로, ㉡에서는 곁사슬 중에 황이 결합한 경우 황이 가진 여분의 전자를 빼앗는 방식으로 병원균의 구조를 불안정하게 한다는 것을 알 수 있다. 두 경우 모두 아미노산의 탄소에 산소가 결합하여 아미노산의 결합 구조에 변화를 줌으로써 병원균을 파괴시킨다는 설명은 찾아볼 수 없으므로 적절하지 않다.

오답이 오답인 이유

① 4문단에서 질소와 수소의 결합을 깨뜨리면 병원균이 생명을 유지하는 데 필요한 구조 단백질이 파괴되어 병원균이 파괴됨을 알 수 있으므로 적절하다.

② 4문단에서 황과 수소가 결합한 곁사슬의 황이 이황화 결합을 위해 여분으로 갖고 있는 전자를 빼앗으면 곁사슬이 서로 결합하지 못해 단백질의 구조를 불안정하게 함을 알 수 있으므로 적절하다.

③ 4문단에서 아이오딘이 탄소의 이중 결합을 깨고 핵산 사이에 침투하면 핵산이 산화하면서 세포벽, 세포막, 세포질 등이 파괴됨을 알 수 있으므로 적절하다.

⑤ 3문단에서 아이오딘이 병원균의 세포 내에 있는 단백질이나 지방산 등을 산화시켜 병원균 자체를 파괴시킨다는 것을 알 수 있다. 4문단에서 아이오딘은 황과 수소가 결합한 곁사슬의 황이 가진 여분의 전자를 빼앗아 감으로써 서로의 결합 과정에 영향을 끼쳐 병원균이 생명을 유지하지 못하게 하는 것임을 알 수 있고, 지방산을 산화시키는 것은 탄소의 이중 결합에 영향을 끼쳐 병원균이 생명을 유지하지 못하도록 하는 것임을 알 수 있으므로 적절하다.

8 내용의 인과 관계 파악

답 ⑤

정답이 정답인 이유

⑤ 5문단에서 많은 양의 아이오딘이 한꺼번에 방출되어 병원균과 피부 세포를 가리지 않고 파괴하는 부작용이 있었음을 알 수 있다. 또한 포비돈 아이오딘은 포비돈이 아이오딘과 결합을 함으로써 두 물질의 결합력이 강해 아이오딘이 서서히 방출됨을 알 수 있다. 이를 바탕으로 신체의 세포를 파괴할 만큼의 양이 방출되지 못해 통증과 자극을 줄이게 된 것임을 추론할 수 있으므로 적절하다.

오답이 오답인 이유

① 5문단에서 아이오딘이 체내에 유입된 후 배설이 이루어지기까지 일반적으로 2일 정도 소요된다는 것은 알 수 있지만, 포비돈으로 인해 이 기간이 줄어드는지 여부는 알 수 없으므로 적절하지 않다.

② 2문단에서 과산화 수소로부터 분해된 산소 원자가 활성 산소가 된다는 것은 알 수 있지만, 아이오딘이 포비돈과 결합하면서 활성 산소가 발생하는지 여부는 알 수 없으므로 적절하지 않다.

③ 5문단에서 포비돈의 독성이나 자극성이 낮은 것은 알 수 있지만, 아이오딘의 독성 자체가 낮아지는지 여부는 알 수 없으므로 적절하지 않다.

④ 5문단에서 아이오딘이 포비돈과 결합하면서 두 물질 간의 결합력이 강해지는 것은 알 수 있지만, 아이오딘이 본래 지니고 있던 산화력 자체가 약화되는지 여부는 알 수 없으므로 적절하지 않다.

10회 미니모의고사

본문 43~47쪽

1 ②	2 ⑤	3 ③	4 ③
5 ②	6 ③	7 ⑤	8 ③

[1~3] 고전 산문

작자 미상, 「주몽 신화」

해제 | 이 글은 『삼국사기』의 '고구려본기'에 기록된 「주몽 신화」이다. 고구려의 건국 신화인 「주몽 신화」는 천상과 지상의 신성한 존재들과 관련 있는 이야기로, 한반도와 그 북쪽 지역까지를 포괄하는 공간을 배경으로 한다. 이 이야기는 북방계 신화에서 볼 수 있는 천손 하강 모티프와, 남방계 신화에서 볼 수 있는 난생 모티프가 결합된 형태를 보여 준다. 또한 주몽의 삶은 신이한 탄생과 출중한 능력, 어린 시절의 고난과 그것의 극복을 통한 위업 성취라는, 전형적인 '영웅의 일대기 구조'를 띠고 있다.

주제 | 주몽의 탄생과 고구려의 건국 과정

전체 줄거리 | 부여의 왕인 해부루가 산천에 제사를 지낸 뒤 금색의 개구리 모양을 한 아들을 얻어 금와라 이름 짓고 태자로 삼았다. 후에 해부루는 재상 아란불을 통해 하늘의 명을 듣고 도읍을 옮기고 그가 죽자 금와가 왕위를 잇는다. 한편 천제의 아들 해모수와 하백의 딸 유화는 정을 통하고, 집에서 쫓겨난 유화는 우발수에서 금와에게 발견된다. 금와가 유화를 별궁에 가두자 유화는 햇빛에 감응하여 알을 낳고, 이 알에서 한 사내아이가 태어난다. 아이는 어릴 적부터 총명하고 활을 잘 쏘아 주몽이라는 이름을 얻게 되는데, 금와의 아들들이 주몽을 시기하여 죽이려 하자 주몽은 벗 세 사람과 함께 부여를 탈출한다. 이후 졸본에 이른 주몽은 도읍을 정하고 나라 이름을 고구려라 한다. 이웃해 있던 말갈을 굴복시킨 주몽은 비류국의 왕인 송양의 항복 요구에 맞서 활쏘기에서 승리를 거둔다.

1 작품의 내용 파악

답 ②

정답이 정답인 이유

② 송양은 주몽에게 '우리는 여러 대에 걸쳐 왕 노릇을 하였다. 땅이 작아 두 주인을 받아들이기에는 부족하다. 그대는 도읍을 세운 지 얼마 되지 않았으니, 나에게 빌붙는 것이 어떠한가?'라고 하였다. 주몽은 그 말을 분하게 여겨 송양과 더불어 말다툼을 하고 송양과 기예를 겨루기도 하였다. 따라서 송양이 두 나라의 존속 기간 차이를 언급하면서 건넨 말이 주몽의 반감을 샀다는 진술은 적절하다.

오답이 오답인 이유

① 아란불이 도읍을 옮길 것을 권한 대상은 금와가 아니라 해부루이다.

③ 유화가 낳은 알을 버리거나 깨뜨리려 한 것은 해부루가 아니라 그를 이어 왕위에 오른 금와이다.

④ 주몽은 침입과 도적질의 피해를 입을까 봐 말갈을 물리친 것이지 그들과 손을 잡고 고구려의 외교적 실리를 극대화하려 한 것이 아니다.

⑤ 금와의 맏아들 대소는 주몽을 견제하는 말을 아버지에게 하였지만, 아버지는 이 말을 듣지 않고 주몽에게 말을 기르도록 하였다.

2 갈래의 특징과 성격   답 ⑤

정답이 정답인 이유

⑤ ⓜ에서 '한(漢)'이나 '신라' 같은 '주변 국가'들을 언급한 것은 주몽이 고구려를 세운 시기가 언제쯤인지 제시하기 위한 것이라고 볼 수 있다. 또 '사방에서 듣고 와서 따르는 자'는 주몽이 실력을 쌓는 데 도움을 주는 조력자가 아니다.

오답이 오답인 이유

① ㉠에서 볼 수 있듯이 포유류인 인간이 알에서 난다는 것은 신화에 종종 등장하는 '난생(卵生)' 모티프로, 영웅적 존재의 '신이한 탄생'에 해당한다.

② ㉡에서 주몽은 7살에 스스로 활과 화살을 만들고, 쏘는 화살은 백발백중이라고 하였다. 이는 그가 '비범한 능력'을 갖춘 것을 보여 준다.

③ ㉢은 대소가 '후환'을 두려워하여 주몽을 '제거'하려는 마음을 가졌음을 알게 해 준다. 따라서 이는 주몽이 봉착할 '시련'과 관련이 있다.

④ ㉣에서 주몽은 자신이 아버지 쪽으로는 천상의 신성한 존재인 천제와, 어머니 쪽으로는 지상의 신성한 존재인 물의 신 하백과 혈연관계임을 밝히고 있다. 따라서 이는 영웅적 존재의 '고귀한 혈통'과 관련이 깊다.

3 외적 준거에 따른 작품 감상   답 ③

정답이 정답인 이유

③ [B]에서 주몽이 어머니에게 '나는 천제의 손(孫)으로 다른 사람을 위해서 말을 먹이고 있으니 사는 것이 죽는 것만 못합니다.'라고 말하는 부분을 통해, 자신의 처지를 비관적으로 받아들이는 주몽의 태도를 엿볼 수 있다. 그러나 [A]에서는 그런 부분을 찾을 수 없다.

오답이 오답인 이유

① [B]에서 주몽은 남쪽 땅으로 가서 국가를 세우고자 하나 어머니가 계시기로 감히 마음대로 못 한다고 말하고 있다. 이는 [A]와 달리 주몽이 자신의 뜻을 이루는 것을 어머니 때문에 주저하고 있는 것이라고 할 수 있다.

② [A]에는 단순히 주몽이 날랜 말을 알아보았다는 진술만 있다. 그러나 [B]에서는 어머니의 도움으로 주몽이 준마를 알아보게 되는 과정을 더 구체적으로 제시하고 있다.

④ [A]에서 어머니는 '나라 사람들이 장차 너를 해치려 한다. 너의 재주와 지략으로 어디를 간들 안 되겠느냐? 지체하여 머물다가 욕을 당하는 것보다 멀리 가서 뜻을 이루는 것이 낫겠다.'라고 말한다.

그러나 [B]에는 그처럼 어머니가 주몽에게 앞으로 닥칠 위험을 일러 주며 도피를 권유하는 부분이 없다.

⑤ [A]와 [B] 모두에서 주몽은 날랜 말을 야위게 만들어 놓고 나서 나중에 왕으로부터 그 말을 받는다.

[4~8] 과학

기압의 영향과 일기도

해제 | 이 글은 기압의 개념을 제시한 후 고도에 따른 기압의 변화, 기압과 바람의 관계, 등압선을 바탕으로 한 일기도 등을 소개하고 있다. 기온과 공기의 밀도, 기압의 관계를 바탕으로 바람이 부는 이유를 밝히고, 기압 차 외에도 바람에 영향을 미치는 요소들이 있다는 점을 설명하고 있다. 그리고 우리가 흔히 TV의 일기 예보에서 볼 수 있는 지상 일기도와는 다른, 일기 예보관들이 날씨의 변화를 예측하기 위해 사용하는 상층 일기도를 소개하고 그 특징을 제시하고 있다. 또한 기압의 영향을 받는 또 하나의 요소로 풍속을 언급하고 이전까지 거론했던 고도, 위도, 기온, 기압의 관계를 바탕으로 바람이 약해진 것이 최근 동아시아에서 고농도 미세 먼지 현상이 발생하는 원인 중 하나라는 점을 밝히고 있다.

주제 | 기압의 개념과 영향

구성 |
- 1문단: 기압의 개념 및 표시 단위
- 2문단: 고도에 따른 기압의 변화와 측정 기압의 보정
- 3문단: 기압과 공기의 온도 및 밀도, 위도의 관계
- 4문단: 표준 대기와 상층 일기도
- 5문단: 풍속과 기압의 관계 및 대기 정체 현상

4 내용의 인과 관계 파악   답 ③

정답이 정답인 이유

③ 3문단의 두 번째 문장과 세 번째 문장을 보면, 모든 곳의 지상 기압이 같다고 가정할 경우 주위보다 온도가 높은 곳의 공기는 팽창에 의해 밀도가 작아져서 상승하게 되고, 그에 따라 지상 기압은 감소하게 된다. 그리고 지상 공기가 상승하면 상층에는 더 많은 공기가 쌓이므로 상공은 주변보다 기압이 높아진다. 이를 정리하면, 결국 온도가 높은 곳의 상공은 주변보다 기압이 높아진다. 따라서 지상의 기온이 높아지면 상공의 기압이 높아진다는 진술은 적절하다.

오답이 오답인 이유

① 2문단에 '기압은 고도가 높아질수록 낮아지므로'라고 제시되어 있으므로 이 진술은 적절하지 않다.

② 3문단에 '온도가 높은 곳의 공기는 팽창에 의해 밀도가 작아져서'라고 제시되어 있으므로 이 진술은 적절하지 않다.

④ 2문단에 따르면, 지상의 각 장소에서 기압을 측정하여 그대로 등압선을 작성하면 지도에서 볼 수 있는 등고선과 거의 같은 모양이 만들어진다. 다만 고도가 낮은 곳은 기압이 높고 고도가 높은 곳은 기압이 낮기 때문에, 등고선의 중심부로 갈수록 등고선의 값은 커지고 등압선의 값은 작아진다. 따라서 보정하지 않은 등압선이 나타내는 값이 등고선의 값과 비례한다는 진술은 적절하지 않다.

⑤ 5문단을 보면, '동일 고도에서 고·저위도 간에 기온 차이가 작아질수록 기압 차가 작아져서 풍속도 느려'지는데, 우리나라 상공의 풍속이 겨울보다 여름에 느린 것이 이 때문이라고 제시되어 있다. 이는 동일 고도에서 고·저위도 간에 기온 차이가 겨울에 더 크다는 뜻이므로 이 진술은 적절하지 않다.

5 세부 내용 파악　　　　　　　　　　답 ②

정답이 정답인 이유

② 3문단의 마지막 두 문장에 따르면, 모든 곳의 지상 기압이 같다면 상공에서 바람은 언제나 저위도에서 고위도 방향으로 불어야 하지만, 지구 전체의 고도가 같지 않고 전향력 등의 여러 힘 때문에 그렇게 되지는 않는다고 하였다. 이는 지구 전체의 고도가 같고 전향력 등의 요인이 배제되면 바람이 언제나 저위도에서 고위도 방향으로 분다는 뜻이므로 ㄱ은 적절한 진술이다. 그리고 5문단에서 풍속은 기압 차가 클수록 빠르다고 하였으므로, 지구 전체의 고도가 같다고 가정하면, 기압 차이가 큰 두 지점 사이에서는 바람이 강하게 불 가능성이 높다는 ㄹ은 적절한 진술이다.

오답이 오답인 이유

ㄴ. 3문단을 보면, 지구 전체의 지상 기압이 같다고 가정할 경우, 지상에서 온도가 높았던 곳의 상공에 있던 공기가 주변의 저기압 지역으로 이동하면 주변의 고기압 지역에서 공기가 들어오게 된다. 이러한 공기의 움직임이 바람이라고 설명하고 있으므로 지상 온도가 낮은 곳의 상공에 있는 공기가 지상의 온도가 높은 곳의 상공으로 이동하여 바람이 분다고 진술한 ㄴ은 적절하지 않다.

ㄷ. 3문단의 마지막 문장을 보면, 상공에서 바람이 언제나 저위도에서 고위도 방향으로 불지 않는 이유로 지구 전체의 고도가 같지 않다는 점, 마찰력과 전향력 등의 작용을 제시하고 있다. 따라서 지구 전체의 고도가 같은 경우 바람이 부는 방향에 기압 차이만 영향을 미칠 수 있다는 ㄷ은 적절하지 않다.

6 구체적 사례 적용　　　　　　　　　答 ③

정답이 정답인 이유

③ 5문단에 따르면, 고농도 미세 먼지 현상의 원인 중 하나가 지구 온난화로 인한 대기 정체 현상이다. 〈보기〉의 A 시가 미세 먼지를 줄여 대기의 질을 개선하기 위해 바람길 숲을 조성한 것은 도시 단위에서라도 대기 정체 현상을 해소하기 위한 노력의 일환으로 볼 수 있다. 바람길 숲을 통해 뜨거운 열기를 도시 외부로 배출하면 도시 외부의 온도가 높아질 가능성은 있다. 그런데 이는 도시 외부의 온도가 높아지는 것이지 도시 내부의 온도가 바람이 불기 전보다 높아지는 것은 아니며, 연결 숲의 역할도 숲에서 생성된 바람이 도시 내부로 유입되도록 하는 것이다. 따라서 선지의 진술은 적절하지 않다.

오답이 오답인 이유

① A 시 외곽이라면 A 시와 지리적으로 큰 차이가 없을 것임에도 불구하고 온도 차이가 나는 것은 인간의 생활로 인해 발생하는 열때문이라고 볼 수 있다. 따라서 도시 외곽 산림의 공기가 차가운 것은 도시에서 발생하는 뜨거운 열기가 없기 때문이라고 할 수 있다.

② 〈보기〉에 따르면, 바람길 숲은 도시 외곽의 맑고 차가운 공기를 도심으로 끌어들이고, 대기 오염 물질과 뜨거운 열기는 도시 외부로 배출하도록 설계되었다. 따라서 도시 외곽에서 시작된 바람이 도심을 거쳐 도시 외곽까지 원활하게 불 수 있어야 바람길 숲을 조성한 목적을 이룰 수 있을 것이다.

④ 〈보기〉에 따르면, 바람길 숲에서 생성된 바람은 도심의 대기 오염 물질을 도시 외부로 배출하는 것을 그 목적으로 한다. 즉 바람을 이용하여 대기 오염 물질을 도심 바깥으로 옮기는 역할에 초점이 맞추어져 있는 것이어서 대기 오염 물질을 줄이는 근본적인 방안은 아니다. 따라서 대기 오염 물질 배출을 줄이는 방안도 함께 고려할 필요가 있다.

⑤ 도심 내에서 생성된 대기 오염 물질은 도시 바깥으로 배출되지 않고 도심 내에 머무를 수도 있다. 대기 중의 이러한 물질을 이동시킬 수 있는 것은 공기의 흐름 중 하나인 바람이다. 따라서 바람을 이용한 공기 순환 촉진을 통해 대기 오염 물질을 도시 바깥으로 이동시키려고 한 것은 대기 정체 현상을 방지하거나 완화함으로써 대기 환경을 개선하기 위한 노력이라고 볼 수 있다.

7 구체적 사례 적용　　　　　　　　　답 ⑤

정답이 정답인 이유

⑤ (가)는 지상 일기도이고 (나)는 상층 일기도이다. 4문단에 따르면, (가)는 관측소가 위치한 지점의 고도를 고려하여 해면 경정을 통해, 즉 동일 고도에서의 기압으로 표시한 것이다. (나)는 어떤 정해진 기압이 나타나는 등압면, 이 지도에서는 500hPa인 기압이 나타나는 등압면을 상정해서 작성한 것이다. 그러나 4문단에서 '동일 고도에서도 기압은 시역에 따라서 다르게 나타나기 때문에 등압면은 수평면이 되지 않는다.'라고 하였으므로 ⑤의 진술은 적질하지 않다.

오답이 오답인 이유

① 4문단에 따르면, (가)와 같은 지상 일기도는 각 관측소에서 측정한 기압을 해면 경정을 거쳐 산출한 값을 중심으로 한다. 따라서 선지의 진술은 적절하다.

② 4문단에 따르면, (나)와 같은 상층 일기도는 등압면을 상정해서 그 기압이 나타난 고도와 기온, 바람 등을 나타낸 것이며, 등압면의 고도는 등고선으로 표현하는데 이때 등고선은 해당 기압((나)의 경우 500hPa)인 고도를 나타낸 것이다. 따라서 선지의 진술은 적절하다.

③ 4문단에 따르면, (나)와 같은 상층 일기도는 특정 기압((나)의 경우 500hPa)이 나타나는 등압면을 상정하여 그 기압이 나타난 고도와 기압, 기온, 바람, 습도 등 각종 기상 요소를 기입하여 작성한 것이다. 따라서 선지의 진술은 적절하다.

④ 4문단에 따르면, (가)와 같은 지상 일기도는 TV의 일기 예보에서 쉽게 볼 수 있는 것이고, (나)와 같은 상층 일기도는 일기 예보관들이 날씨의 변화를 예측하기 위해 일기 예보를 준비할 때 활용하는 것이다.

① 북곽 선생이 귀신처럼 춤춘 이유는 자신을 알아보는 사람이 있을까 두려워 위장하기 위해서이다. 자신이 한 행동에 떳떳하지 못하기 때문에 남들 앞에서 숨기고자 하려는 속마음을 알 수 있다.

② 북곽 선생은 과부와의 밀회를 즐기는 모습을 들키는 위기에서 벗어나기 위해 도망가려다가 구덩이에 빠진다. 이때 실수로 구덩이에 빠진 것은 어리석고 우스꽝스러운 모습이라 할 만하다.

④ 범의 덕이 지극하다고 말하는 것은 목숨을 구하기 위해 과장된 말하기를 하는 모습이다. 물리적 힘이 센 범에게 잡아먹힐 것이 두려워 비겁한 모습을 보이고 있다고 평가할 수 있다.

⑤ 북곽 선생은 짐승인 범 앞에서 스스로를 '천한 신하'라 일컫고 '아랫자리에서 모시고자' 한다고 말하고 있다. 이것은 진실된 겸손함을 드러내는 표현이라기보다는 물리적 힘이 두려워 상황을 모면하기 위한 거짓된 겸손함이고, 임기응변으로 취하는 행동이다. 범에게 아첨하면 살아남을 수 있다 여겨 아첨하는 것이라 볼 수 있다.

2 외적 준거에 따른 작품 감상   답 ⑤

정답이 정답인 이유

⑤ 오륜과 사강을 언급하는 부분은, 윤리적 기준에 대해 설파하고 죄인에게 형벌을 주는 문명이 발달했음에도 불구하고 악행을 멈추지 않는 인간들에 대해 지적하는 부분이다. 이 부분에서 범이 말하는 것은 형벌을 주지 않음에도 불구하고 악행이 없으니 본성이 선하다는 것에 초점이 맞추어진 것이며, 오륜과 사강을 지키지 않는 것이 아니라 본래 범의 집안에는 그런 것이 없다는 것이다.

오답이 오답인 이유

① 범은 자신들은 음식 때문에 남과 다투지 않는다고 이야기하며, 인간들은 끝없이 남과 다툰다는 점을 비판하고 있다.

② 인간들이 황충, 누에, 벌로부터 먹을 것을 얻는 것을 비난하고 있는데, 이는 먹을 것에 급급해하지 않는 범의 습성과 대조되는 것이라 할 수 있다.

③ 형벌의 제도가 없는 동물 사회의 모습을 언급하며 형벌이 있음에도 범죄와 악행이 계속되는 인간들과 대조하여 인간들이 열등함을 비판하는 부분이 있다.

④ 술과 같이 풍기를 문란하게 하는 것을 즐기지 않는다고 범이 스스로를 말하는 부분이 술을 담가 먹는 인간을 꼬집어 비판하는 근거가 되고 있다.

3 인물의 성격, 유형 이해   답 ④

정답이 정답인 이유

④ 북곽 선생은 범이 가고 난 후 농부를 만나자 농부 앞에서 망신을 모면하기 위해 선비로서의 체면을 앞세우는 거짓말을 한다. 이것은 아첨하는 것이라는 평가와는 어울리지 않는다.

오답이 오답인 이유

① '하늘이 ~ 않을 수 없네.'는 『시경』의 구절로, 북곽 선생은 '내 들었노라'라고 하며 다른 사람의 말을 인용하고 있음을 밝히고 자신

---

8 단어의 의미 파악   답 ③

정답이 정답인 이유

③ ⓒ '관측한 값으로 보정한다.'에서 '보정(補正)'의 사전적 의미는 '실험, 관측 또는 근삿값 계산 따위에서 결과에 포함된 외부적 원인에 의한 오차를 없애고 참값에 가까운 값을 구함.'이다. '모자라거나 부족한 것을 보충하여 완전하게 함.'은 '보완(補完)'의 의미이고 문맥상 적절하지도 않다.

11회 미니모의고사   본문 48~52쪽

1 ③	2 ⑤	3 ④	4 ②
5 ⑤	6 ①	7 ④	8 ④

[1~4] 고전 산문

박지원, 「호질」

해제 | 이 작품은 박지원의 『열하일기』에 실려 있는 한문 소설이다. 위선적이고 이중적인 인물인 북곽 선생과 동리자를 등장시켜 두 인물의 위선을 꼬집는 한편, 의인화된 동물 범의 입을 통해 양반 계층의 부패한 도덕관념과 허위의식, 부도덕성을 풍자하고 있다. 작품의 초반에는 범에게 먹이를 추천하는 악귀들이 등장하여 인간의 각 부류를 언급하는데, 선비들에 대한 비판은 여기에서부터 시작된다. 마을로 내려온 범을 만난 북곽 선생이 보이는 비굴한 모습과 이를 꾸짖는 범의 연설을 통해 양반 계층과 선비들에 대한 비판은 절정에 달하고, 범이 사라지고 난 걸 안 북곽 선생이 농부 앞에서 보이는 허세 가득한 모습은 양반층에 대한 풍자를 절묘하게 보여 준다.

주제 | 양반의 위선과 부도덕성 비판

전체 줄거리 | 먹잇감을 찾는 범에게 각종 악귀들이 나타나 인간의 각 부류를 언급하며 평한다. 선비의 이중적 면모를 비난하던 범은 마을로 내려간다. 그 마을에는 학식이 높아 존경받는 북곽 선생과 독수공방하는 과부 동리자가 있었는데, 그날 밤 둘은 동리자의 집에서 밀회를 즐기다가 동리자의 다섯 아들에게 만남을 들킬 위험에 놓인다. 이에 급히 도망치던 북곽 선생은 똥구덩이에 빠지게 되는데, 때마침 마을에 내려온 범과 마주치게 되고, 범은 이런 북곽 선생의 모습을 보고 선비들의 위선과 파렴치함에 대하여 신랄하게 꾸짖는다. 이에 북곽 선생은 목숨을 애걸하다가 범이 사라진 줄도 모른 채로 날이 밝는다. 그러던 중 머리를 조아린 모습을 보고 의아해하는 농부에게 또다시 허세 가득한 변명을 하며 전혀 달라지지 않은 모습을 보인다.

1 인물의 성격, 유형 이해   답 ③

정답이 정답인 이유

③ 북곽 선생이 머리를 조아리고 절하는 것은 범이 눈앞에 있는 것을 발견하고 자신을 공격할까 두려워 취하는 행동이다. 이는 자신의 생명이 위험한 상황에 대처하기 위한 판단의 결과로, 당황하여 판단력을 잃어 취하는 행동이라 보기 어렵다.

의 행동이 경전에 근거한 이유 있는 행동임을 포장함과 동시에 자신의 학식을 자랑하고 있다.

② 범은 인간과 선비들이 사강과 오륜을 가르치고 배우면서도 범죄가 없어지지 않는 비윤리적인 면에 대해 지적하였다. 그러나 북곽 선생은 이런 범의 말을 들은 후에도 자신에 대한 반성은 전혀 없다. 범이 두려워 엎드려 있었음에도 만물에 대한 겸손의 태도를 취한 것이라 포장하고 있다. 이것은 겉으로만 선을 말하는 위선적 태도라 할 만하다.

③ 북곽 선생은 농부를 만나자 자신의 사회적 체면을 세우기 위한 태도를 취한다. 소설 속에 농부가 등장하지 않았다면 이러한 북곽 선생의 태도를 볼 수 없었을 것이므로, 농부의 등장으로 이와 같은 성격이 부각된다는 반응은 적절하다.

⑤ 범이 사라진 후인데도 범이 있는 줄 알고 두 손 모아 머리가 땅에 닿도록 절하는 모습은 북곽 선생의 위선을 풍자하여 웃음을 유발하는 장면이다.

4 작품 간의 공통점, 차이점 파악   답 ②

정답이 정답인 이유

② 이 글의 범은 '범이 말이나 소를 잡아먹으면 사람들은 범을 '원수'라고 부른다. 이 어찌 ~ 말이나 소는 너희에게 공로가 있기 때문이 아니겠느냐?'라고 하며 '원수'라고 부른 것이 단지 인간의 이해에 따라 일관되지 않은 평가를 내리고 있는 것임을 꼬집는 질문을 던지고 있다. 〈보기〉의 게는 자신에게 창자가 없다고 했던 인간의 평가가 무례하다고 하며 인간에게도 옳은 창자가 없음을 지적하는 질문을 던지고 있다. 둘 다 인간이 자신들에 대해 내린 평가가 부당함을 나타내는 질문이라고 볼 수 있다.

오답이 오답인 이유

① 기존에 가졌던 궁금증을 인간을 통해 알기 위해 질문을 던지고 있는 것은 아니다. 두 글에서의 질문은 자신의 주장을 펼치기 위한 질문이다.

③ 규범을 지키는 자신에 대한 정당한 평가가 필요하다고 주장하는 내용은 '범의 도의야말로 어찌 광명정대하지 아니한가!'와 같은 범의 말에서는 찾아볼 수 있다. 범의 사회는 악덕을 찾아보기 어렵다고 말하며 범 사회의 엄격한 규범을 강조하고 있는 것이다. 그런데 〈보기〉의 게가 어떤 규범을 지키는지 언급하고 있지는 않다.

④ 선과 악을 가르는 기준에 대한 언급은 두 글에서 모두 찾아보기 어렵다.

⑤ 범과 게가 부당한 평가를 받았다고 언급하고는 있으나 그에 대한 정당한 대가를 받기를 요구하고 있는 것은 아니다.

[5~8] 과학

창의성과 뇌

해제 | 창의성은 '새로운 것을 생각해 내는 특성.'으로 정의할 수 있지만 다양한 인지적, 정서적, 의지적 요소들이 결합되어 나타나는 것으로, 우리는 뇌에서 창

의성의 요소인 유창성과 의지력이 어떻게 발현되는지 발견할 수 있다. 연관이 없어 보이는 것에서 연관을 발견하는 유창성은 긴장 상태에서 많이 분비되는 노르에피네프린의 작용으로 사전 – 의미 네트워크가 좁아질 때 떨어진다는 것을 마중물 효과 실험을 통해 확인할 수 있다. 의지력은 전두엽이 뇌의 다른 부분과 협력하는 가운데 당장의 생리적 욕구를 뛰어넘는 장기 목표를 설정하고 그것을 지속하게 함으로써 창의적 성과를 실현시키는 방식으로 나타난다.

주제 | 창의성과 관련된 뇌의 작용

구성 |

- 1문단: 창의성의 정의와 유사 개념과의 비교
- 2문단: 유창성과 긴장 상태의 관련성
- 3문단: 마중물 효과 실험과 사전 – 의미 네트워크
- 4문단: L – 도파와 프로프라놀롤이 유창성에 미치는 효과
- 5문단: 의지력을 유발하는 전두엽의 작용

5 세부 내용 파악   답 ⑤

정답이 정답인 이유

⑤ 5문단에서 생리적 욕구는 시상 하부에서 촉발되고 대뇌변연계가 그것을 매개하는데, 전두엽은 시상 하부에서 촉발되는 생리적 욕구를 따르는 행동을 촉구하기도 하지만, 어떤 때는 생리적 욕구를 억제하면서 생리적 욕구 충족과는 무관한 장기적 목표를 이루기 위한 의지적인 행동을 촉구한다고 하였다. 그러므로 시상 하부에서 촉발된 생리적 욕구가 전두엽을 자극하여 장기적인 보상이 있는 활동을 수행하게 한다고 말할 수 없다.

오답이 오답인 이유

① 2문단에서 긴장 상태에서는 대뇌 피질에서 일어나는 각성이 높아지면서 연상의 폭이 좁아지는데 이는 흥분과 각성 상태에서 많이 분비되는 노르에피네프린의 농도 수준이 신경 네트워크의 크기를 조절하기 때문이라는 주장에 대해 언급하였고, 그것을 입증하는 실험을 다음 문단에서 소개하였다. 그러므로 노르에피네프린의 수준이 높아지면 연상의 폭이 좁아진다고 말할 수 있다.

② 5문단에서 다양한 욕구를 어떻게 충족시킬지에 대한 지식은 측두엽과 두정엽의 다중 양상 감각 연상 구역에 저장되어 있다고 했고, 전두엽은 장기 목표를 설정하면 그것을 달성하기 위하여 필요한 지식을 측두엽과 두정엽의 다중 양상 감각 연상 구역으로부터 얻어 당장에는 쾌감을 가져다주지 않지만 장기적인 보상이 있는 활동을 수행하게 한다고 하였다. 그러므로 두정엽과 측두엽은 장기 목표를 달성하기 위해 필요한 지식을 저장하고 있다고 말할 수 있다.

③ 3문단에서 마중물 단어가 뒤에 나오는 진짜 단어와 의미적 연관이 긴밀할수록 피험자들의 반응 시간은 더 짧아져 연상이 더 신속하게 일어나는 것을 알 수 있었다고 했고, 우리 뇌에는 단어와 그 의미를 저장하는 사전–의미 네트워크라고 불리는 신경 네트워크가 있는데, 서로 의미적 연관이 긴밀한 단어들과 그에 대한 정보는 하나의 사전–의미 네트워크에 들어가 있어서 마중물 단어와 표적 단어에 관한 정보가 동일한 사전–의미 네트워크에 있을 때 표적 단어의 인식이 신속하게 이루어진다고 하였다. 그러므로 같은 사전–의

미 네트워크에 있는 두 단어 사이에는 연상이 신속하게 이루어진다고 말할 수 있다.

④ 2문단에서 창의적인 사람은 보통 사람들이 보기에 별로 연관되어 있지 않은 것 사이에서 연관을 발견한다는 점에서 인지적 유창성이 뛰어나다고 말하는데, 몰입이 필요한 작업을 하는 사람들에게 이러한 능력은 극도의 긴장 상태에서 사고할 때보다 긴장을 풀고 쉬고 있을 때 잘 나타난다고 하였다. 그러므로 극도로 긴장했을 때보다 긴장을 풀고 쉬고 있을 때 새로운 발상이 잘 이루어진다고 말할 수 있다.

6 중심 내용 파악
답 ①

정답이 정답인 이유

① 1문단에서 학습 부진아가 창의적인 성과를 낸 경우도 있다고 하며 읽기와 산수에 학습 장애가 있었던 아인슈타인과 언어 습득과 읽기에 장애가 있었던 다윈이 역사상 가장 창의적인 과학적 성과를 내놓았다고 하였다. 그러나 이 말이 특정한 영역에서의 학습 부진이 창의성 발휘에 긍정적인 효과를 낸다는 의미는 아니다.

오답이 오답인 이유

② 2문단에서 긴장 상태에서는 대뇌 피질에서 일어나는 각성이 높아지면서 연상의 폭이 좁아지고 이에 따라 유창성이 떨어진다고 하였으므로, 대뇌 피질의 각성이 높아지면 유창성이 떨어지는 것으로 나타난다고 할 수 있다.

③ 5문단에서 창의적인 성과를 내기 위해서는 외부적인 보상이 없어도 미래의 성취에 대한 동기 유발에 의해 지속적으로 과제를 수행하는 의지력이 요구된다고 하였고, 생리적 욕구와 달리 장기 목표를 이루려는 욕구는 복잡한 행동을 요구하고 이런 종류의 욕구와 욕구를 충족시킬 행동에 관한 지식의 융합을 통해 전두엽은 목표 지향적 행동을 찾아 나간다고 하였다. 그러므로 창의적 성과에 요구되는 목표 지향적 행동은 전두엽의 작용이 중심을 이룬다고 말할 수 있다.

④ 2문단에서 창의적인 사람은 보통 사람들이 보기에 별로 연관되어 있지 않은 개념 사이에서 연관을 발견하여 새로운 발상을 잘한다는 점에서 인지적 유창성이 뛰어나다고 하였다. 그러므로 동떨어져 보이는 두 개념 사이의 연관을 잘 찾아내는 사람은 새로운 발상을 잘한다고 말할 수 있다.

⑤ 1문단에서 IQ가 매우 높으면 천재라고 하지만 그들이 모두 창의성이 높은 것은 아니며 창의적인 성과를 낸 인물들이 모두 IQ가 탁월하게 높은 것도 아니라고 하였고, 어떤 영역에서 뛰어난 능력을 가진 사람이 모두 창의적인 것도 아니라고 하였다. 그러므로 IQ가 높거나 뛰어난 능력을 가졌다고 해서 창의적인 성과를 낼 수 있는 것은 아니라고 말할 수 있다.

7 생략된 내용 추론
답 ④

정답이 정답인 이유

④ 4문단에서 신경 네트워크에 대한 노르에피네프린의 영향력을 줄

이는 약물인 프로프라놀롤은 사전-의미 네트워크의 확장에 도움이 되고, 이 약물을 투여하면 연상 테스트에 의해 확인되는 유창성이 향상되는 것으로 나타났다고 하였다. 그러므로 의미적 연관이 긴밀하지 않은 단어인 'summer'와 'snow'를 각각 마중물 단어와 표적 단어로 쓸 때 프로프라놀롤의 투여는 사전-의미 네트워크를 확장하여 연상 테스트에서 좋은 성적을 거두게 하므로 피험자의 반응 시간이 줄어드는 효과가 있을 것이다.

오답이 오답인 이유

① 3문단에서 마중물 단어와 표적 단어에 관한 정보가 동일한 사전-의미 네트워크에 있을 때 표적 단어의 인식은 신속하게 이루어진다고 하였으므로 표적 단어와 동일한 사전-의미 네트워크에 있는 단어는 마중물 단어로 써도 된다고 말할 수 있다.

② 3문단에서 마중물 단어가 뒤에 나오는 진짜 단어와 의미적 연관이 긴밀할수록 피험자들의 반응 시간은 더 짧아졌다고 하였으므로, 마중물 단어와 표적 단어가 의미적 연관이 긴밀할수록 피험자의 반응 시간이 길어진다고 말할 수 없다.

③ 3문단에서 이 실험에서는 철자가 엉터리인 가짜 단어와 진짜 단어를 스크린에 무작위로 띄우고 피험자에게 진짜 단어이면 가능한 한 신속하게 키를 누르고 가짜 단어이면 키를 누르지 않도록 요청했는데, 매번 문제로 제시하는 단어 앞에 다른 진짜 단어(마중물 단어)를 하나씩 보여 주었을 때 그 단어가 마중물 단어 뒤에 나오는 진짜 단어와 의미적 연관이 긴밀할수록 피험자의 반응 시간은 더 빨라졌다고 하였다. 그러므로 표적 단어가 가짜 단어이면 피험자는 그 단어가 진짜 단어인지 그리고 마중물 단어와 연관이 있는지 생각하는 데 시간을 소요하다가 가짜 단어인 것으로 판단이 되면 아무 반응도 보이지 않게 된다.

⑤ 4문단에서 L-도파를 피험자에게 투여했을 때 'winter-summer' 사이에 일어나는 것과 같은 직접적인 마중물 효과의 반응 시간은 투여 전과 차이가 나지 않는다고 하였으므로, 'winter'가 마중물 단어, 'summer'가 표적 단어일 때, L-도파의 투여는 피험자의 반응 시간을 현저히 늘어나게 하는 효과가 있다고 볼 수 없다.

8 구체적 사례 적용
답 ④

정답이 정답인 이유

④ 3문단에서 우리 뇌에는 단어와 그 의미를 저장하는 사전-의미 네트워크라고 불리는 신경 네트워크가 있는데, 서로 의미적 연관이 긴밀한 단어들과 그에 대한 정보는 하나의 사전-의미 네트워크에 들어가 있다고 했다. 〈보기〉의 원격 연상 검사에서 보여 주는 한 세트의 세 단어는 서로 연관성이 없어 보이는 단어이므로 보통 사람들에게는 하나의 사전-의미 네트워크에 들어가 있지 않을 것이라고 추론할 수 있다.

오답이 오답인 이유

① 4문단에서 프로프라놀롤은 사전-의미 네트워크의 확장에 도움이 되고, 이 약물을 투여하면 연상 테스트에 의해 확인되는 유창성

이 향상되는 것으로 나타났다고 하였다. 그러므로 피험자에게 프로프라놀롤을 투여하면 연상 테스트에서 향상된 점수를 받을 것이므로 〈보기〉의 원격 연상 검사에서도 검사 점수는 높아질 것이라고 추론할 수 있다.

② 4문단에서 노르에피네프린의 수준을 올리는 약물인 L-도파를 투여했을 때 'summer-snow' 사이에 일어나는 것과 같은 간접적인 마중물 효과는 반응 시간이 현격하게 길어졌다고 했다. 그러므로 노르에피네프린의 분비가 더 활발할수록 사전-의미 네트워크를 벗어난 연상은 신속하게 이루어지기 어려울 것이고, 〈보기〉에서 의미적 연관이 별로 없는 단어들 사이의 연상 능력을 테스트하는 원격 연상 검사에서도 노르에피네프린의 분비가 활발하면 검사의 점수가 낮아질 것이라고 추론할 수 있다.

③ 2문단에서 창의적인 사람은 보통 사람들이 보기에 별로 연관되어 있지 않은 개념 사이에서 연관을 발견한다는 점에서 인지적 유창성이 뛰어나다고 하였다. 그러므로 〈보기〉에서 의미적 연관이 별로 없는 단어들 사이의 연상 능력을 테스트하는 원격 연상 검사는 피험자의 인지적 유창성을 파악할 수 있는 검사라고 추론할 수 있다.

⑤ 3문단에서 마중물 효과 실험에서 마중물 단어와 표적 단어에 관한 정보가 동일한 사전-의미 네트워크에 있을 때 표적 단어의 인식은 신속하게 이루어지지만, 마중물 단어의 정보가 표적 단어의 정보와 동일한 사전-의미 네트워크에 있지 않다면 표적 단어의 정보가 있는 별도의 사전-의미 네트워크를 활성화하는 데 더 긴 시간이 걸린다고 하였고, 4문단에서 L-도파라는 약물을 피험자에게 투여했을 때 'winter-summer' 사이에 일어나는 것과 같은 직접적인 마중물 효과의 반응 시간은 차이가 없지만 'summer-snow' 사이에 일어나는 것과 같은 간접적인 마중물 효과의 반응 시간은 현격하게 길어지는 것을 발견했다고 했다. 그러므로 마중물 효과 실험에서 간접적인 마중물 효과의 반응 시간이 짧은 사람일수록 〈보기〉에서 의미적 연관이 별로 없는 단어들 사이의 연상 능력을 테스트하는 원격 연상 검사의 점수가 더 높을 것이라고 추론할 수 있다.

12회 미니모의고사

본문 53~57쪽

| 1 ⑤ | 2 ③ | 3 ① | 4 ⑤ |
| 5 ② | 6 ③ | 7 ② | 8 ⑤ |

[1~4] 고전 산문

작자 미상, 「토끼전」

해제 | 이 작품은 『삼국사기』의 「구토지설」 등을 근원 설화로 삼아 판소리 사설로 연행되다 소설로 정착된 판소리계 소설이다. 「토공전」, 「토생전」, 「별주부전」 등 120여 종의 이본이 존재하는 이 작품은 동물들을 내세워 당대 사회를 우의적 기법으로 풍자한 우화 소설이기도 하다. 이 작품에서는 개인의 욕망을 위해 토끼의 희생을 강요하다가 토끼의 꾀에 넘어가는 어리석은 용왕의 모습을 통해 부패하고 무능한 지배층을, 용왕의 인정을 받기 위해 토끼를 속이는 자라의 모습을 통해 그릇된 충성심을 지닌 관리를 비판하고 있다. 아울러 자신의 허욕으로 인해 위기를 겪다가 꾀로 이를 극복해 내는 토끼를 통해 허욕에 대한 경계와 위기를 극복하는 지혜의 중요성을 역설하며, 지배층의 횡포를 극복해 내는 서민층의 모습을 보여 주고 있다. 이처럼 이 작품은 인물들의 관계를 통해 다양한 주제 의식이 드러나고 있다는 점이 특징이다. 또한 공간의 이동에 따라 위기와 이를 극복해 내는 기지가 드러나고 있다는 점, 한자어와 비속어, 고사성어와 속담, 과장된 표현과 비유적 표현 등이 활용되고 있다는 점이 특징이다.

주제 | 위기를 극복하는 지혜의 중요성, 허욕에 대한 경계 / 무능하고 부패한 지배층에 대한 풍자 / 임금에 대한 충성

전체 줄거리 | 병이 든 동해 용왕은 토끼의 생간이 신효하다는 고명한 세 의원의 말을 듣고 자라에게 토끼의 간을 구해 오라고 명한다. 육지에서 토끼를 만난 자라는 온갖 감언이설로 토끼를 속여 용궁으로 데려온다. 용왕이 토끼를 죽이라고 명령하자, 토끼는 꾀를 내어 간을 육지에 두고 왔다고 거짓말을 하며 위기에서 벗어난다. 이후 자라와 함께 육지에 도착한 토끼는 용왕의 미련함을 지적하고 자라는 하릴없이 돌아간다. 한참 살아 돌아온 기쁨을 누리던 토끼는 독수리에게 잡혀 또다시 위기에 처하게 된다. 하지만 토끼는 다시 한번 꾀를 내어 독수리로부터 벗어난다.

---

1 내용의 전개 방식 파악   답 ⑤

정답이 정답인 이유

⑤ 자라는 '순임금', '강태공', '이윤', '한신' 등과 같이 중국의 역사적 인물과 관련된 고사를 인용하여 토끼가 용궁에 가면 벼슬을 맡을 수 있을 것이라고 말하고 있다. 이는 토끼가 지닌 공명욕을 자극하여 토끼를 용궁으로 데려가기 위한 계책이다. 따라서 중국의 여러 고사를 인용한 것과 토끼와 자라의 자연에 대한 태도를 부각하는 것은 관련이 없음을 알 수 있다.

오답이 오답인 이유

① 토끼에게 조롱을 당한 자라가 바다로 돌아간 이후 벌어진 상황에 대해 서술자는 '용왕의 병세와 별주부의 소식을 다시 알 길이 없더라.'라고 진술하며 용왕과 별주부의 후일담을 제시하고 있다.

② 허욕을 지닌 토끼와 토끼를 수궁으로 데려가 용왕에 대한 충성심을 증명하려는 자라, 토끼를 잡아먹으려는 독수리 사이의 욕망을 중심으로 갈등 관계가 형성되어 있으며 이를 통해 서사적 긴장감이 고조되고 있음을 알 수 있다.

③ 토끼와 자라가 나눈 대화를 통해 토끼가 어젯밤 흉몽을 꾸었다는 것, 토끼와 독수리의 대화를 통해 토끼가 수궁 용왕을 속였다는 것을 알 수 있다.

④ 자라가 토끼를 속이기 위해 한 말 중, '역산에서 밭을 가시던 순임금도 ~ 한 태조의 대장이 되었으니' 부분에서 '~던 ~도 ~고(되었으니)'와 같은 문장 구조가, '장자의 나비 된 꿈은 ~ 개시허몽이로다' 부분에서 '~은 ~이요, ~(은) ~이라(이로다)'와 같은 문장 구조가 반복되고 있다. 이는 토끼를 속여 수궁에 데려가려는 의도가 반영된 것으로 볼 수 있다.

2 인물의 심리, 태도 파악 답 ③

정답이 정답인 이유

③ 자라는 용왕에 대해 '한 가지 재능과 한 가지 지조가 있는 선비라도 버슬 직책을 맡기'는 '밝은 임금'이라고 높이 평가하고 있다.

오답이 오답인 이유

① 토끼는 자신의 꿈에 대해 '아마도 좋지 못한 정상을 당할까 염려'하고 있다. 그러므로 토끼가 자신의 꿈을 길몽이라 확신하고 있다는 진술은 적절하지 않다.

② 웃으며 말하는 토끼를 보고 '요놈, 인제야 속았구나.'라고 생각한 자라의 모습에서, 자라는 토끼가 자신의 내심을 간파하지 못했다고 생각하고 있음을 알 수 있다.

④ 자신의 등에 타면 만경창파를 순식간에 득달할 수 있다는 자라의 말을 듣고 자라 덕분에 '밝은 곳'인 '수궁'에 갈 수 있겠다며 기뻐하는 토끼의 모습에서 토끼가 자라의 말을 신뢰하고 있음을 알 수 있다.

⑤ 용궁에서 무사히 돌아와 넓은 들판에서 '희희낙락하며' 뛰어다니는 토끼의 모습을 통해 토끼가 자신에게 다가올 위기를 알지 못한 채 안도하며 기뻐하고 있음을 알 수 있다.

3 소재의 기능 파악 답 ①

정답이 정답인 이유

① 독수리에게 붙잡힌 토끼는 '용궁에 있던' ㉠이 자신에게 있으며 이는 독수리가 '가지기만 하면 조화가 무궁'한 것이고 '긴요한 것'이라고 언급하고 있다. 이에 대해 독수리가 '솔깃해하며' 토끼의 처소로 가게 되므로 ㉠을 통해 토끼가 독수리의 환심을 얻게 되었음을 알 수 있다.

오답이 오답인 이유

② ㉠은 토끼가 꾸며 낸 묘책으로, 실체가 없는 것이다. 그러나 토끼의 말을 들은 독수리가 토끼의 처소로 내려가는 장면을 통해 독수리는 ㉠에 대해 실체가 있다고 생각하고 있음을 알 수 있다.

③ ㉡은 토끼가 '가만히 앉았어도 평생을 잘 견디게 해 주'는 ㉠을 주겠다는 자신의 말이 거짓임을 보여 주는 것이다.

④ ㉠은 자신보다 힘이 센 독수리에게서 붙잡혀 열세에 놓인 토끼의 상황을, ㉡은 독수리에게서 벗어난 토끼가 독수리의 어리석음을 조롱하며 독수리와 자신의 상황이 역전되었음을 보여 준다.

⑤ 토끼가 '만배 병아리'와 ㉠을 제시한 이유는 '배고픈 독수리'를 속이기 위해서이다. ㉡은 토끼가 자신의 꾀를 통해 독수리에게서 벗어났음을 의미하는 것이다. 따라서 ㉠과 ㉡을 독수리의 배고픔을 해소해 주기 위해 제시한 방안으로 보는 것은 적절하지 않다.

4 배경의 기능 파악 답 ⑤

정답이 정답인 이유

⑤ 독수리에게 붙잡힌 토끼가 ⓒ에서 ⓑ로 이동할 수 있었던 까닭은 ⓐ에서 '꾀'를 궁리하여 자신의 간을 육지에다 두고 왔다고 용왕

에게 거짓말을 했던 경험이 있기 때문이다. 이후 독수리에게 잡혀 위기에 처한 토끼는 ⓐ에서의 경험을 토대로 '꾀'를 사용해 ⓒ에서 ⓑ로 이동하고 있다. 따라서 ⓒ에서 ⓑ로 이동하게 된 것은, 토끼가 독수리로 인한 위협에서 벗어나고자 기지를 발휘했기 때문일 뿐이다. 이를 자신의 깨달음을 독수리와 공유하고자 하는 토끼의 의도라고 보는 것은 적절하지 않다.

오답이 오답인 이유

① 토끼가 ⓐ에서 ⓑ로 돌아온 것은 자라에게 속은 것을 알게 되었기 때문이다. 따라서 ⓐ에서 ⓑ로의 이동은 자라가 토끼를 속이는 행위와 관련된 사건이 종결되었음을 보여 주는 것이다.

② 자라가 토끼와 함께 ⓑ에 오게 된 이유는 토끼가 자신의 목숨을 지키기 위해 간을 육지에 두고 왔다고 거짓말을 했고, 이 말을 믿은 용왕이 자신의 병을 낫게 하려고 토끼와 함께 육지에 가서 간을 가지고 오라고 자라에게 명령했기 때문임을 알 수 있다.

③ 자라는 ⓑ에 도착하여 토끼의 조롱을 받으며 혼자 ⓐ로 돌아가게 된다. 이는 토끼가 ⓐ에서의 경험을 통해 자라가 자신을 속였다는 것을 알게 되면서 객관적이고 비판적인 시각으로 타자를 바라보는 태도를 갖추게 되었기 때문이다.

④ 토끼가 자신이 살던 ⓑ에서 ⓐ로 가게 된 것은 수궁에 가면 자라가 자신을 '좋은 곳에 천거'하여 '수부'에서 '벼슬'을 얻을 수 있다고 믿었기 때문임을 알 수 있다.

[5~8] 기술

전자레인지의 작동 원리

해제 | 식품을 조리하는 가열 장치로서 전자레인지는 음식의 겉을 가열하여 내부까지 열을 전달하는 것이 아니라 겉과 속을 동시에 고루 가열할 수 있다. 이는 전자레인지의 마그네트론에서 나오는 약 2,500MHz의 마이크로파가 극성 물질인 물 분자에 전기적 힘의 영향을 미치는 것과 관련 지어 설명할 수 있다. 전자레인지의 마이크로파가 물 분자를 맹렬히 회전시키고, 그 운동 에너지는 물 분자와 또 다른 물 분자, 물 분자와 음식물을 구성하는 입자끼리의 충돌 과정에서 열에너지로 바뀌어 음식물의 겉과 속을 고루 가열하는 것이다. 그리고 전자기파를 이용한 장치인 전자레인지가 작동할 때 근처에 있다 보면 그 전자기파가 인체에 해로운 영향이 미치지 않을까 우려하는 경우가 있는데 과도하게 걱정할 필요는 없다. 전자레인지의 앞 유리에는 작은 크기로 구멍이 나 있는 금속 그물이 붙어 있는데, 그 금속 그물이 전자레인지에서 발생하는 대부분의 전자기파를 바깥과 차단하여 주는 역할을 하기 때문이다.

주제 | 가열 장치로서 전자레인지의 특징과 작동 원리

구성 |

- 1문단: 조리 장치로서 전자레인지가 지닌 장점
- 2문단: 전자기파 중 마이크로파의 특징
- 3문단: 물 분자의 특성과 전자기파의 작용
- 4문단: 마이크로파를 발생시키는 장치인 마그네트론
- 5문단: 일반 가정용 전자레인지에서 물이 끓는 원리
- 6문단: 물질의 표면에서 흡수되는 정도에 따른 마이크로파의 침투 거리
- 7문단: 전자레인지 앞 유리에 부착된 금속 그물의 역할

5 세부 내용 파악 답 ②

정답이 정답인 이유

② 5문단에서 전자레인지의 마그네트론을 통해 발생하는 마이크로파가 대략 2,500MHz의 진동수를 지닌다는 것은 전기장의 방향이 1초에 대략 25억 번 바뀐다는 뜻이라고 설명하고 있다. 3문단에 따르면 물 분자는 마이크로파의 전기장과 평행하게 되도록 회전 운동을 하게 된다. 그러므로 전자가 물 분자와의 접촉을 통해 물 분자를 회전시킨다는 설명은 적절하지 않다.

오답이 오답인 이유

① 2문단에 따르면 전자기파의 파장과 진동수의 곱이 항상 광속과 같으므로, 둘 중 한 값을 알면 다른 한 값을 구할 수 있다.
③ 5문단에 따르면 전자레인지의 마이크로파가 물 분자를 회전시키는데 그 이후 물 분자끼리 충돌하는 과정을 통해 회전 운동 에너지가 증가하여 온도가 올라가고 이를 통해 물을 끓는점까지 도달시킨다.
④ 3문단에 따르면 물 분자는 수소 원자 두 개가 산소 원자 한 개에 104.5°의 각을 이루며 결합된 형태로, 물 분자 중 수소 원자 쪽은 양의 전하를, 산소 원자 쪽은 음의 전하를 띤다.
⑤ 4문단에 따르면 가열된 음극 막대에서 전자가 방출되고 방출된 전자는 양극 원통 튜브를 향해 가게 되는데, 양극 원통 튜브의 위아래에 위치한 자석으로 인해 형성된 자기장은 전자의 경로를 휘도록 만든다고 했다.

6 세부 내용 파악 답 ③

정답이 정답인 이유

③ 액체 상태의 물 분자들은 그 방향과 위치가 유동적이어서 마이크로파의 영향을 받고, 회전 운동을 통해 열에너지를 만든다. 그러므로 냉동된 음식을 전자레인지로 조리하기 전에 표면에 물을 적셔 주면 마이크로파가 음식물에 조사되면서 표면의 물 분자에 전기적 힘의 영향을 미치고 내부로 수월하게 침투하므로 음식물을 더 빨리 녹일 수 있다.

오답이 오답인 이유

① 전자레인지의 도파로는 마그네트론에서 발생한 마이크로파를 음식물이 놓이는 곳까지 전달하는 기능을 하므로 마이크로파가 투과되는 유리가 아니라 반사되는 금속으로 만들어져야 한다. 또한 전자레인지 내부 벽면 역시 마이크로파를 가두기 위해 금속으로 제작된다.
② 전자레인지로 음식을 조리하면 수용성 영양소의 파괴를 최소화할 수는 있다. 그러나 그대로 보존된다고 할 수는 없다.
④ 마그네트론의 음극 밑대에서 빙출된 진자가 음극과 양극 사이의 공간에서 회전하는 과정을 통해 마이크로파가 만들어지므로 음극에서 방출된 전자가 양극에 닿아 마이크로파가 발생한다는 설명은 적절하지 않다.
⑤ 전자레인지의 앞 유리에 부착된 금속 그물은 전자기파인 마이크로파를 차단해 주는 역할을 하므로 안전상 반드시 필요하다. 따라서 금속 그물의 부착 여부를 소비자의 선택 사항으로 둘 수 없다.

7 구체적 사례 적용 답 ②

정답이 정답인 이유

② 2문단에서 마이크로파는 공기나 유리, 종이 등을 그대로 투과한다고 했다. 그러므로 ㉠을 사용하면 음식을 포장한 종이에도 마이크로파가 흡수된다는 것은 적절하지 않다.

오답이 오답인 이유

① 3문단과 5문단을 통해 진동수가 클수록 물 분자의 회전이 많아지면서 물이 빠르게 데워진다는 것을 알 수 있다. 그러므로 진동수가 더 큰 2,500MHz의 마이크로파를 이용하는 가정용 전자레인지가 ㉠보다 물 분자를 더 빠르게 회전시킨다.
③ 2문단을 통해 알 수 있듯이, 파장과 진동수의 곱은 광속과 같으므로 파장과 진동수는 서로 반비례한다. 따라서 2,500MHz의 마이크로파가 지닌 파장은 915MHz의 마이크로파보다 더 짧다. 그러므로 2,500MHz의 마이크로파가 사용된 가정용 전자레인지의 경우, ㉠보다 금속 그물이 더 촘촘해야 한다.
④ ㉠의 파장은 가정용 전자레인지의 파장보다 길고, 진동수는 더 작다. 그것은 그 마이크로파의 에너지가 음식물 표면에 가까운 물 분자에 흡수되는 정도가 더 작다는 것을 뜻한다.
⑤ ㉠은 진동수 2,500MHz의 가정용 전자레인지에 비해 진동수가 작다. 따라서 흡수되는 정도가 작고 더 깊이 침투할 수 있다. 그러므로 대형 식품의 조리에 적합하다.

8 내용의 인과 관계 파악 답 ⑤

정답이 정답인 이유

⑤ 전자레인지로 고구마를 조리할 경우 고구마를 굽는 방식에 비해 고구마 속 물 분자가 지나치게 빨리 끓는점에 도달하게 된다. 따라서 베타-아밀레이스가 활성화되는 60℃ 전후의 온도를 충분히 유지하여 주지 못하여 군고구마처럼 달게 조리할 수 없을 것이다.

오답이 오답인 이유

① 마이크로파는 음식물에 흡수 및 투과되는데, 음식물 중 고구마의 경우 평균적으로 3cm 두께까지 들어갈 수 있으므로, 껍질 안까지 들어갈 수 없다는 것은 적절하지 않다.
② 마이크로파의 영향을 받은 고구마의 물 분자가 회전 운동 하면서 고구마는 가열된다. 그 과정에서 물 분자가 끓는점에 도달하는 속도는 외부에서 열을 가하는 방식에 비해 훨씬 빠르기에 효소는 빨리 변성이 되고, 전분이 당분으로 바뀌는 정도는 외부에서 열을 가하는 방식에 비해 덜하다. 즉 효소의 변성이 빠른 시간 내에 유도되므로 전자레인지를 이용하여 고구마를 조리할 때 군고구마만큼 딜게 조리하는 것은 어렵다.
③ 일반 가정용 전자레인지의 마이크로파는 음식물 내부의 물 분자를 1초에 대략 25억 번만큼 회전 운동시키고 그 에너지가 열에너지로 전환되어 외부에서 열을 가하는 방식보다 훨씬 빠른 시간에 물을 끓는점까지 도달시킨다.
④ 고구마의 물 분자가 전자레인지 속 마이크로파의 영향을 받아 회전 운동 에너지가 생기고, 그것이 열에너지로 전환되며 물 분자

를 비롯하여 음식물이 가열된다. 그 과정에서 수분이 끓는점에 도달하는 속도는 외부에서 열을 가하는 방식에 비해 빠르므로 전분이 당분으로 바뀌는 효소의 작용이 활성화되는 온도를 지속적으로 유지할 수 없다.

13회 미니모의고사

본문 58~61쪽

1 ③	**2** ④	**3** ④	**4** ④
5 ②	**6** ②	**7** ②	**8** ④

[1~4] 극

이강백, 「파수꾼」

해제 | 이 작품은 우화적인 기법을 적용하여 권력층의 위선을 간접적으로 폭로하고 있는 희곡으로, 거짓으로 공포감을 조성하여 마을을 통제하는 촌장의 행동에 당대의 정치 상황을 빗대어 드러내었다. 이 작품에서 파수꾼 '가'와 '나'는 망루에서 "이리 떼가 몰려온다!"라고 외치며 양철북을 두드리고, 이리 떼가 없다는 진실을 밝히고자 했던 파수꾼 '다'마저 촌장의 회유와 계략에 말려들어 양철북을 두드리게 된다. 진실을 밝히려 했지만 결국 현실에 무릎 꿇는 파수꾼 '다'의 모습은 독자에게 연민과 함께 현실 상황에 대한 비판적 인식을 불러일으킨다.

주제 | 진실을 위한 열망과 진실이 통하지 않는 사회의 비극

전체 줄거리 | 철책 너머에 이리가 존재하지 않는다는 파수꾼 '다'의 편지를 받고 촌장이 망루로 찾아온다. 촌장은 파수꾼 '다'의 말대로 이리 떼가 존재하지 않는다는 사실을 인정하게 되고, 파수꾼 '다'는 마을 사람들에게 진실을 알리려 한다. 그러나 촌장은 다양한 이유를 내세워 마을 사람들에게 진실을 알리는 일을 연기하도록 파수꾼 '다'를 회유한다. 결국 파수꾼 '다'는 촌장에게 회유를 당하고, 마을 사람들 앞에서 거짓말을 해야 하는 상황에 놓인다. 촌장의 의도에 따라 거짓말을 하게 된 파수꾼 '다'는 결국 망루에서 벗어나지 못하는 존재가 된다.

---

1 작품의 내용 파악
답 ③

정답이 정답인 이유

③ 촌장은 '수천 개의 쓸모없는 덫들을 보살피고 양철북을 요란하게 두들겼'던 '충직한 파수꾼에겐 미안'하다고 말한다. 그러나 뒤이어 촌장은 '그의 일생이 그저 헛되다고만 할 순 없'다고 말하며 고귀한 희생을 한 것으로 의미 부여를 한다. 이를 통해 촌장이 진실을 알지 못한 파수꾼의 일생이 무의미하다고 생각했다는 이해는 적절하지 않다.

오답이 오답인 이유

① 촌장의 지시대로 덫을 감시하는 파수꾼 '나'는 이리를 잡지 못해 그 껍질을 촌장에게 선사하지 못한 것을 안타까워하며 편치 않은

마음을 드러낸다.

② 파수꾼 '나'는 촌장에게 자신이 파수꾼 '다'의 담요를 제대로 덮어 주지 않아서 파수꾼 '다'가 아픈 것이라고 말한 후, 파수꾼 '다'에게 너를 좋아한다고 말하며 그에 대한 애정을 드러낸다.

④ 파수꾼 '다'는 파수꾼이 되는 연습을 할 때 마을 사람들에게 칭찬을 받은 자신의 눈을 이야기하며 망루 위의 파수꾼이 되길 바라 지원했는데, 정작 망루 위에 한 번도 올라가지 못했다고 말하고 있다.

⑤ 속았다는 생각에 분노하며 망루를 향해 몰려온 마을 사람들을 향해 촌장은 '이 애가 그 말을 꺼낸 파수꾼'이라고 이야기한다. 그리고 '이리 떼인지 아니면 흰 구름인지, 직접 이 아이의 입을 통하여 들어' 보자고 이야기한다. 이 장면을 통해 분노한 마을 사람들이 파수꾼 '다'의 편지에 담긴 이리 떼가 없다는 내용이 진실인지 확인하기 위해 왔음을 알 수 있다.

2 배경 및 소재의 기능 파악
답 ④

정답이 정답인 이유

④ 마을 사람들은 이리 떼를 막기 위해 마을에서 떨어진 곳에는 망루를 세우고 마을에는 가시 울타리를 두른 것이다. 따라서 '가시 울타리'는 이리 떼에 대한 마을 사람들의 두려움을 드러내는 소재로 볼 수 있다.

오답이 오답인 이유

① '망루'는 마을에서 떨어진 곳에 세운 것으로, 이것은 마을을 향해 다가올 이리 떼를 감시하고자 하는 목적에서 세운 것이다. 따라서 마을을 감시하기 위해 세운 것이 아니다.

② '양철북'은 망루 위의 파수꾼이 이리 떼라고 외치면 이를 마을 사람들에게 알리기 위해 두드리는 것으로, 마을 사람들에게 이리 떼가 나타났다는 것을 알리기 위한 수단일 뿐 질서를 지키지 않은 마을 사람들을 위협하기 위해 사용한 소재는 아니다.

③ '구름'은 파수꾼 '다'가 망루 위에 올라갔다가 발견하게 된 진실이다. 권력자들은 거짓의 존재인 '이리 떼'를 통해 마을 사람들을 단결시켰기 때문에 '이리 떼'는 단결의 원인이라고 볼 수 있지만 '구름'은 마을 사람들이 단결한 원인으로 작용한 것은 아니다.

⑤ 촌장은 이리 떼가 없다는 것을 알게 된 마을 사람들이 도끼로 망루를 부수고 자신을 죽이려고 덤빌 것이라고 하였다. 따라서 '도끼'는 비밀을 누설한 사람이 아니라, 진실을 알게 된 마을 사람들이 거짓말을 한 대상에게 쏟아 낼 분노를 형상화한 소재이다.

3 인물의 심리, 태도 파악
답 ④

정답이 정답인 이유

④ ⓔ은 자신이 생각하지 못했던 상황에 대해 놀라 반문을 하는 것으로, 상대의 말을 신뢰하지 않기 때문에 한 발화로 보기 어렵다.

오답이 오답인 이유

① ㉠은 이리 떼가 물러갔다는 상대의 말을 완전히 믿지 못하고 '아직 몇 마리 남아 있는' 것이 아니냐고 확인하는 것으로, 이를 통해 파수꾼 '다'의 두려움을 확인할 수 있다.

② ⓛ에서 파수꾼 '다'는 파수꾼이 되는 연습을 하던 과거에는 제법 용감했던 자신의 모습과 달리 파수꾼이 된 현재에는 무서움을 타는 자신의 모습에 대한 생각을 밝히고 있다.
③ ⓒ에서는 모든 것을 헛되게 만들 수 있다는 촌장의 말에 맞서 자신이 본 진실을 외치겠다는 파수꾼 '다'의 결심을 확인할 수 있다.
⑤ ⓜ은 파수꾼 '다'가 촌장의 설득에 넘어가 오늘은 진실을 말하지 않는 대신 내일 촌장이 진실을 말하겠다는 약속에 대해 재차 확인하는 것으로, 상대가 약속을 지키기를 바라는 간절한 마음이 드러난다.

4 외적 준거에 따른 작품 감상   답 ④

정답이 정답인 이유

④ 파수꾼 '다'가 촌장의 회유에 넘어가 진실을 외치는 시간을 연기하는 모습에서 부조리한 행태가 유지되는 비극적인 상황이 나타난다고 볼 수 있다. 그러나 파수꾼 '다'가 촌장의 회유에 넘어가는 것은 촌장이 죽을 수도 있다는 압박감을 느낌과 동시에 파수꾼 '다'가 진실에 대한 믿음이 없다는 촌장의 주장을 부정하기 위해서였다. 따라서 진실이 변하지 않을 것이라는 믿음을 지키지 못해서 촌장에게 회유되었다는 진술은 적절하지 않다.

오답이 오답인 이유

① 이리 떼가 보이지 않음에도 이리 떼가 있다고 외치는 파수꾼 '가'는 실제로는 존재하지 않는 이리 떼가 존재한다는 거짓된 정보를 전달하는 역할을 수행한 것이다. 이는 거짓된 정보를 사실처럼 전달함으로써 사람들이 권력자들에게 복종하도록 하는 데에 기여한 것이다.
② 파수꾼 '가'의 외침을 무조건 진실로 받아들이는 파수꾼 '나'는 외침이 있을 때마다 북을 침으로써 마을 사람들이 이리 떼를 두려워하여 권력자의 통제에 복종하는 데에 일조하는 인물의 모습을 보여 준 것이다.
③ 촌장이 존재하지 않는 이리 떼라는 허위를 통해 마을의 질서를 유지하고자 하는 것은 사회 구성원의 일상을 통제하여 자신의 권력을 유지하려는 의도를 보여 준 것이다.
⑤ 존재하지도 않는 이리 떼에 대항하고자 단결한 마을 구성원들은 촌장의 마을 지배 방식에 순응하는 무비판적인 복종을 보여 주며, 거짓을 질서로 포장하여 마을을 지켜 주는 중요한 것으로 속이는 촌장은 자신의 권력 유지를 위해 구성원들을 기만하는 모습을 보여 준 것이다.

[5~8] 기술

핵 재처리 기술

해제 | 이 글은 핵 재처리 기술에 대해 설명하고 있다. 핵연료는 원자로에 넣어서 사용한 이후에도 재처리 과정을 통해 원자력 발전에 필요한 물질인 우라늄-235와 플루토늄-239를 추출할 수 있다. 현재 사용하고 있는 대표적인 핵 재처리 방법으로 퓨렉스 공법이 있다. 퓨렉스 공법은 사용 후 핵연료를 액체 상태로 만든 후에 우라늄-235와 플루토늄-239를 추출하는데 순도 높은 우라

늄-235와 플루토늄-239를 얻을 수 있지만, 플루토늄-239를 핵무기의 원료로 사용할 수 있다는 문제가 있다. 이러한 문제를 해결하기 위해 개발 중인 방법이 파이로프로세싱이다. 파이로프로세싱은 추출 과정에서 액체 대신 전기를 사용하며 플루토늄-239가 따로 추출되지 않기 때문에 퓨렉스 공법에서 발생할 수 있는 문제를 해결할 수 있다.

주제 | 핵 재처리 기술의 종류와 특징

구성 |
- 1문단: 원자력 발전의 연료와 사용 후 핵연료의 특징
- 2문단: 퓨렉스 공법의 과정과 특징
- 3문단: 파이로프로세싱의 과정과 특징

5 글의 구조와 전개 방식   답 ②

정답이 정답인 이유

② 이 글은 핵 재처리를 하는 이유로 사용 후 핵연료의 재사용을 언급하고 핵 재처리의 방법인 퓨렉스 공법과 파이로프로세싱을 비교하여 설명하고 있다.

오답이 오답인 이유

① 이 글에 원자력 발전의 과정이나 장단점은 언급되어 있지 않다.
③ 핵 재처리에 대해 전문가의 견해를 인용하는 부분은 드러나지 않는다.
④ 다양한 핵 재처리 방법에서 공통적으로 나타나는 한계점을 설명하는 부분은 드러나지 않는다. 또한 핵 재처리의 대안이 되는 기술을 제시하는 것도 아니다.
⑤ 원자력 발전의 방법을 두 가지로 나누어 설명하거나 원자력 발전의 방법에 따라 핵 재처리 방법이 달라진다는 내용은 언급되어 있지 않다.

6 세부 내용 파악   답 ②

정답이 정답인 이유

② 핵 재처리 과정은 사용 후 핵연료에서 우라늄-235와 플루토늄-239를 추출하는 과정이다. 핵 재처리 과정에서 사용 후 핵연료는 추가적인 핵분열 반응을 일으키지 않는다.

오답이 오답인 이유

① 사용 후 핵연료는 반응력이 떨어진 상태이지만 여전히 우라늄-235가 포함되어 있기 때문에 중성자를 충돌시켜 핵분열을 유도하는 것은 가능한 상태이다.
③ 사용 후 핵연료는 핵분열에 사용되는 우라늄-235의 양이 사용 이전보다 줄어든 상태이고 핵분열 과정에서 생성되는 핵물질들이 있기 때문에 구성하고 있는 물질의 종류와 비율이 사용 이전과 달라지게 된다.
④ 사용 후 핵연료에는 원자력 발전 과정에서 우라늄-238이 중성자와 반응하여 만들어진 물질인 플루토늄-239가 포함되어 있다.
⑤ 핵연료는 원자로에서 우라늄-235의 핵분열 연쇄 반응이 일어나기 때문에 사용 후 핵연료에는 우라늄-235의 양이 처음보다 줄어들어 있다.

7 세부 내용 파악

답 ②

정답이 정답인 이유

② 우라늄-235는 다른 물질에 비해 낮은 전압에서도 쉽게 음극으로 움직이므로 파이로프로세싱에서는 용해시킨 금속 물질에 낮은 전압의 전기를 흘려서 우라늄-235를 추출한다고 언급되어 있다.

오답이 오답인 이유

① 퓨렉스 공법에서는 TBP 용액에 우라늄-235와 플루토늄-239가 섞여 있기 때문에 산화 환원 반응을 통해 이를 상호 분리하는 과정이 필요하다고 언급되어 있다.

③ 퓨렉스 공법과 파이로프로세싱은 핵 재처리 과정을 진행하기 위해 가장 먼저 사용 후 핵연료를 해체하고 절단한다고 언급되어 있다.

④ 퓨렉스 공법과 파이로프로세싱은 모두 우라늄-235가 추출된다. 우라늄-235는 기존의 원자로에서 사용하는 것이 가능하다.

⑤ 퓨렉스 공법은 사용 후 핵연료를 질산 용액에 녹여서 액체 상태로 만들어야 한다.

8 다른 견해와의 비교

답 ④

정답이 정답인 이유

④ 퓨렉스 공법에서 발생할 수 있는 문제는 핵무기의 원료로 사용 가능한 플루토늄-239가 분리되어 추출된다는 것이다. 파이로프로세싱에서는 플루토늄-239가 다른 핵물질과 섞여서 추출되기 때문에 위와 같은 문제를 해결하는 것이 가능하다.

오답이 오답인 이유

① 퓨렉스 공법의 문제로 우라늄-235를 추출하는 과정에서의 폭발 위험성은 언급되지 않았다. 폭발의 위험성은 고속 증식로의 문제로 언급되어 있다.

② 퓨렉스 공법은 핵 재처리 과정의 반복을 통해 우라늄-235의 양을 늘릴 수 있다고 하였으므로 이는 퓨렉스 공법의 문제라고 할 수 없다.

③ 퓨렉스 공법은 우라늄-235와 플루토늄-239가 분리되어 추출하게 되는데, 우라늄-235는 기존의 원자로에, 플루토늄-239는 고속 증식로에 넣어서 핵연료로 재사용할 수 있다. 파이로프로세싱은 우라늄-235만 분리되고 플루토늄-239는 다른 핵물질과 섞인 상태로 추출되기 때문에 우라늄-235만 핵연료로 재사용할 수 있다.

⑤ 퓨렉스 공법에서 추출한 핵분열 물질인 우라늄-235는 기존의 원자로에서 사용이 가능하다.

14회 미니모의고사

1 ③	**2** ⑤	**3** ③	**4** ②
5 ④	**6** ③	**7** ⑤	**8** ④

[1~3] 수필

신영복, 「새 출발점에 선 당신에게」

해제 | 이 글은 인생의 새로운 출발을 앞둔 사람들이 갖추어야 할 삶의 자세에 대해 편지 형식으로 쓴 수필이다. 이 글에 등장하는 '당신'은 표면적인 의미로는 대학에 예비 합격한 수험생이지만, 내면적인 의미로는 이론에만 집착하고 실천을 중요시하지 않는 등 중요한 삶의 의미를 알지 못한 채 겉모습과 형식에 집착하고 있는 모든 사람이라고 할 수 있다. 글쓴이는 세상에 나아갔을 때 중요한 것은 성적, 실력 등이 아니라 우리 사회를 지탱하고 있는 다양한 사람들과의 연대이며, 이론과 실천을 바탕으로 앞으로의 인생을 주체적으로 살아야 한다는 사실을 말하고 있다. 간결하고 짧은 문장들을 사용하여 우리말의 묘미를 잘 살리고 있으며, 함축적이고 암시적인 성격의 문장들을 사용하여 큰 울림을 주고 있다.

주제 | 삶의 본질을 추구하며 실천하는 삶을 살기를 당부함.

구성 |

- 기: 목수인 노인에게서 얻은 깨달음과 차치리의 일화
- 승: 본질적인 것의 중요성에 대한 깨달음
- 전: 대학에서 만나게 될 자유와 낭만의 의미
- 결: '당신'의 미래에 대한 믿음과 소망

1 표현상의 특징 파악

답 ③

정답이 정답인 이유

③ '차치리'의 고사를 활용하여 '탁'에 얽매인 채 본질적인 '족'을 소홀히 하게 되는 현상을 비판하고 있으며, 이를 통해 보다 본질적인 '실천'을 소홀히 해서는 안 된다는 점을 부각하고 있다.

오답이 오답인 이유

① 부분적으로 상황의 가정이 나타나기는 하나, 이를 통해 극적 효과를 드러내고 있다고 볼 수 없다.

② 과거의 고사와 자기 경험을 제시하였으나, 이것을 과거와 현재를 대비하는 서술이라고 볼 수 없으며, 깨달음을 바탕으로 한 당부가 주된 내용이므로 부정적 상황을 강조했다고 볼 수 없다.

④ '당신'이라고 지칭하는 독자를 설정하여 친근감을 주지만 이것으로 인해 내용의 객관성이 높아진다고 볼 수 없다.

⑤ 일상적인 행위의 의미를 새롭게 해석하고 있다고 볼 수 있으나, 이를 시대적 변화를 통해 드러내고 있다고 볼 수 없다.

2 작품의 맥락 이해

답 ⑤

정답이 정답인 이유

⑤ '나'는 '당신'에게 자신이 중요하게 생각하는 가치에 대해 조언을 하고 있다. ⓐ는 중요하게 생각하는 가치를 설명하기 위해 '당

신'에게 들려주는 일화 속에 등장하는 인물로 '나'로 하여금 깨달음을 통한 반성에 이르도록 하고 있다. 이 글에는 '나'가 겪고 있는 내적인 갈등이 드러나 있지 않으며 ⓐ가 그것을 우회적으로 표현하는 인물이라고 볼 수도 없다.

오답이 오답인 이유

① 노인의 그림을 본 후 '나의 무심함이 부끄러웠습니다.'라고 서술한 것으로 보아, 노인은 '나'로 하여금 부끄러움을 느끼도록 만드는 인물이라고 볼 수 있다.
② 노인은 '나'와 같이 징역살이를 한 사람으로, 언젠가 '나'에게 무언가를 설명하며 집을 그렸던 일화 속에 등장하는 인물이다.
③ '나'는 노인이 집을 그리는 순서를 보고 자신의 생각이 이제껏 잘못되었다는 것을 깨달았다고 볼 수 있다.
④ 노인의 그림 그리는 순서가 실제와 유사하다는 것은 이론보다 실천이 중요하다는 것을 단적으로 보여 주는 것으로, 이는 곧 '나'가 중시하는 삶의 모습을 드러내는 것으로 볼 수 있다.

3 외적 준거에 따른 작품 감상　　　답 ③

정답이 정답인 이유

③ '당신이 대학의 교정에 있다'는 것은 대학에 진학했다는 것을 의미하며, '더 많은 발을 깨달을 수 있'다는 것은, '더 많은 발'이 의미하는 바인 실천과 그것의 가치를 대학에서 배우는 것이 가능하다는 의미이다. 그러므로 '대학의 교정'에서는 '더 많은 발'이 의미하는 실천이 아닌, 이론과 실천이 이루는 조화와 그것의 중요성을 깨닫고 배우는 것이 가장 우선시된다는 것으로 이해하는 것은 적절하지 않다.

오답이 오답인 이유

① '당신'이 '대학의 강의실'이나 '공장의 작업대' 어디에서 글을 읽든 상관하시 않는나는 섯은, 장소의 구분보나는 '박'이 아닌 '발'을 상대하는 것, 즉 실천의 중요성을 깨닫는 것이 더 중요하다는 것을 강조한 것으로 볼 수 있다.
② '당신이 사회의 현장에 있다'는 것은 '당신'이 대학을 가지 않고 '사회'로 진출한 것을 의미하며, '당신의 살아 있는 발로 서 있는 것'은 '사회' 속에서 실천을 바탕으로 살아가고 있다는 것을 의미하는 것으로 볼 수 있다.
④ '그들'은 우리 사회를 지탱하는 발의 임자들이다. '다른 현장'에서는 '당신'이 곧 '발의 임자', 즉 스스로 이론을 실천에 옮기는 사람이 될 수 있으므로 '더 쉽게 그들의 얼굴'을 만날 수 있다는 의미로 볼 수 있다.
⑤ '당신의 발로 당신의 삶을 지탱'한다는 것은 구체적인 삶 속에서 실천을 한다는 것을 말하며, 이러한 노력을 계속한다면, 반드시 언젠가는 '넓은 길, 넓은 바다'를 만날 수 있다는 의미로 볼 수 있다.

진동 센서

해제 | 진동 센서는 일반적으로 압전 효과를 이용하며 압전 효과란 외력으로 인한 재료 변형으로 전기가 발생하는 1차 압전 효과와 전기를 가하면 재료에 변형이 생기는 2차 압전 효과로 나눌 수 있다. 그리고 일반적인 진동 센서는 1차 압전 효과를 이용한다. 압전 물질의 대표적인 예로 수정 결정이 있는데 수정 결정의 축을 따라 인장하거나 압축하면 분극 현상이 생겨 수정 결정에 전기장이 형성된다. 이와 같은 압전 효과에 의해 생성된 전기장을 측정하는 것이 진동 센서의 원리이다. 진동 센서의 성능은 민감도로 나타나는데 단위 압력당 생성된 전압으로 표현하는 것이 바람직하다. 최근에는 민감도가 우수한 거미 모방 진동 센서가 주목받고 있다. 거미 모방 진동 센서에 진동이 가해지면 백금 박막 간의 접촉 면적이 변하는데 일정 전압에서 진동이 커질수록 전기 저항이 커진다. 반도체 산업과 같이 초미세 구조를 만드는 공정에서 미세한 진동은 소자 불량의 원인이 되므로 우수한 진동 센서는 필수적이고 중요한 역할을 한다.

주제 | 압전 효과와 이를 이용한 진동 센서

구성 |
- 1문단: 진동의 정의와 산업 현장에서 진동의 문제점
- 2문단: 압전 효과의 정의
- 3문단: 압전 효과의 원리와 진동 센서의 민감도
- 4문단: 거미 모방 진동 센서의 등장
- 5문단: 성능이 우수한 진동 센서의 필요성

4 글의 구조와 전개 방식　　　답 ②

정답이 정답인 이유

② 2문단과 3문단에서 진동 센서의 일반적인 원리를 설명하고 4문단에서 이와 다른 원리인 거미의 감각 기관을 모사하여 만든 거미 모방 진동 센서를 소개하고 있으므로 적절한 설명이다.

오답이 오답인 이유

① 3문단에서 진동 센서의 성능 평가 요소인 민감도를 설명하고 있지만, 평가 요소의 나변화가 필요함을 주상하는 내용은 없다.
③ 진동을 측정하는 개별적인 원리가 아닌 일반적인 원리를 설명하고 있으며 문제점의 극복 방안을 설명하고 있지도 않다.
④ 압전 효과의 원리를 설명하고는 있다. 그러나 압전 효과를 기반으로 한 것이 아니라 곤충의 감각 기관을 모사한 초미세 구조 공정 분야의 전망을 보여 주고 있다.
⑤ 산업 현장에서 진동 센서의 원리에 따른 적용 사례는 거미 모방 진동 센서만 소개하고 있으며 사례별로 개선점을 제시하고 있지도 않다.

5 중심 내용 파악　　　답 ④

정답이 정답인 이유

④ 4문단에서 거미의 감각 기관을 모사하여 만든 거미 모방 진동 센서의 장점은 언급하고 있지만, 곤충의 감각 기관을 모사한 진동 센서의 기술적 한계에 대해서는 설명하고 있지 않다.

① 2문단에서 1차 압전 효과와 2차 압전 효과의 차이를 설명하고 있다.

② 3문단에서 진동 센서의 성능은 민감도로 나타낸다고 설명하고 있다.

③ 3문단에서 수정 결정이 변형되었을 때 분극 현상이 생겨 전기장이 형성된다고 설명하고 있다.

⑤ 5문단에서 미세한 진동은 미세 패턴의 배열에 영향을 주어 소자 불량의 원인이 된다고 설명하고 있다.

6 세부 내용 파악   답 ③

③ 3문단에서 압전 물질이 같고 가해진 힘이 같더라도 압전 물질의 크기가 다르면 생성되는 전압이 다르다고 설명하고 있으므로 단위 힘당 생성된 전압으로 정의된 민감도는 압전 물질의 크기에 따라 달라진다는 설명은 적절하다.

① 1문단에서 진동의 패턴이 반복되는 시간이 주기이고 1초 동안에 주기가 반복되는 횟수를 주파수라 했으므로 진동의 주기가 클수록 주파수는 높아진다는 설명은 적절하지 않다.

② 2문단에서 2차 압전 효과를 발생시키기 위해서는 재료에 전기를 가해 주어야 한다고 설명하고 있으므로 기계적 변형을 시켜야 한다는 내용은 적절하지 않다.

④ 3문단에서 인장 상황과 압축 상황에서의 전기장의 방향은 서로 반대라고 설명하고 있으므로 전기장의 방향이 서로 같다는 내용은 적절하지 않다.

⑤ 2문단에서 진동 센서는 직접 효과 또는 1차 압전 효과를 이용한다고 설명하고 있으므로 역압전 효과를 이용하는 것이 진동 센서 구현에 더 유리하다는 내용은 적절하지 않다.

7 세부 내용 파악   답 ⑤

⑤ 4문단에서 저항 변화 값을 진동에 의해 센서 물질이 늘어난 정도로 나누어 표시한 민감도를 게이지 팩터라고 설명하고 있으므로 센서 물질이 늘어난 정도에 비해 저항값의 변화가 클수록 게이지 팩터가 커진다는 설명은 적절하다.

① 4문단에서 일정한 전압에서 기계적 변형이 일어났을 때의 저항의 변화 값을 이용한다고 설명하고 있으므로 적절하지 않다.

② 4문단에서 거미의 감각 기관을 모사하여 일정 전압을 가한 상태에서의 저항의 변화를 이용하여 진동의 크기를 감지한다고 설명하고 있으므로 감각 기관의 신경 세포를 이용하여 진동을 감지한다는 설명은 적절하지 않다.

③ 4문단에서 (압전 물질을 이용한) 통상의 진동 센서로 감지하기 힘든 주위의 미세 진동의 크기를 알 수 있다고 설명하고 있으므로

적절하지 않다.

④ 4문단에 따르면, 일정 전압에서 기계적 변형(진동)에 따른 저항 변화나 전류 변화를 측정하는 원리이므로 전하의 쏠림 현상에 기반한 센서라는 설명은 적절하지 않다.

8 구체적 사례 적용   답 ④

④ 3문단에서 수정 결정의 분극 효과가 크게 나타나면 전기장이 커진다고 설명하고 있으므로 봉우리의 높이가 더 낮은 A가 B보다 PVDF의 변형 정도가 더 작다.

① 2문단에서 기계적 변형으로 전기가 발생하는 것을 직접 효과 또는 1차 압전 효과라고 설명하고 있다. 따라서 코골이 베개 진동 센서는 직접 효과를 이용한 것이다.

② 코골이 진동 센서에서 진동을 검출했으므로 압전 효과가 발생하였고 이는 PVDF 고분자가 β상을 포함하고 있음을 알 수 있다. 2문단과 3문단에 따르면, 분극 현상이 일어나야 진동을 감지하므로 분극 현상이 일어나지 않는 α상이 아니라 분극 현상이 일어나는 β상이 많아야 측정이 용이함을 알 수 있다.

③ 3문단에서 수정 결정의 변형 정도가 클수록 형성되는 전기장이 더 크게 형성된다고 설명하고 있으므로 외부에서 더 큰 진동이 센서에 전해지면 PVDF 고분자 결정의 변형이 더 커지고, 따라서 A의 봉우리 높이는 높아진다.

⑤ 같은 센서에서 측정한 전압 값이므로 A와 B의 민감도 값은 같다.